DIETRICH BONHOEFFER

EL CURSO DE DISCIPULADO

DIETRICH BONHOEFFER

EL CURSO DE DISCIPULADO

LA VERSIÓN COMPLETA DEL COSTO DEL DISCIPULADO

Traducido del alemán por:
Eliud A. Montoya

El curso de discipulado: la versión completa del costo del discipulado

Originalmente publicado en alemán con el título de *Nachfolge* por Christian Kaiser Verlag (Munich, 1937).
Traducción al español: Eliud A. Montoya

ISBN: 978-1-951372-12-5

Diseño del libro: Iuliana Sagaidak Montoya
Editorial: Palabra Pura, www.palabra-pura.com
CATEGORÍA: Religión / El ministerio cristiano / Discipulado

EDITADO EN FREDERICK, OK
IMPRESO EN ESTADOS UNIDOS DE AMERICA
PRINTED IN THE UNITED STATES OF AMERICA

TABLA DE CONTENIDO

PARTE III: Los mensajeros

Mateo 9:35—10:42

PARTE IV: La iglesia de Jesucristo y el discipulado

BIOGRAFÍA CORTA DE DIETRICH BONHOEFFER

Entre 1933 y 1945 Alemania sufrió un período histórico de horror bajo el gobierno de Adolfo Hitler y de los nazis. Tiempo en que gobernó una ideología diabólica que proclamaba la superioridad de la raza blanca. Por esos años, Hitler persiguió y exterminó a más de seis millones de judíos, y se calcula que 19 millones más murieron únicamente debido a las ideas racistas impuestas por el gobierno alemán de entonces. Fue precisamente en esa década —en donde estas cosas tan horribles tuvieron lugar—, que Dios levantó a un profeta y mártir: a Dietrich Bonhoeffer. Éste fue un pastor, profesor universitario y escritor sobresaliente, digno de todo encomio y admiración. En sus libros exhorta a la Iglesia a permanecer firme a la Palabra de Dios; y entre ellos, brilla, debido a la intensidad de su mensaje, una joya literaria y de gran profundidad y valía: *El costo del discipulado*. Un verdadero clásico para la formación de todo discípulo de Cristo.

Dietrich Bonhoeffer nació el 4 de febrero de 1906, en Breslau, Polonia. Él fue el hijo sexto de ocho hermanos. Su padre fue Karl Bonhoeffer, un profesor universitario que impartía la cátedra de Psiquiatría y Neurología en Breslau, Polonia. Así, el pequeño Dietrich fue criado en el seno de una familia bien acomodada, cuyos ancestros fueron religiosos, médicos, artistas y funcionarios.

Contando con tan sólo seis años de edad, su familia se mudó a Berlín, desde donde su padre tuvo la responsabilidad de la cátedra de Psiquiatría y Neurología más prestigiosa de toda Alemania, al tiempo de ser director de la clínica universitaria Charité en Berlín.

Paula, la madre de Dietrich, heredaba también una línea genealógica de aristócratas —los Von Hase. El padre de Paula fue profesor de teología, historiador, además de predicador para la corte de Guillermo II.

Dietrich obedeció a su llamamiento cristiano e ingresó al Seminario Teológico en Tubinga (Alemania), sin saber el destino que Dios le tenía preparado: el de manifestarse en contra de Hitler y en contra de una iglesia cristiana alemana que habían preferido suavizar el mensaje bíblico y quedar bien con el gobierno, antes que obedecer a Dios. En aquellos años, según Martin Rumscheidt (un alemán profesor de teología), Dietrich fue influenciado poderosamente por Adolf Schlatter —profesor de Nuevo Testamento— y también por Adolf von Harnack (prominente teólogo e historiador). Luego viajó por Italia y el norte de África y en 1927, con tan sólo 21 años de edad, fue a la Universidad de Berlín para concluir sus estudios de doctorado. Su tesis se tituló: «*Sanctorum Communio*: un estudio dogmático para la sociología de la Iglesia», y se graduó con *summa cum laude* (máxima distinción de grado académico). También, Dietrich Bonhoeffer realizó su vicariato o aprendizaje práctico en la Comunidad Evangélica de Barcelona, donde permaneció entre febrero de 1928 y febrero de 1929 y sirvió como asistente pastoral.

Luego de esto, en 1930, —siendo demasiado joven para ser ordenado pastor en Alemania— Dietrich viajó a los Estados Unidos para continuar estudiando. Realizó estudios de postgrado en la Union Theological Seminary (New York), y aunque en esa universidad no estudió precisamente lo que deseaba —pues esta universidad no contaba con estudios en teología—, fue ahí en donde tuvo experiencias que marcaron su vida. En Nueva York escuchó a Adam Layton Powell, quien predicaba el evangelio de justicia social; y ahí también, en Nueva York, fue que se amistó con Jean Lasserre, un destacado pastor suizo y pacifista.

El pastor Lasserre enseñó a Bonhoeffer sobre el sermón del monte y sobre la obligación de amar a los enemigos. Lasserre confronta a Dietrich y provoca en el joven un cambio radical, entonces declara: «Creo que sé algo: que interiormente seré claro y honesto conmigo mismo hasta que realmente empiece a tomar en serio el sermón del monte… simplemente sucede que hay cosas que obligan a uno a adoptar una posición intransigente [dogmática]». También declara: «Algo sucedió, algo que me ha cambiado, que ha transformado mi vida hasta hoy. Por primera vez descubrí la Biblia… ».

Fue mediante estas influencias que Bonhoeffer realmente experimenta una conversión verdadera a Dios. Él se convierte en cristiano, en seguidor de Jesucristo y se entrega totalmente al Señor.

Después de esto, en 1931, Dietrich regresa a Alemania para ser profesor en la materia de Teología Sistemática en la Universidad de Friedrich-Wilhelm en Berlín. Luego, en 1933 fue ordenado como ministro de lo que se llamó *The Prussian Union of Churches* (Unión de Iglesias de Prusia) en la St. Matthias Church en Berlín (iglesia luterana). Fue en ese mismo año que Hittler es instalado como canciller y dos días después de tal acontecimiento, Bonhoeffer habla por la radio un mensaje en contra del líder político y de sus ideas. Su mensaje no fue transmitido completo, pues lo cortaron antes de terminar. También, al escribir un mensaje a los pastores de Berlín, titula su ensayo de esta manera: *La iglesia y la cuestión judía*. En éste habla sobre la responsabilidad de la iglesia de estar en contra de la abolición de los derechos civiles de los judíos.

Asimismo, otro tema del que Bonhoeffer sintió que debía predicar a la Iglesia alemana fue el de la gracia barata, es decir, sobre cómo los cristianos del país tenían una visión errada del evangelio, y de lo que Cristo demanda de ellos. Bonhoeffer les predica diciendo: «La gracia barata es la enemiga mortal de nuestra iglesia… La gracia barata es la predicación del perdón sin arrepentimiento, el bautismo sin disciplina de la iglesia, la comunión sin confesión, absolución sin confesión personal. La gracia barata es la gracia sin discipulado, gracia sin cruz, gracia sin Jesucristo vivo y encarnado».

En 1933 también, Dietrich Bonhoeffer se asoció con Karl Barth y Wilhelm Busch (ambos pastores, teólogos y escritores), para oponerse a la tentativa nazi de implantar el antisemitismo en la iglesia de Alemania y en la ciudadanía del país, dentro de un movimiento llamado *La iglesia confesante*. Éste fue un movimiento dentro de la iglesia protestante alemana, el cual estuvo en contra del régimen nazi y de sus ideas.

Mientras la inmensa mayoría de los pastores y líderes religiosos en Alemania se proclamaron en apoyo al gobierno nazi, Bonhoeffer escribió: «Hay tres posibles arenas en las cuales la iglesia puede actuar: en primer lugar, como se ha dicho, puede preguntar al Estado si sus acciones son legítimas de acuerdo con su carácter de Estado… En segundo lugar, puede ayudar a las víctimas de las acciones del Estado. La iglesia tiene una obligación incondicional para con las víctimas de la sociedad, aun si éstas no pertenecen a la comunidad cristiana… En tercer lugar, tiene la posibilidad de involucrarse en una acción política, y esto sólo es posible y deseable cuando la iglesia vea que el Estado falla en su función de crear orden público… » [escrito en su ensayo, *La iglesia y la cuestión judía*]. No sólo se trataba de ayudar a las víctimas de la tortura, sino detener el causante.

En 1939, los amigos americanos de Bonhoeffer le consiguieron un contrato de trabajo en Estados Unidos, dado el grave peligro en que éste se encontraba. Sin embargo, no permaneció en América mucho tiempo. Su alma estaba en angustia pensando que era necesario padecer con su pueblo si deseaba ser un verdadero ministro y discípulo de Cristo. Pensaba en aquellos jóvenes teólogos a quienes había enseñado a mantenerse en oposición a la injusticia, sentía que los había abandonado.

Por ello, regresa rápidamente a Alemania y el 5 de abril de 1943 es apresado —junto con otros colegas suyos— acusado de ser desleal al Estado. Es encarcelado en la prisión de Tegel, en Berlín. Al año siguiente fue traslado a una prisión de más seguridad en el estado de Múnich. Desde ahí, desde la cárcel, Bonhoeffer escribió *Cartas y escritos desde la prisión*.

Finalmente, el 9 de abril de 1945 Dietrich Bonhoeffer fue sentenciado por Hitler a morir en la ahorca. Momentos previos a su ejecución, los testigos declaran que fue encontrado arrodillado, en oración, manifestando con ello su profunda relación personal con Dios.

Dietrich Bonhoeffer murió a la corta edad de 39 años, y sirvió a Cristo desde los 17. Durante este tiempo viajó intensamente. Visitó Cuba, México, Italia, Libia, Dinamarca y Suecia. Vivió en España, Inglaterra y los Estados Unidos; escribió extensamente, pero, sobre todo, en estos pocos años, nos dejó un ejemplo de entrega total al servicio de Dios aun a costa de su vida. Dietrich luchó para proteger a los judíos en Alemania, y peleó contra una iglesia cristiana que habían decidido quedar bien con el gobierno de Hitler y de los nazis. Esta lucha lo llevó a manifestarse en contra del *Führer*, y a escribir excelentes libros que se han convertido en joyas literarias de gran bendición a todos los cristianos hasta el día de hoy. Ahora nos toca a nosotros seguir su ejemplo de obediencia a Cristo en todo aquello que Él nos pida.

Permítame, mi amigo lector, una nota final agregada a esta biografía resumida: La vida, ministerio y escritos de Bonhoeffer han influido en gran manera en mi formación cristiana, ministerial y teológica. Soy deudor a este siervo valiente de Dios.

—Dr. Sergio Navarrete (Superintendente del Southern Pacific District (AG, USA), La puente, CA, y autor de *El discipulado radical de Jesús*).

RESEÑA

Dietrich Bonhoeffer, El curso de discipulado: versión completa *de El costo del discipulado*, con anotaciones.

Originalmente publicado en alemán con el título de *Nachfolge* por Christian Kaiser Verlag (Munich, 1937). Traducción del alemán al español: Eliud A. Montoya (2020).

Dietrich Bonhoeffer, el autor del libro que en un principio fue traducido como «El costo del discipulado» (*The Cost of discipleship*), fue un teólogo alemán, distinguido por su valiente oposición al régimen y genocidio judío de Adolfo Hitler y del partido Nazi. A pesar del peligro que esta osadía significaba, expresó su convicción al denunciar el holocausto judío aun cuando la iglesia oficial alemana apoyaba la gestión antisemítica, lo que le costó su expulsión del gremio de profesores de la Universidad de Berlín, y finalmente su libertad y su propia vida. He aquí un hombre de Dios que vivió y murió por sus profundas convicciones.

El tema principal del libro es el costo del verdadero discipulado. Bonhoeffer inicia su escrito explicando la relación del discipulado con la gracia. El autor contrasta los conceptos de la *gracia barata* con la *gracia costosa* y lo que el discipulado bíblico significa. El discipulado bíblico sólo es posible mediante el llamado inicial de Jesús, quien demanda la obediencia de un niño, una disposición a negarse a sí mismo y tomar Su cruz como una decisión personal e individual.

En la segunda parte, Bonhoeffer examina el sermón del monte y nos explica lo extraordinario de la vida cristiana, y luego explica algo a lo que él llama *lo oculto de la vida cristiana*. Explica que lo extraordinario de la vida cristiana estriba en el carácter, relaciones y conducta del discípulo, lo que al mismo tiempo es una manifestación de ciertas prácticas espirituales de su vida privada. El discípulo de Jesús vive una vida simple, sin preocupaciones, de renuncia a las cosas del mundo, y totalmente comprometida y confiada en Jesús como mediador entre él y todas las cosas.

Seguidamente, Bonhoeffer se enfoca en la misión de los discípulos —su extensión y magnitud— y la autoridad sobrenatural que ellos han recibido para llevarla a cabo. El trabajo es intenso, desafiante y sufrido, y por eso requiere de una decisión solida; pero el fruto también está garantizado, pues cuenta con el respaldo divino al tiempo que responde a las necesidades de la gente que vive como ovejas sin pastor.

Finalmente, Bonhoeffer confronta a la iglesia contemporánea con el discipulado bíblico que ha expuesto anteriormente. El llamado actual de Jesús al discipulado es igualmente auténtico. El bautismo en agua —tal como lo practicaba la iglesia primitiva— era un llamado real y exigía una respuesta individual de compromiso total y público al discipulado. El bautismo era el ritual que significaba la entrada oficial del creyente al discipulado, y por ende al cuerpo de Cristo. Mientras los doce discípulos andaban con Jesús de Nazaret, un Jesús humano con un cuerpo real, hoy los creyentes somos su cuerpo real y presente a través de la comunidad visible de la iglesia en donde quiera que sus discípulos estén. Debido a la obra de Cristo en la cruz, sus discípulos conforman la comunidad de los santificados, y por la obra del Espíritu Santo, son la imagen de Cristo, visible al mundo de hoy.

En mi opinión, la aportación de Bonhoeffer al tema del discipulado cristiano es sumamente importante y nos explica el costo verdadero que este discipulado implica. En primer lugar, Bonhoeffer nos ayuda a entender la diferencia entre el cristianismo religioso y el discipulado real. Su frase «cristianismo sin discipulado» nos despierta a esa realidad existente dentro de los diferentes sectores del cristianismo contemporáneo: un cristianismo que ofrece una gracia barata versus el discipulado de Jesús, que requiere de una decisión individual de fe y obediencia a pesar del alto costo de la negación propia, la cruz y el sufrimiento.

En segundo lugar, el libro nos concientiza respecto a la renuncia tan necesaria que el discipulado bíblico demanda de las cosas del mundo (tal como se evidencia en el sermón del monte). Allí, los bienaventurados son los pobres, los que lloran, los que tienen hambre y sed de justicia, los mansos, los de limpio corazón, los pacificadores y los perseguidos. Son pobres y sufren porque han renunciado a las riquezas y comodidades del mundo para seguir a Jesús (quien «no tiene donde recostar su cabeza»). Sin embargo, estos mismos son bienaventurados por el gran galardón preparado para ellos en el reino de los cielos.

En tercer lugar, Bonhoeffer nos ayuda a entender la importancia de que la iglesia sea visible. Visible por su carácter como sal y luz del mundo. Una sal que da sabor y una luz que alumbra delante de los hombres, que les permite atestiguar sus buenas obras y glorificar al Padre que está en los cielos. Estas buenas obras se manifiestan en las relaciones justas con el hermano, el trato a la mujer y aun con los enemigos que nos violentan.

Otro aporte de Bonhoeffer es su enfoque respecto a la vida privada y oculta del discípulo. Se refiere a la practica humilde de la generosidad, la oración y el ayuno (acciones realizadas de manera secreta), las cuales el Padre celestial recompensa en público.

El énfasis de Bonhoeffer en cuanto al sufrimiento del discípulo es efectivo y realmente nos abre los ojos. Además de su despojo de las riquezas y comodidades, la lucha y el sufrimiento que enfrenta el discípulo en el cumplimiento de la misión está garantizado y es permanente. Es enviado como oveja en medio de lobos, y sufre rechazo y oposición; no obstante, junto con la dureza de la misión, le ha sido dada una autoridad igualmente formidable para predicar el mensaje del reino, sanar enfermos, resucitar muertos y echar fuera demonios. Y así como el sufrimiento es garantizado, también lo es el fruto de salvación, sanidad y liberación.

Creo que uno de los mayores aportes del libro es la contextualización y aplicación que hace Bonhoeffer del discipulado a la iglesia contemporánea. Aunque él escribió en la tercera y cuarta década del siglo XX, muchas condiciones de su época son muy similares a las nuestras, en el siglo XXI, y por lo tanto su aplicación es pertinente para la iglesia de hoy. Su explicación sobre la relevancia del bautismo como respuesta al llamado de Jesús, la poderosa acción del Espíritu Santo y la realidad del cuerpo de Cristo como comunidad visible, son todos estos elementos poderosos y motivadores para la ejecución del trabajo pastoral en el siglo XXI.

Termino con la frase «honra al que honra merece». Recomiendo la lectura y estudio de *El costo del discipulado* de Dietrich Bonhoeffer a toda persona comprometida con la persona de Jesús, los que han tomado en serio su llamado; y a toda persona envuelta en el ministerio, ya sea evangelista, pastor, maestro, profeta o apóstol. El autor ha sido realmente iluminado por el Espíritu Santo para escribir este libro. Lo recomiendo como una lectura requerida para todo estudiante en las escuelas bíblicas y ministeriales de todo nivel. Su lectura será amena, clara, formativa, desafiante y refrescante para la mente, el alma y el espíritu de todo aquel que desee seguir a Jesús, tal como lo enseñan las Escrituras. Si cada uno de éstos estudia con una actitud de aprendizaje, por seguro experimentará un momento cumbre y decisivo en su vida, y marcará un antes y un después que le llevará a nuevos niveles de entendimiento y conducta en su relación como discípulo comprometido con Jesús.

Esta versión en español ha sido brillantemente traducida del alemán (de la versión original completa de Bonhoeffer) por mi amigo personal, teólogo y escritor Eliud A. Montoya, como un regalo para la comunidad hispanohablante en el mundo. Espero que la lectura de este poderoso libro cambie tu vida como ha cambiado la mía.

—Dr. Urías Mendoza, Pastor de Templo Bethel/
Mision El Redentor, Ontario, CA.

RESEÑA SOBRE LAS ANOTACIONES

Sin duda alguna, el hábito de la lectura es uno de los más importantes y placenteros en la vida humana. Provoca en todos una grata satisfacción, y al mismo tiempo, es de gran provecho para el crecimiento personal.

En cuanto a mí, en mi labor pastoral y como maestro de la Palabra de Dios, la lectura me ha permitido aprender, desaprender, informarme y adquirir conocimientos, pero al mismo tiempo, me ha servido para compartir y edificar la vida de otras personas. Esto hace realidad lo dicho por un poeta inglés: «Los libros son las abejas que llevan el polen de una inteligencia a otra» (James Russell Lowell).

En una ocasión llegó a mis manos un libro clásico, de esos que se estudian y forman parte de la biblioteca de lectores y estudiosos, pero que a la vez permanecen en nuestros pensamientos a pesar de que el tiempo transcurra. Es un libro extraordinario que trata sobre el discipulado cristiano. Es una obra que desde que se escribió, en el año de 1937, ha marcado la vida de muchos creyentes en el ámbito cristiano, y la de miles de alumnos en las salas de las escuelas teológicas. El libro al cual hago referencia es el libro escrito por el pastor de origen alemán Dietrich Bonhoeffer, titulado *El costo del discipulado*.

Si bien es cierto que existen unas cuantas traducciones al español de tan extraordinario libro, la gran diferencia con esta edición especial —la que usted, amado lector, tiene hoy en sus manos— es que es única y sin precedentes en comparación con las otras versiones en el idioma español.

Por una parte, esta supera considerablemente a las demás versiones respecto al número de páginas de contenido (por ser una versión completa) presentando así el incomparable pensamiento del autor en toda su plenitud; y por otra, se caracteriza especialmente por el valioso aporte realizado por el pastor Eliud A. Montoya mediante notas explicativas.

El pastor Eliud A. Montoya es un reconocido editor profesional y escritor cristiano, a quien tengo el placer y el privilegio de conocer no tan solo como persona sino como especialista en su ramo.

En primer lugar, Eliud se ha esforzado sobremanera para traernos —mediante una minuciosa e intensa labor— una traducción directa del texto original (del idioma alemán, cosa que tampoco se da en otras versiones) al español (lo que garantiza la entrega de una obra más contextualizada y actual sin perder pauta del pensamiento original del escritor Bonhoeffer), y trae a la luz una lectura académica, pero a la vez amena. Cosa que beneficia sobremanera al lector respecto al texto en sí.

Asimismo, en segundo lugar, gracias a la pasión, conocimiento, y espíritu de investigador y de estudioso que posee Eliud, éste aporta al escrito invalorables comentarios adicionales al pie de las páginas a través del libro. Estos datos adicionales y notas explicativas nos brindan más luz sobre el texto original y el pensamiento del autor, y nos invitan a profundizar.

Estos aportes que añade Eliud orientan también al lector y dan un valor muy significativo al nuevo escrito respecto a nuevos temas y vertientes de pensamiento; es decir, despierta en el lector un deseo de hacer sus propias anotaciones e investigar los tópicos que el editor despierta.

Finalmente, el trabajo editorial de Eliud nos invita sobremanera a compartir e intercambiar ideas con otros lectores respecto a pensamientos que ahora son más comprensibles, pensamientos que anteriormente no nos habíamos planteado.

El legado efectivo del pastor Bonhoeffer por medio de su obra continúa vivo, pero ahora avivado e intensificado por la pluma de nuestro hermano Eliud. Muchas gracias hermano Eliud por ser sensible al Espíritu Santo, obedecer y terminar este valiosísimo y gran proyecto que será de beneficio al mundo entero.

—Dr. Arnoldo Granados —Pastor de CCI,
Mission Viejo, CA.

INTRODUCCIÓN

Es evidente, que en el tiempo que tiene lugar una renovación eclesial, las Escrituras se vuelven más nítidas. Dejando atrás los argumentos —que si bien son necesarios— para llevar adelante un debate eclesiástico, la iglesia se vuelve más seria en su búsqueda de lo que realmente importa: Jesús mismo. ¿Qué es lo que Jesús nos quiere decir? ¿Qué quiere de nosotros hoy? ¿Cómo Él nos ayuda a ser cristianos fieles? Al fin y al cabo, no es importante para nosotros lo que éste o aquel líder religioso quiere, sino lo que Jesús quiere realmente. Queremos escuchar su propia palabra cuando escuchamos un sermón. Esto es importante para nosotros, no sólo por causa nuestra, sino por todos aquellos para quienes la iglesia y su mensaje se han vuelto ajenos.

Probablemente también podemos ser de la opinión de que, si Jesús mismo estuviera frente a nosotros, predicando en nuestros medios, habría otras personas distintas a las de ahora escuchándole, y otras también diferentes se alejarían de Él. ¡No es que la predicación de nuestra iglesia haya dejado de ser la palabra de Dios, sino que hay tantas palabras sin sentido, cuantas rígidas leyes humanas, tantas falsas esperanzas y consuelos, que la Palabra Pura de Jesús se ha empañado y se dificulta así una genuina decisión de seguirle!

Seguro tenemos la intención de que nuestra predicación esté centrada en Cristo, pero necesitamos reconocer, que si nuestra predicación se ha vuelto difícil de entender, no es sólo culpa de los oidores, es más bien que está plagada de fórmulas y conceptos que les son ajenos. Simplemente no es verdad que cada palabra que hoy esté en contra de nuestra predicación sea un abierto rechazo a Cristo o que sea anti cristiana.

En nuestros días hay un gran número de personas que acuden a escuchar nuestra predicación, realmente quieren oírla; no obstante, tristemente tenemos que admitir, que les hemos hecho difícil el acceso a Jesús. Ellos creen que no se trata de la palabra del divino Maestro la que quieren evitar, sino la abundancia de asuntos humanos, las instituciones y las minucias doctrinales: esto es lo que se interpone entre ellos y Jesús. ¿Quién de nosotros no tendría una respuesta instantánea a tales personas? Nos sería fácil escapar de la responsabilidad que tenemos de ellas, ¿no es así? Sin embargo, si lo meditamos bien: ¿no será que somos nosotros mismos los que nos hemos metido demasiado en el camino, en la fraseología simple de la palabra de Jesús, quizá al pensar demasiado en ciertas frases, cosas que tienen que ver con el tiempo, con la ubicación geográfica y con la estructura social? O tal vez predicamos muy «dogmáticamente» dejando de lado «la aplicación práctica». Nos gusta repetir ciertos pasajes de las Escrituras una y otra vez, y pasamos por alto, en nuestro descuido, otras palabras importantes; ¿estaremos predicando demasiado sobre nuestras propias opiniones y supuestos y demasiado poco sobre Jesucristo mismo? Si esto es así, no habría algo mayor que contradiga nuestras propias intenciones y al mismo tiempo fuera tan desastroso para nuestra predicación. Sería como si impusiéramos más cargas —con nuestros estatutos humanos— a los trabajados y cansados que Jesús llama a sí mismo, alejándolos así de Él de nuevo. ¡Cómo ha sido ridiculizado el amor de Jesucristo ante los cristianos y gentiles! Sin embargo, puesto que las preguntas generales y las acusaciones no nos ayudan en lo absoluto, nos remitimos a las Escrituras, a la palabra y al llamado de Jesucristo mismo. Fuera de la pobreza y la estrechez de nuestras propias convicciones y preguntas, en las Escrituras buscamos la amplitud y la riqueza que nos son dadas en Jesús.

Queremos hablar del llamado a seguirle. Y al hacer esto, ¿estaremos imponiendo un nuevo yugo sobre el pueblo, uno que es aún más pesado? ¿Será que de esta manera estaremos agregando cargas aún más fatigantes y reglas aún más duras que las ya impuestas sobre las pobres almas que gimen y cuyos cuerpos suspiran? Al recordar el tema del discipulado de Jesús, ¿traemos un aguijón más agudo a ser clavado en las conciencias ya de por sí afligidas y heridas? ¿Deberá repetirse aquí —por enésima vez en la historia de la iglesia— una lista de exigencias imposibles, atormentadoras y excéntricas, cuya exigencia pueda ser un lujo piadoso reservado para unos cuantos, pero rechazado por el trabajador que gana con sacrificio su pan, que está dedicado a su profesión y a su familia por tratarse de una exigencia que tienta impíamente a Dios? ¿Es el trabajo de la iglesia establecer una tiranía espiritual sobre el pueblo, poniéndolo arbitrariamente bajo la amenaza de castigos terrenales y eternos, y ordenando todo lo que el hombre tiene que creer y hacer para ser salvo? Puede ser que algunas personas estén satisfechas con tal esclavitud, e inclusive algunas podrían desearla, sin embargo, ¿es el papel de la iglesia ocuparse de proveer tal cosa?

Cuando las Sagradas Escrituras hablan del discipulado de Jesús, ellas proclaman la libertad del hombre de todo estatuto humano y de todo lo que le oprime: cargas, dolor, tormento de conciencia, preocupaciones, etc. En el discipulado, el ser humano es liberado del duro yugo de sus propias leyes al tiempo que se somete al ligero yugo de Jesucristo. ¿Esto estropea la seriedad de los mandamientos de Jesús? No, sino que es precisamente bajo ese yugo en donde realmente es posible cumplir tales mandamientos; es en la obediencia absoluta del llamado al discipulado en donde se opera una liberación plena: sólo en la comunión con Jesús es posible.

Para quien sigue a Jesús, su carga se vuelve fácil, y en la suave presión de ese yugo, recibe la fuerza para caminar por el camino recto sin fatigarse. Los mandamientos de Jesús se vuelven duros e inclusive inhumanos para los que se resisten a seguirle, sin embargo, para los que voluntariamente se someten a Él, esos mismos mandamientos son suaves y fáciles de cumplir. «Sus mandamientos no son gravosos» (1 Juan 5:3). Los mandamientos de Jesús no tienen nada que ver con la violencia psíquica. Jesús no nos exige nada sin darnos la fuerza para lograrlo. Los mandamientos de Jesús no tienen el fin de destruir la vida, sino más bien, preservarla, fortalecerla y sanarla.

Ante esto surge la pregunta: ¿Qué significa entonces el discipulado y el llamado a imitar a Jesús para el trabajador, para el hombre de negocios, para el agricultor, para el militar...? ¿Podrían estos mandamientos traer un conflicto insoportable para la existencia de personas comunes que trabajan en el mundo, quienes, además, han decidido abrazar el cristianismo? Después de todo, ¿no es el cristianismo —al definirlo como una imitación estricta de Cristo— un asunto que está circunscrito tan sólo a un pequeño número de personas? ¿Significa entonces que el cristianismo verdadero rechaza a las grandes masas, al populacho, a los pobres y a los débiles del mundo? ¡No! Pues esto sería negar la gran misericordia de Jesucristo, quien vino precisamente a rescatar a los pecadores, a los recaudadores de impuestos, a los pobres y débiles, a los errantes y desesperados. ¿Qué diremos al respecto? Definamos entonces si son muchos o pocos los que pertenecen a Jesús. Fue Él quien murió en la cruz, abandonado por sus discípulos, quien estuvo en medio, no de dos de sus seguidores, sino de dos asesinos. No obstante, debajo de la cruz estaban todos: los enemigos y los creyentes, los incrédulos y los cobardes, los burlones y los convencidos; y todos ellos fueron incluidos cuando Jesús oró: «Padre, perdónalos...». El amor y la misericordia de Dios emergen y se abren paso entre sus enemigos. Es el mismo Jesucristo, a quien seguimos por la gracia del llamado; el mismo que por esa misma gracia salvó al ladrón en su última hora de vida.

Ahora nos preguntamos ¿a dónde nos guía su llamado al discipulado? ¿Qué decisiones, que separaciones permanentes implica? Para obtener la respuesta correcta tenemos que acudir a quien la conoce: a Jesucristo mismo. Es sólo Él, quien nos manda a seguirle, quien sabe el camino. Pero de algo estamos seguros: que será un camino extremadamente misericordioso. El discipulado es gozo.

En la iglesia de hoy parece tan difícil caminar con absoluta certeza por el camino de la adherencia a la iglesia y al mismo tiempo permanecer dentro del espacioso amor de Cristo por todas las personas, en su paciencia, en su misericordia y «filantropía» (Tito 3:4) por los débiles y los impíos. No obstante, ambas cosas —el caminar por el camino estrecho y el permanecer en tal amor— necesitan estar juntas, de lo contrario transitaremos por caminos meramente humanos. Dios nos dé gozo al tiempo de seguirle con seriedad en todo, en la aceptación del pecador y en el rechazo del pecado, y otorgar a nuestros enemigos la poderosa y vencedora Palabra del evangelio que dice:

«Venid a mí todos los que estáis trabajados y cargados, y yo os haré descansar. Llevad mi yugo sobre vosotros, y aprended de mí, que soy manso y humilde de corazón; y hallaréis descanso para vuestras almas; porque mi yugo es fácil, y ligera mi carga» (Mateo 11:28ss).

PARTE 1

LA GRACIA Y EL DISCIPULADO

CAPÍTULO 1

LA GRACIA COSTOSA

La gracia barata es el enemigo mortal de nuestra iglesia. Por lo tanto, tenemos que luchar diariamente por la gracia costosa.

La gracia barata significa aquella que se vende en el mercado como baratija: esclavitud, falta de perdón, falta de consuelo y la pérdida de los sacramentos auténticos. Se ve así la gracia como un tesoro inagotable e inmenso de restricciones y distribución ilimitadas, la cual se toma a manos llenas, sin precio ni costo alguno.

Esa es precisamente la esencia de la gracia, que la cuenta derivada de la ley se ha eliminado, que ya no debemos nada y todo es así gratuito. Esto significa, que debido a que la cuenta era infinitamente grande, ahora las posibilidades del uso de la gracia también son infinitas, e inclusive, nos hacen pensar en el derroche. ¿Sería realmente gracia si no fuera barata?

La gracia de la que aquí hablo es una doctrina, un principio e inclusive un sistema. Se trata del perdón de pecados como una verdad general, y el amor de Dios como una idea cristiana, una concepción general de Dios; un asentimiento meramente intelectual de esas ideas es suficiente para el perdón de pecados. Se cree que quien tiene la doctrina correcta de la gracia, por sólo tenerla, es que obtiene la gracia. En tal iglesia, el mundo encuentra una cobertura barata para sus pecados, en donde ningún arrepentimiento es necesario, ni mucho menos ningún deseo real de ser libre. La gracia barata es, por lo tanto, una negación de la Palabra viva de Dios; y de hecho, una negación de la Encarnación de la Palabra de Dios.

La gracia barata es la justificación del pecado, pero no del pecador. ¿Por qué? Porque la gracia lo hace todo sola, aunque todo en nuestra vida permanezca igual. «Todas nuestras obras son inútiles». El mundo sigue corriendo en su mismo camino, y nosotros seguimos siendo pecadores, incluso, «en la mejor de las vidas» [como dice Lutero][1]. Partiendo entonces de estos pensamientos, tanto el cristiano como el mundo son idénticos en todo aspecto. Así que, a fin de no caer en la *herejía del entusiasmo*,[2] no debemos aspirar a una vida diferente al estar bajo la gracia, sino conformarnos a la antigua vida de pecado. El cristiano así no debe violentar la gracia gloriosa (aunque sea barata), o rebelarse contra ella, pues si lo hace, ¡deshonra la misericordia de Dios al esclavizarse a la letra de la Biblia en un intento por vivir en obediencia a los mandamientos de Dios!

El mundo ha sido justificado por gracia, por tanto, —dicen ellos— por el bien de esa gracia esencial, todo cristiano sabe que no debe luchar contra ella, sino tiene que vivir como el resto del mundo. Ciertamente, al cristiano le gustaría hacer algo extraordinario, y para él sin duda, contentarse con vivir como el mundo representa la resignación más difícil. Pero debe renunciar, practicar la abnegación y así vivir como el resto. Debe dejar que la gracia sea gracia, de otra manera destruirá la fe que el mundo tiene en la gracia, (aunque se trate de una *gracia barata*). Y esta filosofía sigue dicien-

---

[1] Bonhoeffer cita una frase incluida en uno de los himnos de Martín Lutero basado en el salmo 130 [nota del editor].

[2] *La herejía del entusiasmo* se refiere, no al rechazo de la Biblia como el medio de conversión, sino al rechazo de la predicación: *Logia: A Journal of Lutheran Theology* ISSN #1064-0398, p. 36 [nota del editor].

do que el cristiano debe seguir en su mundanalidad por el bien del mundo —o más bien, por el bien de la gracia—, pues en esta gracia está conforme y descansa seguro: posee la gracia, y la gracia, por si sola, lo hace todo.

Entonces, el cristiano no sigue a Cristo, sino más bien, se conforma con la consolación de una misericordia alcanzada. Esta es la gracia barata de la que hablo, la que se basa en una justificación del pecado, pero que no justifica al pecador penitente, el cual abandona su pecado y se arrepiente, puesto que no hay perdón de pecados si el pecador no se separa del pecado.

La gracia barata se refiere a la que concebimos nosotros mismos, la que predica que existe gracia sin arrepentimiento, bautismo sin disciplina, santa cena sin confesión de pecados, absolución sin confesión personal.

La gracia barata es gracia sin discipulado, gracia sin la cruz; una gracia sin un Cristo Jesús vivo y encarnado.

Por el otro lado, la *gracia costosa* es el tesoro escondido en un campo; por la cual un hombre va y con gusto vende todo lo que tiene; es la perla del gran precio, por la cual un comerciante da todo cuanto posee. Es el real reino de Cristo, por cuyo bien, el hombre quita todo cuando moleste a sus ojos, todo aquello que le haga tropezar; es el llamado de Jesucristo, ante el cual el discípulo deja su red y le sigue.

La gracia costosa es el evangelio, el cual debe buscarse vez tras vez, el regalo que debe pedirse, la puerta que debe tocarse hasta que se abra.

Es costosa porque nos llama al discipulado, a seguir a Cristo Jesús. Es costosa porque cuesta al hombre su vida, y es gracia porque ella le da en cambio, la verdadera vida. Es costosa porque condena el pecado, y es gracia porque justifica al pecador [arrepentido]. Y por encima de todo es costosa porque le costó a Dios la vida de su Hijo: «habéis sido comprados por precio» [1 Corintios 6:20], y no podemos abaratar Aquello que ha sido tan costoso para Dios. Y sobre todo, es gracia porque Dios no escatimó a su Hijo —un precio demasiado alto— para pagar nuestra vida. La gracia costosa es la encarnación de Dios.

La gracia costosa es el santuario de Dios que debe ser protegido del mundo, y no arrojado a los perros. Es por tanto la palabra viva, la palabra de Dios que habla como le place. Nos confronta como un llamado gentil a seguir a Jesús, que viene como una palabra de perdón al espíritu contrito y quebrantado. La gracia es costosa porque obliga al hombre a seguir a Jesucristo llevando su yugo; pero es gracia porque Jesús dice: «mi yugo es fácil, y ligera mi carga» [Mateo 11:30].

Dos veces Pedro escuchó a Jesús decirle, «sígueme». En el primer llamamiento Jesús usa esta palabra al principio, y en el segundo, la utiliza al final (Marcos 1:17, Juan 21:22). Entre estos dos llamamientos se encuentra una vida entera. En la primera ocasión Pedro estaba a la orilla del mar de Galilea, en donde él dejó sus redes y su profesión, y siguió a Jesús al instante. La segunda ocasión fue cuando el Señor resucitado le encuentra en su antigua profesión, otra vez, en el mar de Galilea, y nuevamente le dice: «¡Sígueme!».

En medio de estos dos llamamientos está la vida entera de un discípulo que imita a Cristo; está la confesión de Pedro, cuando reconoce a Jesús como el Cristo de Dios. Están tres ocasiones distintas en donde Pedro escucha la proclamación de que Él es Señor y Dios: al principio, al final y en Cesarea de Filipo; mismas en que la gracia de Cristo le llama y dice: «¡Sígueme!» Se trata de tres pausas en el camino de Pedro, y una misma gracia mostrada en tres maneras distintas.

Fue la gracia de Cristo y ciertamente no una que el propio discípulo se atribuyera a sí mismo. Fue la misma gracia de Cristo que gobernó al discípulo y le hizo abandonar todo por seguirle; que le hizo confesar lo que pareció al mundo la más terrible blasfemia, y que le llevó a la suprema comunión del martirio, ofrendando su vida por aquel Señor que él hubo negado, Aquel que perdonó así todos sus pecados. En la vida de Pedro la gracia y el discipulado están indisolublemente integrados. Él había recibido la gracia costosa.

Con la difusión del cristianismo y la creciente secularización de la iglesia, el conocimiento de la gracia costosa se fue perdiendo gradualmente. El mundo estaba cristianizado y la gracia se había convertido en un patrimonio común en el mundo cristiano. Un remanente de la primera gracia se conservó, y aunque barata, se conservó en la iglesia de Roma. Fue de vital importancia que la iglesia de Roma fuera suficientemente astuta para evitar que el movimiento monástico creara un cisma, por lo que lo apoyó. Allí, en los extremos marginales de la iglesia, había un lugar en donde se mantenía viva la comprensión de que la gracia es costosa, que la gracia significa seguir a Cristo. Por amor de Cristo, las personas dejaban todo lo que tenían y trataban de seguir los estrictos mandamientos de Jesús en la vida diaria. Así, la vida monástica se convirtió en una protesta viva contra la secularización del cristianismo y contra el abaratamiento de la gracia. Pero la iglesia fue lo suficiente astuta para tolerar esta protesta y evitar su fin último. La relativizó, e incluso obtuvo de ella una justificación para su propia vida secularizada: ahora la vida monástica era un logro especial de los individuos, cosa que la gran mayoría de los miembros de la iglesia no podía ser obligada a imitar. Consecuentemente, al limitar la aplicación de los mandamientos de Jesús a un grupo de personas especialmente calificadas, se creó un doble estándar: un mínimo y un máximo nivel de obediencia cristiana. Así, cada vez que la iglesia fuera acusada de ser demasiado secular, ella podría simplemente señalar la posibilidad del camino monástico dentro de la iglesia al tiempo de justificar la otra posibilidad del camino más fácil para los demás.

De esta manera, paradójicamente, el resultado del monacato, cuya misión fue preservar la comprensión primitiva de la gracia costosa en la iglesia de Roma, se convirtió en una justificación para la secularización de la iglesia.[3]

En términos generales, el error incorregible del monacato no fue tanto su rigorismo (aunque por supuesto, hay mucho que decir en cuanto al mal entendimiento de la voluntad de Jesús en términos de contenido), sino más bien, que el monacato se apartó del

---

[3] Alrededor del año 318 d.C. San Pacomio comenzó a organizar a sus muchos seguidores en lo que se convertirá en el primer monasterio cristiano cenobítico (es decir, comunal) [nota del editor].

cristianismo genuino al establecer el discipulado como un mérito especial de unos cuantos.

Fue a través del monasterio que Dios revivió el evangelio de la gracia pura y costosa a través de su siervo Martín Lutero, en la Reforma. Lutero era un monje. Él había dejado todo y quería seguir a Cristo en obediencia perfecta. Lutero renunció al mundo con el fin de vivir la vida cristiana. Él aprendió a ser obediente a Cristo y a su iglesia porque sabía que sólo los obedientes pueden creer. El llamado al claustro le costó a Lutero la entrega total de su vida. Sin embargo, Lutero fracasó en su camino hacia Dios mismo. Dios le mostró a través de las Escrituras que el discipulado no es un logro especial alcanzado por el mérito de algunos individuos, sino un mandamiento divino para todos los cristianos.

El monacato había transformado el humilde trabajo del discipulado en un trabajo meritorio para los santos; y el renunciamiento propio (requisito del auténtico cristianismo) se convirtió en un orgullo religioso, presente al pertenecer a un selecto grupo de piadosos. Así, el mundo había irrumpido en el corazón mismo de la vida monástica y había causado, una vez más, sus desastrosos estragos. El intento del monje por huir del mundo se había tornado en una forma de amar al mundo.

En este último intento de Lutero por realmente vivir una vida piadosa, fue que él encontró la gracia. Fue ahí, en el colapso total del mundo monástico crujiendo en ruinas a su alrededor, que él pudo ver la mano salvadora de Dios en Cristo. Él así tomó esa mano y tuvo fe al tiempo de entender, que «nuestras obras son en vano, incluso en las personas más buenas». La gracia que le fue otorgada fue la gracia costosa y ésta hizo pedazos toda su existencia. Una vez más él tuvo que devolver sus redes y seguirle. La primera vez había entrado en el monasterio, dejando todo atrás excepto su piedad propia; pero esta vez, esta piedad propia tenía que entregarla también. Él obedeció al llamado, no mediante algún mérito propio, sino mediante la gracia de Dios. Sin embargo, Lutero no escuchó una voz diciéndole: «Fuiste pecador, y se te ha perdonado todo, ahora, puedes quedarte donde estás y simplemente gozar de ese perdón». No, Lutero tuvo que abandonar el monasterio y regresar al mundo, no porque el mundo fuera bueno y santo, sino porque incluso el claustro era simplemente parte de éste.

El regreso de Lutero del monasterio al mundo fue el ataque más agudo a este último desde los días del cristianismo de la iglesia primitiva. El renunciamiento que él hizo al mundo cuando se convirtió en monje era un juego de niños comparado con el rechazo al mundo que él haría a su regreso. Ahora el ataque era frontal. Seguir a Jesús tenía que ser vivido viviendo en el mundo. Lo que se practicaba como un servicio especial en circunstancias favorables para la vida monástica, se había convertido en algo necesario para cada cristiano en el mundo. La obediencia perfecta al mandamiento de Jesús tenía que practicarse dentro de la vida laboral diaria de cada uno. Así, el conflicto entre la vida del cristiano y la vida del mundo se agudizó incalculablemente. Éste era un conflicto cuerpo a cuerpo.

Uno jamás podría malinterpretar el acto de Lutero suponiendo que su redescubrimiento del evangelio de la pura gracia ofrezca una suspensión general a la obediencia al mandamiento de Jesús; ni que la Reforma haya descubierto que la gracia perdonadora de Dios automáticamente confirió al mundo justicia y santidad. Por el contrario, para Lutero, el llamado del cristiano en el mundo tiene su justificación únicamente en la medida en que este llamado proteste radicalmente en contra del mundo hasta el fin.

Solamente si el llamado del cristiano en el mundo secular se practica siguiendo a Jesús, éste recibirá, del evangelio, autorización y justificación. No la justificación del pecado, sino la justificación del pecador, esa fue la razón por la que Lutero regresó del monasterio al mundo. La gracia costosa había sido dada a Lutero. Era gracia, por ello, era como agua en tierra sedienta, refugio contra el miedo, liberación de la esclavitud del camino elegido por uno mismo, y perdón de todos los pecados. La gracia era costosa, no porque fuese dispensada bajo la premisa de las buenas obras, sino porque intensificaba infinitamente la reputación del discipulado. Esta gracia era costosa porque costó mucho, y costó mucho porque era gracia. Ese era el secreto del evangelio de la Reforma –la justificación del pecador.

Sin embargo, el resultado de la Reforma fue la victoria, no del conocimiento de Lutero de la gracia en su pureza y gran precio, sino del instinto religioso vigilante del hombre acerca del lugar donde la gracia puede obtenerse al más bajo precio. Tan solo era necesario hacer un cambio sutil y casi imperceptible de énfasis, y el daño sería perpetuado.[4] Lutero enseñó que el hombre no puede compadecer ante Dios, ni siquiera mostrando sus obras y formas religiosas más excelentes, porque en el fondo, en su razón, siempre busca su propio interés. En lo profundo de su miseria, Lutero había tomado por fe el perdón gratuito e incondicional de todos sus pecados. Sabía que esta gracia le había costado una vida y aún le seguía costando el mismo precio día a día. Esta gracia no prescindía del discipulado, sino que, por el contrario, le convertía en un discípulo más tenaz. Cuando él hablaba de la gracia, siempre se refería a su propia vida, esa vida que por primera vez había sido puesta en absoluta obediencia a Cristo. No podía hablar de la gracia en ningún otro sentido. Lutero había dicho que la gracia sola puede salvar; sus seguidores tomaron su doctrina y la aplicaron literalmente. Sin embargo, ellos muy pronto dejaron a un lado lo que él había dado por sentado: la obligación del discipulado. No era necesario que Lutero explícitamente siempre mencionara esta premisa, en la cual se presentaba a sí mismo como aquel, que por gracia, había sido guiado a convertirse en el seguidor más estricto de Jesús. Así, juzgado por el estándar de su doctrina, era un intachable discípulo; sin embargo, esta misma doctrina, dicha palabra por palabra, se convirtió en el fin y aniquilación de la Reforma como la revelación de la preciosa gracia de Dios en la tierra. La justificación del pecador en el mundo degeneró en la justificación del pecado en el mundo. La gracia costosa se convirtió así, en una gracia barata carente de discipulado.

Lutero había dicho que todo lo que podamos hacer es inútil, incluso siendo los más buenos. Que nada puede servirnos delante de Dios sino «la gracia y el favor que otorga el perdón de pecados». Sin embargo, él habló de sí mismo como uno que en el preciso

---

[4] Se refiere a que, mientras que Lutero predicó el evangelio de la gracia costosa, muchos de sus seguidores hicieron de esta gracia una gracia barata al malinterpretar la enseñanza de su líder.

momento de su crisis había sido llamado a dejar todo lo que tenía, una segunda vez, y seguir a Jesús.

Para él, el reconocimiento de la gracia fue la última ruptura radical con el pecado en su vida, nunca su justificación. Esta gracia consistía en la toma del perdón de Dios, al tiempo que él hacía su última y más radical renuncia a su propia voluntad, y esta decisión tan seria le guio, al mismo tiempo, a seguir a Jesús con la misma fuerza. Sin embargo, esto fue, por supuesto, el *resultado* del trabajo divino y no del hombre. Ahí radica todo el problema. Porque entonces, los seguidores de Lutero tomaron este *resultado* y lo establecieron como el requisito básico para el cálculo. Si la gracia es el *resultado* de la vida cristiana dada por Dios mismo, entonces no puedo —ni por un momento— prescindir de seguir a Cristo. Pero si por el contrario, la gracia es un *requisito* para mi vida cristiana, entonces, tengo en mi vida —de antemano— la justificación de mis pecados; ahora puedo pecar por esa gracia tanto como quiera, y confiar que esa gracia me perdona, pues después de todo, el mundo es justificado en principio por esa gracia. Por lo tanto, con ese pensamiento, permanezco en mi existencia secular mundana como antes. Todo sigue igual y puedo estar seguro de que la gracia de Dios me cubre.

El mundo entero se ha vuelto «cristiano» bajo esta gracia, pero su costo ha sido la secularización del cristianismo tanto como nunca antes. De esta manera se termina el conflicto entre la vida del cristiano en el mundo y la de cualquier otra persona respetable. La vida cristiana se convierte en simplemente vivir en el mundo y vivir como el mundo vive, no existe diferencia alguna; es más, no se me da derecho a ser distinto, ¡por el bien de la gracia!

Esto se reduce a que mi compromiso como cristiano es salir del espacio del mundo para entrar y permanecer quizá por una hora (o algo así) en la iglesia, tan sólo para confirmar allí que mis pecados han sido ya perdonados. Estoy libre de seguir a Jesús debido a esa gracia barata, la cual es el peor enemigo del discipulado, porque odia y en verdad detesta, el discipulado.

La gracia como una condición (el requisito para el resultado) es la gracia más barata; en tanto que la gracia como el resultado es la gracia costosa.

Es aterrador darse cuenta de lo que está en juego en el momento de hablar y usar una verdad del evangelio. Pues tanto para la gracia barata como para la costosa se usa la misma palabra: «somos justificados sólo por gracia». Esto se ejemplifica con lo siguiente: Al final de toda una vida tratando de alcanzar el conocimiento, Fausto dice: «Ahora veo que nada podemos saber».[5] Este es el resultado de la experiencia de toda una vida. Sin embargo, como dice Kierkegaad,[6] una cosa muy distinta es si esta misma frase fuese usada por un estudiante de primer semestre del colegio para justificar su pereza. Como resultado la frase es perfectamente verdadera, pero como requisito previo es un autoengaño.

Esto significa que el conocimiento adquirido no puede separarse de la existencia en la que se gana. Por tanto, sólo aquel que lo ha dejado todo por seguir a Jesús, puede decir que es justificado sólo por gracia. Él reconoce que el llamado al discipulado es un regalo, algo recibido por gracia, por lo que el llamamiento y la gracia están unidos. Pero quien quiera prescindir de seguir a Cristo usando esa «gracia» (la gracia barata), simplemente se engaña a sí mismo.

Sin embargo, podríamos preguntarnos, ¿no estuvo el mismo Lutero peligrosamente cerca de la perversión del entendimiento de la gracia? ¿Qué significan las palabras de Lutero al escribir *Pecca fortiter, sed fortius fide et gaude in Christo* (Sé un pecador y peca valientemente, pero más valientemente aún cree y regocíjate en Cristo)?[7] Eres un pecador de todos modos, y no hay nada que puedas hacer al respecto. Si eres un monje o un laico, si eres un religioso o un malvado, no puedes huir de los afanes del mundo, y pecas. Así que, ¡peca sinceramente! ya que puedes confiar en el trabajo realizado por la gracia. ¿Es esta la proclamación desnuda de la gracia barata, un cheque en blanco para el pecador, y —finalmente— la abolición del discipulado? ¿Es este un llamado animoso y blasfemo a pecar valientemente y confiar en que la gra-

[5] Goethe, Johan Wolfgang (1749-1932). *Fausto I* .
[6] Se refiere a Søren Kierkegaard (1813-1855), teólogo danés.
[7] Enders III, p. 208, 118.

cia se encargará de todo? ¿Existe algún abuso más diabólico de la gracia que esto? ¿Pecar como un regalo otorgado por la gracia, la misma que nos fue dada por Dios? ¿No es correcto el Catecismo Católico Romano al denunciar esto como el pecado contra el Espíritu Santo?[8]

Todo aquí depende de la comprensión de la gracia como requisito o la gracia como resultado. Si hacemos de esta frase de Lutero una premisa para la teología de la gracia, entonces es fácil caer en la gracia barata. Sin embargo, si la tomamos, no como premisa, sino como un resultado, como el último ladrillo del edificio, como la última palabra después de todo el discurso, entonces entenderemos esta frase de Lutero correctamente.

Tomada como premisa, *pecca fortiter* se convierte en un principio ético al cual la gracia debe corresponder. Esto significa la justificación del pecado y entonces la frase de Lutero se convierte en todo lo contrario a lo que él realmente quiso decir. Para Lutero «peca valientemente» podría ser solo la última información, un estímulo para quien intenta seguir a Cristo y que la experiencia de tantas batallas le ha enseñado que no puede jamás tener una vida totalmente libre del pecado, es decir, totalmente pura; para quien, en su temor de pecar, se desalienta de la gracia de Dios.

Para él, «peca valientemente» no es la confirmación que descansa sobre el fundamento de una vida desobediente, sino es el evangelio de la gracia de Dios, ante quien siempre y bajo cualquier circunstancia somos pecadores, pero que al mismo tiempo somos santos cuando la gracia nos busca y nos justifica. En otras palabras, lo que Lutero está diciendo es, «confiesa valientemente tu pecado, no trates de escapar, y aún más valientemente, cree. Tú eres un pecador, así que sé un pecador, y no trates de convertirte en lo que no eres. Conviértete en pecador cada día, sé valiente en ello». Pero ¿a quién se le puede decir esto sino solamente a quien diariamente renuncia de todo corazón al pecado y a todo lo que le impide seguir a Jesús,

---

[8] Según el Catecismo católico hay seis pecados que son considerados formas del pecado contra el Espíritu Santo. Esta explicación se basa mayormente en los escritos de Tomás de Aquino (S. XX. II / II 14 II) [nota del editor].

pero que se perturba ante toda infidelidad diaria y pecado cometido? ¿Quién puede escuchar estas palabras sin poner en peligro su fe, sino aquel que se examina a sí mismo para renovarse y seguir imitando a Cristo?

Al interpretar esta frase como resultado, ésta se convierte en una declaración de la gracia costosa, la única gracia genuina.

Si interpretamos *pecca fortiter* como un principio, entonces la gracia es finalmente una gracia barata, una nueva ley que no ayuda ni libera. Pero si la gracia es Palabra viva, entonces *pecca fortiter* es un alivio de nuestra tribulación y un llamado al discipulado. Sólo la gracia costosa es gracia pura que verdaderamente perdona los pecados y libera al pecador.

Nosotros, los que venimos después de Lutero, nos hemos reunido como aves de rapiña alrededor del cadáver de la gracia barata; de éste bebemos el veneno que ha matado la vida de un verdadero seguidor de Jesús. Es cierto que la doctrina de la pura gracia ha recibido honores sin paralelo, y de hecho, la hemos exaltado a la posición de Dios mismo, de la gracia misma. En todas partes se repiten las palabras de Lutero, sin embargo, esas mismas palabras pueden ser pervertidas.

Se dice: «si poseemos la doctrina correcta de la justificación, por ese simple hecho tenemos una iglesia justificada». En nombre de esto, y a fin de hacer legítima nuestra herencia luterana, tenemos entonces que hacer disponible esa gracia lo más barata posible. Ser «luterano» significa entonces que hemos dejado el seguir a Jesús a los legalistas, calvinistas, entusiastas, etc., —todo esto por el bien de la gracia. Justificamos el mundo, y condenamos como herejes a los que tratan de imitar a Jesús. El resultado de esto es que toda una nación puede convertirse en «cristiana», pero a expensas del discipulado. Es decir, hacemos que la gracia gane, pero a un precio muy barato.

Pero, ¿nos damos cuenta de que esta gracia barata ha sido despiadada contra nosotros? El colapso de las iglesias organizadas es el precio que tenemos que pagar hoy como consecuencia de haber puesto la gracia a tan bajo costo.

La predicación y los sacramentos se hicieron baratos, el bautismo, la confirmación, etc., ¡absolvemos a toda una nación sin preguntar nada, sin poner ninguna condición! Dando, en nombre del amor humano, lo santo a los burladores e infieles. Derramamos torrentes de gracia sin fin, pero el llamado de Cristo al discipulado es escaso. ¿Dónde quedaron las ideas de la iglesia primitiva, en que el catecúmeno guardaba tan cuidadosamente la frontera entre la iglesia y el mundo, a fin de conservar celosamente la gracia costosa? ¿Qué sucedió con todas aquellas advertencias de Lutero en contra de predicar un evangelio que hiciera al hombre descansar seguro en una vida sin Dios? ¿Hubo alguna vez un ejemplo de cristianización más horrible que este? ¿Qué son esos tres mil sajones asesinados por Carlomagno[9] comparados con los millones de almas muertas en nuestro país hoy? Se ha hecho realidad en nosotros que los pecados de los padres son visitados sobre los hijos hasta la tercera y cuarta generación. La gracia barata ha sido bastante despiadada con nuestra iglesia evangélica.

La gracia barata también ha sido terrible para la vida personal de la mayoría de nosotros. En lugar de abrirnos el camino hacia Cristo, nos lo cerró. En lugar de darnos éxito en nuestro caminar cristiano, nos endureció en nuestra desobediencia.

Algunos de nosotros escuchamos el llamado de Jesús a seguirle, nos atrevimos a ello, dimos los primeros pasos del discipulado y por algún tiempo hemos obedecido su mandamiento; sin embargo, la gracia barata nos atacó, ¿fuimos seducidos por sus palabras? Ella sin piedad nos dio un camino diferente y trató de detener nuestro camino para arrastrarnos a la mediocridad secular, a una supuesta «libertad» que ahogó nuestro gozo diciéndonos que el discipulado que hemos elegido no es necesario, que estamos simplemente gastando nuestras fuerzas en vano, por cierto, también, es extremadamente peligroso. ¿Por qué es en vano? ¡Porque todo está ya cumplido por la gracia! Y así, con esas palabras, la antorcha ardiente empezó a extinguirse. La gracia barata habla sin piedad al hombre, confundiéndole acerca de un camino mucho más sencillo, distinto al llamado de Cristo; le tienta sobremanera a dejar la gracia costosa y

---

[9] Se refiere a la Masacre de Verden en el año 782, la cual fue parte de la campaña de cristianización de los sajones.

le desalienta a alcanzarla. Entonces, cuando cede, se priva al mismo tiempo del conocimiento de la gracia costosa. No puede ser de otra manera: que una vez que el hombre se apodera de la gracia barata se siente fuerte en poseerla, sin embargo, no se da cuenta que ha perdido el poder de vivir en disciplina y obediencia. La doctrina de la gracia barata ha destruido más cristianos que cualquier mandamiento de obras.

En lo sucesivo hablaremos a favor de aquellos que son desafiados ante esta realidad, para quienes la palabra de gracia se ha vuelto terriblemente vacía. Estas palabras deben honrar la verdad entre aquellos que reconocen, que por causa de la gracia barata, han dejado de seguir a Cristo y carecen del entendimiento de lo que la gracia costosa significa.

Pero ese reconocimiento es necesario, que ya *no* estamos imitando a Cristo como se debe; es decir, efectivamente somos miembros de una iglesia que tiene una doctrina correcta, la doctrina pura de la gracia, pero que ya no somos miembros de la iglesia que sigue a Cristo Jesús. De esta manera estamos dispuestos a hacer el intento de comprender cual es la relación mutua que existe entre la gracia y el discipulado.

No podemos evitar hablar de algo tan importante. Tenemos ante nosotros una pregunta central: ¿cómo podemos vivir como cristianos en nuestro mundo contemporáneo? Dar respuesta a esta pregunta es la más grande necesidad para la iglesia de hoy. Una iglesia en donde la palabra «gracia» se ha vuelto tan terriblemente vacía.

La gracia costosa, aunque en verdad incomprensible, es querida incluso para aquellos que, al final del camino, se paran un poco para contemplar su belleza. Y es bella porque es la gracia pura, la gracia de Dios en Cristo Jesús.

Bienaventurados aquellos que, por una vida simple de imitación de Jesucristo se someten a esa gracia, para que, con un espíritu humilde, puedan alabarla tan sólo por ser la única gracia que Cristo otorga.

Éstos son aquellos que pueden vivir con el tesoro del conocimiento de tal gracia sin perderse en el mundo; y pueden vivir siguiendo a Jesucristo con la más grande seguridad de ser ciudadanos de la patria celestial al estar libres de los placeres pasajeros del mundo.

Ellos entienden que seguir a Jesucristo no puede ser sin la gracia, pero que la gracia no significa nada sin seguir a Jesús, es decir, sin discipulado; y con ello, éstos se han hecho cristianos en el sentido más estricto.

CAPÍTULO 2

EL LLAMADO AL DISCIPULADO

«Y al pasar, vio a Leví hijo de Alfeo, sentado al banco de los tributos públicos, y le dijo: Sígueme. Y levantándose, le siguió» (Marcos 2:14).

Se lanza un llamado, y sin ninguna meditación, el acto seguido es la obediencia. La respuesta del discípulo no es una confesión de fe en Jesús, sino un acto de obediencia. ¿Cómo comprender semejante cosa: que en el acto seguido al llamado se produzca una obediencia inmediata? ¿No es esto extremadamente ofensivo para la razón natural?; algo debe separar estos dos actos, algo debe intervenir, algo debe ser explicado. En toda circunstancia debería presentarse una meditación, alguna razón psicológica, alguna razón histórica, etc., algo que una a estos dos verbos: llamar y obedecer. Seguramente uno se hace la pregunta tonta de si el publicano conocía de antemano a Jesús y por ello su corazón estuviese preparado para seguir de inmediato. Sin embargo, el texto guarda total silencio al respecto, y en cuanto al supuesto intermedio entre estas dos acciones, el texto no ofrece meditación alguna: las razones psicológicas que arrojan decisiones piadosas no interesan. ¿Por qué no interesan? Porque sólo hay una razón válida a la obediencia inmediata al llamamiento: Jesucristo mismo. Es Él quien llama, y porque es Jesús quien llama, el publicano le sigue de inmediato. La autoridad absoluta, directa e inexplicable es evidente en este encuentro. Nada precede aquí, es tan sólo la obediencia de una persona que fue llamada. El sólo hecho de que Jesús es el Cristo le da suficiente autoridad para llamar y reclamar obediencia inmediata. Su llamado no es a seguir a un simple maestro, o a un hombre modelo, sino que este llamado es a seguir a Cristo, al Hijo de Dios.

Así, en este breve texto, Jesucristo y su reclamo al hombre se predican simultáneamente. Eso y nada más. Ninguna alabanza es dirigida al discípulo, llámese por su cristianismo o por su rápida decisión. La mirada no está puesta sobre él, sino sobre el que llama, sobre Jesús y su autoridad. En el texto no se observa un camino para crear fe, ni para hacer el discipulado atractivo, no existe nada sino la obediencia al llamado de Jesús.

¿Qué es lo que el texto nos informa acerca del significado del discipulado? Que el discipulado es simple: ¡Sígueme! Es decir, ¡corre tras mí! Eso es todo. Seguirle es algo que no tiene mayor explicación. El texto no nos da un programa de vida cuya realización podría tener algún sentido; tampoco ofrece una meta específica ni un ideal por el qué luchar. No se trata de una causa a la cual —humanamente hablando—, valga la pena dedicarse, ni incluso que represente algún atractivo meramente personal. ¿Qué sucede entonces? La persona llamada —en este caso Levi— deja todo lo que tiene, no por hacer algo considerado de valor *en la perspectiva humana*, sino simplemente por el llamado, porque de lo contrario no podría ir tras Jesús. El acto deliberado e inmediato del discípulo carece de valor en sí mismo, es por el contrario, algo sin sentido e intrascendente.

Lo que hace el discípulo es romper los puentes que le permitirían retroceder. Es llamado y debe «salir» de la existencia anterior. Y este «salir» es en el sentido estricto de la palabra. Lo viejo queda atrás, y se rinde totalmente. Él es llevado, de una vida de relativa seguridad a la incertidumbre total (aunque, a decir verdad, la seguridad absoluta se encuentra en la comunión con Jesús). El discípulo se lanza de lo previsible (aunque, a decir verdad, es totalmente imprevisible) a lo incalculable y fortuito (aunque realmente la vida con Jesús es lo único necesario y calculable). Desde la esfera de las posibilidades finitas (aunque se trate de algo incierto) hasta el reino de las posibilidades infinitas (lo cual es la única realidad libertadora).

El discípulo no se estaba amparando a alguna ley universal que pudiera funcionarle, más bien ninguna ley humana le protegería ahora. Era seguir a Jesucristo y apegarse a Él. Él era ahora todo su programa, todo su ideal, y todo su amparo legal. Por ello, ningún otro contenido es posible, porque Jesús es el único contenido. Además de Jesús, no hay más contenido.

El llamado al discipulado es, por lo tanto, una vinculación a la persona de Jesús. Todas las demás leyes son rotas debido a la gracia otorgada por Quien llama.

Es un llamado gentil, un mandato lleno de misericordia. Él trasciende la diferencia entre la ley y el evangelio. Cristo llama, el discípulo sigue; y esto crea unión entre la gracia y el mandamiento. «Y andaré en libertad, Porque busqué tus mandamientos» (Salmos 119:45).

El discipulado es apego a Cristo; y debido a Cristo el discipulado vive, simplemente por causa de Él es que debe haber discipulado. Una idea de Cristo, un sistema de enseñanza, un conocimiento religioso general de lo que la gracia significa o del perdón de pecados, no necesariamente es discipulado, de hecho, puede excluirlo y ser hostil a éste.

Una idea entra en la esfera del conocimiento, del entusiasmo, y tal vez sea posible ponerle en práctica, pero nunca esa práctica es comparable a la obediencia que tiene lugar ante una persona viva. Un cristianismo sin un Jesucristo vivo sigue siendo un cristianismo sin discipulado, y un cristianismo sin discipulado es siempre un cristianismo sin Jesucristo. Es una idea solamente, un mito. Un cristianismo en donde existe un Dios el Padre, pero no existe Cristo como el Hijo vivo; y un cristianismo así, virtualmente suprime por completo al discipulado. En tal caso hay confianza en Dios, pero no se siguen los pasos de Jesús. Por eso, la única genuina comunión con Él es seguirle: sólo porque el Hijo de Dios se hizo hombre, haciéndose nuestro mediador, es que la única relación correcta con Él es seguirle. El discipulado está vinculado a Cristo como mediador, y en los términos correctos del discipulado, se habla de Jesucristo, el Hijo de Dios, como nuestro mediador. Sólo el Mediador, el Dios-Hombre, puede llamarnos a seguirle.

El discipulado sin Jesucristo podría parecernos la elección correcta y hasta ideal; podría ser, inclusive, hasta una forma de martirio, pero esa elección está privada de toda promesa. Jesús rechaza enfáticamente esa posibilidad.

«...Y se fueron a otra aldea. Yendo ellos, uno le dijo en el camino: Señor, te seguiré adondequiera que vayas. Y le dijo Jesús: Las zorras tienen guaridas, y las aves de los cielos nidos; más el Hijo del Hombre no tiene dónde recostar la cabeza. Y dijo a otro: Sígueme. Él le dijo: Señor, déjame que primero vaya y entierre a mi padre. Jesús le dijo: Deja que los muertos entierren a sus muertos; y tú ve, y anuncia el reino de Dios. Entonces también dijo otro: Te seguiré, Señor; pero déjame que me despida primero de los que están en mi casa. Y Jesús le dijo: Ninguno que poniendo su mano en el arado mira hacia atrás, es apto para el reino de Dios» (Lucas 9:56-62).

El primer hombre se ofrece a sí mismo a seguir a Jesús sin ser llamado. Jesús entonces apaga los ánimos del entusiasta haciéndole entender que no sabe lo que está haciendo. De hecho, parece, por la respuesta de Jesús, que este hombre no se imagina lo que significa seguirle. Ahí el Señor le muestra la realidad: es la vida de Uno que se dirige a la cruz, Uno, cuya vida entera —en el *Credo de los Apóstoles*— se resume, en una palabra: «sufrida». Nadie puede elegir esa vida por sí mismo, dice Jesús; por ello, luego de sus palabras, no hay respuesta. El abismo entre la oferta voluntaria y el discipulado genuino es muy grande.

Sin embargo, cuando Jesús llama, el abismo más gigantesco es superado.

El segundo quiere enterrar a su padre antes de empezar a seguirle. La ley lo ata. Él sabe lo que quiere y tiene que hacer. Él quiere cumplir la ley primero, *debe* cumplir la ley, luego de ello, seguir a Jesús. Vemos aquí claramente un mandamiento de la ley interpuesto entre el sujeto llamado y la persona de Jesús. Pero el llamado de Jesús es mucho más poderoso, y bajo ninguna circunstancia debe incumplirse, incluso si se interpone lo más santo y grande, como es, la ley misma. Es precisamente ahora que, por amor a Jesús, la ley que se interpone entre el sujeto llamado y el que le llama, debe ser quebrantada. Porque aún la ley no tiene ningún derecho a ser un obstáculo. Vemos entonces que Jesús mismo se opone aquí a la ley y ordena al individuo al discipulado. ¿Por qué? Porque Él tiene la última palabra. Así habla el Cristo, sólo Él puede hablar de esta manera. Finalmente, el hombre llamado no puede con esto, el llamado a recibir la gracia es demasiado para él, y la gracia no puede recibirse si se resiste.

El tercer candidato a discípulo, similar al primero, entiende el discipulado como un programa de vida que puede ser elegido por él mismo. Sin embargo, difiere con el primero en que éste va más allá y quiere establecer condiciones. Al hacer esto, él mismo infiere una total contradicción. Quiere unirse a Jesús, pero al mismo tiempo interpone algo entre ellos: «déjame que me despida primero…». Quiere seguir a Jesús, pero al mismo tiempo crea condiciones para ello. El discipulado es para él una posibilidad que depende del cumplimiento de las condiciones. De esta manera el discipulado termina siendo algo humano, un plan lógico y suficientemente claro. Primero haces una cosa y luego la otra. Todo tiene su tiempo más conveniente. El sujeto está dispuesto; sin embargo, también tiene derecho a establecer sus condiciones. No obstante, bajo este esquema, es evidente que en ese momento el discipulado deja de ser discipulado y se reduce a un programa humano que yo puedo hacer a mi medida, el cual tiene que ser justificable, racional y ético. Entonces, el tercer candidato presuntamente quiere seguir, pero al declarar su deseo se denota que realmente *no* quiere seguir a Jesús. Él mismo aborta la oferta, puesto que el discipulado no puede tolerar ninguna condición entre Jesús y nuestra obediencia a Él. Este tercer hombre, por tanto, no sólo contradice a Jesús, sino que se contradice a sí mismo. Su deseo tiene conflicto no sólo con Jesús sino consigo mismo, no sólo no quiere lo que Jesús quiere, sino que no sabe lo que él mismo quiere; así, se juzga a sí mismo y falla en su contra al decir: «Déjame que… primero». En su respuesta, Jesús le hace ver —con una ilustración muy clara— el sinsentido de sus palabras y su inmediata exclusión del discipulado: «Ninguno que poniendo su mano en el arado mira hacia atrás, es apto para el reino de Dios».

El discipulado significa dar ciertos pasos. En el primero, luego del llamamiento, el discípulo debe separarse de su existencia anterior. La obediencia al llamado crea una nueva situación, pues permanecer en la antigua vida excluye al discipulado del éxito.

Podemos ver este principio con mucha claridad. Mateo, el recaudador de impuestos, tuvo que abandonar la mesa de los tributos y Pedro las redes para seguir a Jesús. En nuestra comprensión humana estas decisiones parecen ser ilógicas. Jesús pudo haberle dado al publicano Mateo, por ejemplo, simplemente un nuevo conocimiento de Dios y dejarle en su antigua situación. Esto nos parecería más razonable. Bueno, si Jesús no hubiera sido el Hijo de Dios encarnado, eso sería perfectamente posible. Sin embargo, debido a que Jesús es el Cristo, tuvo que quedar claro desde el principio que su palabra no es meramente una doctrina, sino la *re-creación* de la existencia toda. Se trataba de ir con Él literalmente dejando todo atrás. Sólo hay una manera de creer en Jesús y esto es dejarlo todo y caminar con el Hijo encarnado de Dios.

El primer paso sitúa al discípulo en el territorio de la fe. Si el discípulo se niega a entrar en este territorio se queda atrás, y no aprende a creer. El sujeto debe apartarse del territorio de la duda y avanzar al territorio de la fe. Este paso no representa en sí mismo un avance en el programa, sino que simplemente se justifica por llevar al discípulo a la comunión con Jesucristo, Aquel con quien siempre será vencedor.

En tanto Mateo estuviera sentado en la mesa de los tributos y Pedro echando sus redes, ambos ejerciendo sus profesiones con honestidad y fidelidad, siempre podrían tener un conocimiento de Dios tanto antiguo como nuevo; pero si realmente querían aprender a creer en Dios debían seguir literalmente al Cristo encarnado e ir con Él a dondequiera que Él fuera.

Si ellos no hubieran sido llamados se hubieran quedado, quizá tranquilos en la tierra; podrían seguir viviendo como anónimos trabajadores, observando la ley y continuando en su espera del Mesías. Pero ahora el Mesías estaba allí y su llamamiento llegó. Ahora creer no significaba guardar silencio y esperar, sino *creer* ahora significaba el discipulado. Ahora su llamamiento tenía que ser capaz de romper todos los lazos a fin de atarse a Jesucristo. Ahora todos los puentes debían quemarse, y así, dar el paso hacia la más total incertidumbre, pues sólo así ellos podrían darse cuenta de lo que Jesús exige y de lo que Él otorga.

En la mesa de los tributos, Mateo podría haber tenido a Jesús como Aquel que le asistiera en los momentos de miseria, pero no lo habría reconocido como el único Señor, al que debería dedicar toda su vida; ni habría aprendido a creer.

Tenía que crearse la situación en la cual es posible creer en Jesús, el Dios encarnado; una situación imposible en la que todo se arriesga y depende de una sola cosa: de la palabra de Jesús. Pedro tenía que salir de su barca, aquella que se mecía sobre el agua, para experimentar su propia impotencia, y así dar lugar a la omnipotencia de su Señor. Si no hubiera salido de su barca no hubiera aprendido a creer.

Debe así presentarse una situación completamente imposible y éticamente irresponsable en medio de un mar agitado, antes de que Pedro pueda creer. El camino de la fe sólo es posible a través de la obediencia al llamado de Cristo. Dar el paso de obediencia es indispensable, pues de otra manera, el intento se reduce a nada; y todo supuesto discipulado sin este paso, —al que Jesús llama—, se vuelve tan sólo en un falso entusiasmo.

Existe un gran peligro en cuanto a confundir una situación en donde la fe es posible con una en donde *no* es posible. Consecuentemente, debe quedar bastante claro que, en primer lugar, una situación *por sí sola* jamás nos dirá a qué ámbito pertenece, sino que la única señal de que hemos entrado en el territorio de la fe, es que hemos obedecido al llamado. En segundo lugar, la situación que nos guía al territorio de la fe no puede ser un atrevimiento motivado por una iniciativa personal. El discipulado no es una oferta que el hombre hace a Cristo. Así, debe ser el llamamiento lo que produzca esa situación. En tercer lugar, nunca la situación es valiosa por sí misma. Sólo se justifica por el llamado. Por último, la única situación que nos guiará al territorio de la fe es una situación motivada por la fe.

El concepto de una situación en la que puede ejercitarse la fe es sólo el recuento de los hechos, y en donde se aplican estas dos preposiciones igualmente verdaderas: sólo aquel que cree es obediente y sólo quien obedece cree.

Se pierde mucho apego a las Escrituras si dejamos la primera preposición sin la segunda. Es decir, nos referimos a la que dicta, «sólo el que cree es obediente». La obediencia sigue a la fe, así como el buen fruto es producido en el buen árbol, digamos. Primero está la fe, luego la obediencia. Si creemos que la fe y sólo la fe justifica, y no la obediencia, esto es, por supuesto, la preposición necesaria e irrefutable de todo lo que sigue.

Sin embargo, si hacemos una mención cronológica entre la fe y la obediencia, y decimos «primero hay que creer y luego obedecer», entonces estamos separando la fe de la obediencia, por lo que la pregunta obligada es: ¿cuándo debe comenzar la obediencia? Entonces la obediencia permanece separada de la fe. Desde luego, a fin de dar correcta explicación a la justificación, la fe debe permanecer separada de la obediencia; pero nunca esta separación puede destruir lo indisoluble de ambas, que consiste en el hecho de que la fe existe sólo si hay obediencia, nunca sin ella; y que la fe sólo es verdadera fe en el acto de obediencia.

Consecuentemente, ya que no debemos perder de vista lo indisoluble de ambas, —puesto que no podemos hablar de la obediencia como mera consecuencia de la fe—, la segunda preposición debe contrarrestar a la primera: «sólo el que obedece cree». Si la fe es el requisito de la obediencia, entonces la obediencia es el requisito de la fe.

Exactamente de la misma manera en que la obediencia es llamada *consecuencia* de la fe, también la obediencia es el *requisito* de la fe. Por ello, sólo el que obedece cree.

La obediencia debe presentarse frente a una orden concreta para que pueda ser creída. Se debe dar un primer paso de obediencia para que la fe no se vuelva una mera ilusión piadosa, es decir, una gracia barata. El primer paso es cualitativamente distinto de los siguientes. El primer paso hizo a Pedro dejar sus redes, y luego a salir de la barca; el primer paso era para el joven rico dejar sus riquezas. Sólo en esta nueva existencia, creada por la obediencia, se puede creer.

Este primer paso debe considerarse —antes que cualquier otra cosa— como una obra externa, y consiste en el intercambio de un modo de existencia por otro. Cualquiera puede dar este paso. El ser humano tiene libertad para ello. Decimos obra externa porque es un acto dentro de la *Justitia civilis*,[10] es decir, el hombre posee un libre albedrío. Pedro no puede lograr su propia conversión, pero si puede dejar sus redes. En los evangelios, el primer paso del ser humano consiste en una acción que cambia la existencia misma radicalmente. La Iglesia Católica exigía tal paso únicamente dentro del ámbito extraordinario del monasterio, mientras que, para los otros fieles, era suficiente someter incondicionalmente su voluntad a la iglesia y a sus mandamientos.

Un primer paso también es reconocido en las confesiones luteranas y es significativamente importante: luego de superar los peligros de la herejía del pelagianismo,[11] los sínodos reconocen tanto posible como necesario dar voluntariamente el primer paso (el acto externo), y le señalan como requisito para la fe. Este paso es tomado en plena libertad, y es tanto como aceptar o no una invitación de venir a la iglesia. Si alguien te invita y te dice: ¡Ven a la iglesia!, tú puedes aceptar esta invitación o rechazarla, todo en virtud de tu libertad humana. Puedes salir de tu casa e ir a escuchar el sermón. Si no lo haces, te excluyes a ti mismo —voluntariamente— de acudir al lugar en donde puedes encontrar fe.

De este modo, las confesiones luteranas atestiguan estar apercibidas de estas dos situaciones, una, en donde es posible tener fe y otra

---

[10] *Justitia civilis* es en término en latín usado por los teólogos cristianos y se define como la clase de actos en los que el hombre caído conserva su capacidad para realizar actos morales tanto buenos como malos [nota del editor].

[11] Doctrina de Pelagio (siglos IV-V) quien negaba el pecado original y afirmaba que la gracia divina no era necesaria, ni gratuita, sino merecida por el esfuerzo en la práctica de esta [nota del editor].

en donde no, aunque esta idea permanece oculta, tanto como si fuera una vergüenza mencionarla; pero existe como una confirmación de este conocimiento: que el primer paso se traduce en una acción externa.

Una vez que se ha determinado este conocimiento, debe decirse que este primer paso es una acción puramente externa, y que en sí misma sigue siendo una obra muerta de la ley que nunca conduce a Cristo por sí sola. Como acción externa, la nueva existencia sigue siendo bastante idéntica a la anterior. En el mejor de los casos, puede significar una nueva ley de vida, una mejor forma de vivir, sin embargo, esto no tiene que ver con la nueva vida en Cristo. El bebedor que abandona el alcohol, el hombre rico que regala su dinero... En estos casos, probablemente estos hombres se logran liberar de la atadura del alcohol y del dinero, pero no de sí mismos. Ellos siguen obedeciéndose a sí mismos, y aun quizá más que antes. Permanecen cumpliendo enteramente las obras de muerte demandadas por la vieja vida. Es cierto que estas obras deben hacerse, pero por sí solas no pueden liberar a una persona de la muerte, la desobediencia y la impiedad.

Si pensamos que nuestro primer paso es la condición que deba cumplirse para alcanzar gracia y fe, entonces ya somos juzgados por nuestras obras, y por lo tanto, nos excluimos totalmente de la gracia.

En esta «obra externa» está incluido todo aquello que llamamos, «de buen espíritu», «de buena intención», todo aquel a lo que la Iglesia Católica llama, *facere quod in se est.*[12] Si damos el primer paso con la buena intención de ubicarnos en una situación en donde la fe es posible, entonces esta fe no puede ser otra cosa que producto de una obra, una nueva posibilidad de vida, *pero* dentro de nuestra antigua existencia, y por ello, un mal entendimiento de la nueva vida en Cristo, su resultado: permanecemos en incredulidad.

No obstante, nuestras obras externas deben hacerse, pero necesitamos entrar en la situación en donde la fe es posible. Tenemos que dar el paso. ¿Qué significa esto? Significa que este paso sólo es

[12] *Facere quod in se est* es una frase en latín que significa, «sólo haz lo mejor que puedas».

correcto si en lugar de darlo a la luz de una obra por hacer, lo damos tan sólo movidos por la palabra de Jesucristo que nos llama a darlo.

Pedro sabe que no puede salir de la barca por su propia autoridad, si lo hacía, su primer paso sería su caída, por lo que exclama, «Señor, si eres tú, manda que yo vaya a ti sobre las aguas» [Mateo 14:28]. Entonces Cristo responde y le dice: «Ven». Cristo debe llamarlo antes de que él actúe, el paso únicamente puede darse en su palabra. Este llamado es su gracia, la gracia que llama de la muerte a la nueva vida de obediencia.

Pero ahora que Cristo le ha llamado, Pedro debe salir de la barca para venir a Él. De hecho, el primer paso de obediencia es, un acto de fe en la palabra de Cristo.

Sin embargo, si otra vez se concluye que el primer paso realmente ya no es necesario porque la fe ya está allí, y por lo tanto la gracia, entonces estamos malentendiéndolo todo. Por otro lado, debemos decir audazmente, que el paso de obediencia debe darse antes, a fin de que puede existir fe: el desobediente no puede creer.

¿Te quejas de que no puedes tener fe? Nadie debe sorprenderse de no poder alcanzar la fe si de alguna manera está resistiendo o desobedeciendo conscientemente al mandamiento de Jesús. ¿No quieres someter alguna pasión pecaminosa, enemistad, esperanza, plan de vida, o tu razón misma, al mandamiento de Jesús? Entonces, ¡no te sorprendas de que no recibas el Espíritu Santo, y de que, al orar, tu «oración de fe» sea una oración vacía!

En vez de eso, ve y reconcíliate con tu hermano, suelta el pecado que te mantiene prisionero, entonces ¡podrás volver a creer! Pero si rechazas la palabra de Dios (quien te da una orden), de ninguna manera recibirás su Palabra dándote Gracia. ¿Cómo deseas encontrar comunión con Él si a sabiendas lo eludes en algún momento? El desobediente no puede creer, sólo el obediente cree.

Aquí es donde el gentil llamado de Cristo, en el discipulado, se convierte en un severo mandamiento: ¡Haz eso! ¡Deja esto otro! ¡Sal de la barca! Quien se excusa por decir que tiene fe —una supuesta fe— o por el reconocimiento de su incredulidad, incurre en una desobediencia real al llamado de Jesús, y a este Él le dice: «¡Sólo sé obediente y haz la obra externa, renuncia a todo lo que te lo impide, renuncia a todo lo que te separa de Dios!». No digas que no tienes fe para hacerlo. Tú de hecho no tendrás fe mientras permanezcas en desobediencia, hasta que des el primer paso. No digas tampoco que tienes fe y que no necesitas dar el primer paso, porque lo que tienes realmente es un corazón que se endurece cada vez más en incredulidad, escondido bajo la sombra de una apariencia de fe humilde.

Es una mala excusa artificiosa referirse a la falta de obediencia por la falta de fe. Esta es la desobediencia conducida por quienes se excusan en su incredulidad para obedecer, y que bien confiesan esa incredulidad y navegan con esa bandera (Marcos 9:24).

No hay ninguna excusa para desobedecer, ¿Cree? Bueno, da el primer paso. Este te llevará a Cristo Jesús. ¿No crees? ¡Simplemente da el primer paso que el Señor te ordena! El asunto de la fe no es tuyo, pero sí el de la obediencia. En ella se da la situación en donde la fe es posible y existe realmente. Sin esto no puede haber fe, pero Él te da una situación en donde puedes creer y puedes tener fe verdadera, pues de otra manera es tan sólo un autoengaño. Necesitamos andar en fe verdadera, pues precisamente la fe en Jesucristo es la meta del evangelio («por fe y para fe», Romanos 1:17), y esta situación es indispensable. Cualquiera que se apresure a debatir este punto, me gustaría que se pregunte a sí mismo si no es por la gracia barata que está abogando. Pues efectivamente, si las dos preposiciones se mantienen en unidad no ofenden a la verdadera fe, sin embargo, si se separan, una ofende a la otra. «Sólo el creyente es obediente», esto es, el obediente acaba creyendo; «sólo el obediente cree», esto es, el creyente acaba obedeciendo.

Si la primera proposición permanece sola, entonces el «creyente» será entregado a la gracia barata, es decir, a la condenación; y si la segunda proposición permanece sola, el creer del «creyente» se convierte en obras,[13] por lo que también éste es entregado a la condenación.

[13] Se refiere a la creencia de que la salvación se logra mediante las obras [nota del editor].

Dicho lo anterior, valdría la pena echar un vistazo al cuidado pastoral cristiano. Es de vital importancia que el pastor hable de la ciencia de estas dos preposiciones. Debe saber y entender que el lamento por la falta de fe conduce una y otra vez a la desobediencia consciente o inconsciente, y que esta queja produce con mucha facilidad el consuelo de la gracia barata. Así, en este caso, la desobediencia permanece ahí, y la palabra de gracia —la gracia barata— se convierte en el consuelo, conociéndole el perdón de pecados, perdón que en realidad el pecador se está concediendo a sí mismo. Para una persona así, la predicación le parece vacía, y por tanto no la puede oír. Puesto que esta persona se mantiene perdonándose a sí misma sus propios pecados, una y mil veces, no puede creer en el verdadero perdón. Y no puede creer porque en verdad no le ha sido otorgado el perdón.

La incredulidad se alimenta de la gracia barata porque él o ella quiere permanecer en desobediencia. Esta es una situación común en la problemática pastoral actual, en la cual, el hombre, perdonándose a sí mismo sus propios pecados, obstruye por su desobediencia la bondad de Dios (o finge no conocerla), y se priva del mandamiento del Todopoderoso diciendo que éste es ambiguo y que da lugar a múltiples interpretaciones.

Al principio, su desobediencia es evidente en su conciencia, sin embargo, cada vez su corazón está más endurecido. Así, enredándose cada día más en su desobediencia, llega a tal punto, de que ya no puede escuchar la Palabra; por lo tanto, hace que la fe en él sea algo imposible.

Cuando esto sucede, el pastor, al conversar con tal persona no sabe qué hacer: «Realmente he perdido la fe», «Amigo» —le anima el pastor—, «¡sólo escucha la Palabra!», «¡Si la escucho, pero no me dice nada, me parece hueca, me pasa de noche!»; «No quieres escuchar» —le contesta el pastor, tratando de ayudarle—; «Créame que sí lo intento». En este punto la conversación se paraliza, parece no haber ninguna salida. Y es que él solo conoce una proposición; «sólo el creyente es obediente», sin embargo, esta parte del todo no puede ayudarle, pues el sujeto no tiene fe, por lo tanto, no puede obedecer, pero por no obedecer no puede tener fe tampoco. El pastor, por tanto, se siente también frente a un enigma, *¿por qué Dios da fe a uno y a otro no?* Así, el pastor se da por vencido y se aleja dejando solo al sujeto en su angustia. No obstante, es precisamente aquí donde el pastor debe dar un giro total a la conversación. Las argumentaciones y preguntas que intentarían ayudar al sujeto serán en vano, ya que, sus propias respuestas denotan que trata de esconderse, y de hecho, ponen en duda si realmente quiere ser ayudado.

Pasemos ahora a la otra proposición. Lo que sucede ahora concierne a la frase: «Sólo el obediente cree». La conversación se ha interrumpido, sin embargo, en un giro un tanto abrupto el pastor empieza a decir: «Lo que sucede es que desobedeces, quieres gobernar por ti mismo una parte de ti, y tu desobediencia te impide creer en la gracia. En algún lugar dentro de tu corazón te has endurecido y te niegas al llamado de Cristo. Todo el problema radica en tu pecado». Ahora Cristo vuelve de nuevo a la escena y ataca al diablo dentro del individuo, que hasta ahora se escondía detrás de la gracia barata. Ahora todo dependerá de que el pastor tenga las dos proposiciones preparadas: «solo el obediente puede creer y sólo el creyente puede obedecer». Debe invocar el nombre de Jesús para animar al hombre a practicar la obediencia, a dar el primer paso: ¡Deja lo que te ata y síguelo! En este momento, todo depende de este paso. La fortaleza en donde el desobediente había estado refugiándose debe destruirse, pues en ella, Cristo no puede ser escuchado. El fugitivo debe salir de su escondite, aquel que el mismo había construido. Sólo afuera puede ser libre de nuevo, escuchar y creer.

Si bien, debe recordarse que nada se gana con una obra en sí misma, y no existe ningún mérito a los ojos de Cristo, pues se trata de una obra muerta. Sin embargo, aun Pedro tuvo que dar el paso e ingresar al mar vacilante a fin de poder creer.

En breve: el hombre se ha envenenado a sí mismo con la frase de que sólo el que tiene fe —el creyente— puede obedecer, es decir, de esta manera se mantiene bajo la gracia barata. Permanece en desobediencia y se consuela con un perdón que él mismo se otorga, y de esta manera se priva de la palabra de Dios. No puede destruir esta fortaleza en tanto él se conforme con seguir repitiendo la frase detrás de la cual se ha escondido; por tanto, —para ser libre— debe dar lugar a la obediencia, es decir, a la otra preposición: ¡Sólo el que obedece puede creer!

¿Acaso se trata de seguir el camino de las obras? No, más bien, se trata de una realidad: su fe no es una fe verdadera. Él tiene que salir del enredo en sí mismo y avanzar decisivamente. Así, el llamado de Jesús a la fe y al discipulado se vuelve audible para él. Esto nos lleva a la historia del joven rico. «Entonces vino uno y le dijo: Maestro bueno, ¿qué haré para tener la vida eterna? Él le dijo: ¿Por qué me llamas bueno? Ninguno hay bueno sino uno: Dios. Mas si quieres entrar en la vida, guarda los mandamientos. Le dijo: ¿Cuáles? Y Jesús dijo: No matarás. No adulterarás. No hurtarás. No dirás falso testimonio. Honra a tu padre y a tu madre; y, Amarás a tu prójimo como a ti mismo. El joven le dijo: Todo esto lo he guardado desde mi juventud. ¿Qué más me falta? Jesús le dijo: Si quieres ser perfecto, anda, vende lo que tienes, y dalo a los pobres, y tendrás tesoro en el cielo; y ven y sígueme. Oyendo el joven esta palabra, se fue triste, porque tenía muchas posesiones» (Mateo 19:16-22).

La pregunta del joven rico a Jesús sobre la vida eterna es la pregunta referente a la salvación, la pregunta más seria que alguien se puede hacer en la vida. Pero no es fácil formular esta pregunta de manera correcta. Esto se demuestra por el hecho de que el joven rico tiene la intención evidente de hacer una pregunta, pero en realidad formula otra distinta, y al hacerlo así, evade el asunto principal.

Dirige su pregunta al «maestro bueno». Él quiere escuchar la opinión, el juicio del buen maestro, Aquel que él considera el *gran Maestro*. De esta forma se develan dos cosas: en primer lugar, su pregunta es de suma importancia para él, y Jesús debe tener algo significativo que contestarle. En segundo lugar, él espera que el buen Maestro, el gran Maestro, haga una declaración sustancial —una máxima—, más no necesariamente vinculada a la directiva divina. El tema de la vida eterna es un tema que el joven desea hablar con el «buen Maestro». Pero incluso aquí, la palabra de Jesús se interpone en su camino. «¿Por qué me llamas bueno? Ninguno hay[14]

[14] En la versión RV 1909 dice, «ninguno es bueno...» lo cual es una traducción del griego más fiel que «ninguno hay bueno...» (RV 1960) [nota del editor].

bueno sino uno: Dios». Es decir, el Señor inmediatamente le hace entender que la pregunta en sí representa una traición a su propio corazón. Él quería hablar con un buen rabino sobre la vida eterna, sin embargo, ahora puede escuchar que, en realidad, no está ante un simple buen maestro, sino ante Dios mismo. Por tanto, del Hijo de Dios no recibirá por respuesta otra cosa sino un mandamiento del Dios eterno. No recibirá simplemente la opinión de un «buen maestro», la cual podría ser un buen comentario a lo que él piensa es la voluntad de Dios.

Jesús se señala a sí mismo como el único Dios bueno y demuestra ser el obediente Hijo de Dios. Pero si el interlocutor se presenta ante Dios, entonces se ve atrapado por los mandamientos del Todopoderoso, aquellos de los que él quería huir, aunque los sabe. El joven conoce los mandamientos; sin embargo, esta es su situación: que no está satisfecho con ellos. No le bastan, sino más bien, quiere ir más allá de ellos. Su pregunta se puede traducir en una piedad que él mismo creó para sí mismo. Y si sabe los mandamientos, ¿por qué no le son suficientes? ¿por qué finge no saber la respuesta? ¿por qué quiere acusar a Dios de haberle dejado ignorante en cuanto al asunto más importante de la vida? Sin embargo, él pregunta de esto porque se siente moralmente atrapado, se siente estar ante el tribunal de Dios. Por esto, en su segundo intento de escapar, el joven responde con otra pregunta: «¿Cuáles?». El mismísimo diablo yace detrás de esta pregunta, y es la única salida posible para aquellos que se ven atrapados. Desde luego que él sabía los mandamientos, pero ¿será que, al pensar en todos los mandamientos de la ley, que son muchos, el desea saber cuáles de ellos se aplican a él en ese momento? En otras palabras, él está diciendo, «la revelación de los mandamientos es ambigua, no está clara»; pues a él no le interesa la observancia de los mandamientos, sino sólo piensa en sí mismo, sus problemas y sus conflictos. Así, su medio de escape es ir, del mandamiento de Dios, que es sencillo de entender, a la interesante situación humana del «conflicto ético». Si bien es cierto que pueda existir este conflicto, sin embargo, él no debería mezclarlo con la pureza de los mandamientos de Dios. De hecho, los mandamientos de Dios han sido dados para acabar con este conflicto de una manera bastante simple. El conflicto ético tuvo lugar desde el principio, desde la caída del hombre, la cual condujo a su vez a una rebelión generalizada del hombre contra Dios. La serpiente puso este conflicto en el corazón del primer ser humano al decir: «¿Conque Dios ha dicho...? [Génesis 3:1]. El hombre entonces se separa del mandamiento de Dios, y de la simple obediencia infantil, y en su lugar coloca la duda ética al señalar que el mandamiento todavía requiere una interpretación. «¿Conque Dios ha dicho...?» El hombre mismo debe decidir, en virtud del conocimiento del bien y del mal, y en virtud de su conciencia, qué es lo bueno. Dios ha dado permiso al hombre para que utilice su mente y así interprete y explique el mandamiento, y que sea él mismo quien decida en libertad.

Sin embargo, este interpretar y este explicar desembocan en una negación del mandamiento. En lugar de una simple acción, surge un doble pensamiento, es decir, la duda. El hombre de la libre conciencia se ensaña en contra del niño obediente, creyéndose superior.

Cada vez que el hombre recurre al conflicto ético está atentando contra la obediencia. Se retrae de la realidad de Dios y se refugia en lo que para él es posible, de la fe pasa a la duda.

Aquí, en el caso del joven rico, sucede lo que no esperaba: su pregunta —en la cual él buscó ocultar su desobediencia— termina por revelar lo que realmente es él: un hombre bajo pecado. La respuesta de Jesús lo expone, pues Él simplemente cita los mandamientos tal y como están escritos sin agregar nada a lo que Dios ha dicho.

Ante tal respuesta, el hombre trata de nuevo de replantear la conversación. Trata una vez más de entrar en la conversación sobre el conflicto ético, tiene problemas con la seguridad de su salvación y quiere dejar de lado que eso sea un asunto que tenga que ver con la simple observancia de los mandamientos, y por ello, quiere de Cristo otra solución. Sin embargo, Jesús, en lugar de abordar la pregunta en sí, lo aborda a él mismo. Le dice que la única respuesta a la difícil situación del conflicto ético es el mandamiento de Dios, y esto no exige discutir nada, sólo obedecer. Si esta misma pregunta se la hubiera hecho al diablo, éste le hubiera ofrecido distintos planteamientos para que el sujeto se mantuviese en duda y de este modo justificara su desobediencia. Jesús en cambio no aborda la pregunta sino al joven mismo, no toma en serio el conflicto ético que el joven ha tomado tan seriamente. Para él, lo importante tan sólo es una cosa: que el joven finalmente oiga el mandamiento y lo obedezca.

Justo ahí, donde el conflicto ético es tomado tan en serio, es donde más tormento y esclavitud existe para hombre; porque la discusión no le permite acudir al acto libertador de la obediencia; y mientras se mantenga discutiendo sobre esto, más se denota con ello toda su impiedad e indisposición para obedecer en forma definitiva. Lo que importa es solamente el acto de obediencia, pues ésta termina por destruir el conflicto y nos da libertad, la libertad de los hijos de Dios. Este es el diagnóstico divino dado al joven.

Dos veces ya el joven ha estado contra las cuerdas, atrapado por la palabra de Dios. Él no puede manipular el mandamiento divino. El mandamiento de Dios es claro y no tenemos otra alternativa sino obedecerlo, eso es todo. Sin embargo, aun con esto, el joven hace un último intento, ¡no le es suficiente!, por lo tanto, dice: «Todo esto lo he guardado desde mi juventud. ¿Qué más me falta?».

El joven presenta su última carta para desafiar a Jesús: su sinceridad. Él está totalmente convencido de que ha obedecido los mandamientos de Dios. ¿Qué hará Jesús ante esto? Él conoce el mandamiento, lo ha guardado, pero piensa que eso no puede ser la totalidad de la voluntad de Dios, que hay que agregar algo más. Quizá algo extraordinario, algo único. Él quiere hacer eso que va encima. El mandamiento de Dios simple y manifiesto es imperfeto, dice el joven, en su última huida del verdadero mandamiento, en su último intento de permanecer independiente y libre para decidir por él mismo sobre el bien y el mal.

Aquí, él por un lado está de acuerdo en guardar los mandamientos de Dios, pero al mismo tiempo los ataca frontalmente. «Todo esto lo he guardado desde mi juventud». Marcos agrega: «Entonces Jesús, mirándole, le amó» (10:21). Jesús reconoce cuán desesperadamente el joven se ha negado al entendimiento de la palabra viva de Dios, cómo con todo su ser se enfurece, y con toda seriedad se presenta en contra del mandato viviente, contra la obediencia simple. El Señor no le muestra odio ni desprecio ante su actitud, sino que le tiene compasión, él lo quiere ayudar, «él lo amó». Por lo tanto, le da la última respuesta: «Si quieres ser perfecto, anda, vende lo que tienes, y dalo a los pobres, y tendrás tesoro en el cielo; y ven y sígueme».

En la última respuesta de Jesús podemos observar tres cosas: en primer lugar, es ahora Jesús mismo quien le ordena algo. Jesús, quien se ha mostrado a sí mismo ante el joven, no como el «buen maestro», sino como Dios mismo, ahora hace uso de su autoridad para decir la última palabra y el último mandamiento que el joven le pide. El joven debe darse cuenta de que el mismo Hijo de Dios está frente a él.

Fue esta filiación divina, oculta para el joven, la que hizo que Jesús dejara de hablarle como hombre y le hable como Dios mismo, a quien Jesús está perfectamente unido. Es esta unidad la que hace que Jesús pronuncie un mandamiento tal como el Padre mismo lo haría; y esto debe ser inequívocamente claro para el joven en el momento de escuchar el llamado de Jesús a seguirlo. Este pronunciamiento es también la suma de todos los mandamientos, pues el joven, al obedecer al llamado, vivirá en la comunión con Cristo. Cristo es la meta de los mandamientos de Dios.

No hay escapatoria a la falsedad del conflicto ético, pues el mandamiento es claro: sígueme.

En segundo lugar, este llamado al discipulado, necesita también tener una demanda para comprobar que es genuino. Se hace así imposible que el joven pueda interpretar el discipulado en sí como una aventura ética, como un modo y estilo de vida extraño, interesante, pero con la posibilidad de ser aun revocable.

Debía quedar claro que seguir a Cristo no era simplemente «el extra» que el joven había preguntado en su último cuestionamiento. Por tanto, debía crearse una situación que no le permitiese volver atrás. Una situación irrecuperable, y al mismo tiempo, que no fuese simplemente un complemento a su vida anterior. Así, esta situación requerida es creada cuando Jesús le llama a la pobreza voluntaria, y toca así el lado existencial del asunto. Con ello Jesús desea ayudar al joven a comprender cuál es el camino a la obediencia. Su respuesta se funda en el amor que el Maestro tiene por el joven, descubriéndole aquello que se interpone entre la antigua vida y el discipulado. Sin embargo, esta acción —quitar lo que se interpone— no significa en sí el discipulado, y ni siquiera es el primer paso, pues es solamente la obediencia lo que marca la señal de que alguien se ha convertido en un discípulo de Jesús. Antes que todo, el joven debe ir, vender todo lo que tiene y darlo a los pobres, y luego venir y seguirlo. El objetivo es el discipulado, y el camino en este caso es la pobreza voluntaria.

En tercer lugar, Jesús retoma la pregunta del joven, «¿qué más me falta?» e infiere, «¿quieres ser perfecto...?» Y esto podría parecer a simple vista una adición a la vida que el joven dice estar llevando, sin embargo, se trata de la decisión de eliminar *todo* lo anterior y hacerlo de nuevo. El joven no es perfecto porque ha malentendido el mandamiento, lo ha hecho mal. Ahora tiene oportunidad de corregir el rumbo y convertirse en un verdadero discípulo de Jesús, pero también aquí tan sólo porque Él lo estaba llamado.

Al retomar la pregunta inicial del joven, en donde éste le pregunta sobre el camino a la vida eterna, Jesús le responde: El camino a la vida eterna es seguirme, eso es todo.

El joven buscó una respuesta a su pregunta y la respuesta es Jesucristo. El joven quería escuchar la respuesta de un «buen maestro», pero ahora se da cuenta de que la respuesta radica precisamente en la persona del Hombre a quien se la está dirigiendo. El joven está de pie ante Jesús, el Hijo de Dios, y este es un encuentro pleno. Por lo tanto, todo se reduce a una respuesta de su parte, un sí o un no; la obediencia o la desobediencia. La respuesta del joven es no. Lamentablemente, el joven se fue, se vio decepcionado, engañado en su esperanza, no puede dejar su pasado. Tenía muchos bienes. Una vez más, el llamado al discipulado no contiene otra cosa sino quedarse tan sólo con Jesucristo, adherirse a él y disfrutar de su comunión. No la admiración entusiasta a un buen maestro, sino la obediencia que se debe al Hijo de Dios. Esto es: la entrega de toda la existencia del seguidor.

La historia del joven rico es paralela en su marco narrativo introductorio a la parábola del Buen Samaritano. «Y he aquí un intérprete de la ley se levantó y dijo, para probarle: Maestro, ¿haciendo qué cosa heredaré la vida eterna? Él le dijo: ¿Qué está escrito en la ley? ¿Cómo lees? Aquel, respondiendo, dijo: Amarás al Señor tu Dios con todo tu corazón, y con toda tu alma, y con todas tus fuerzas, y con toda tu mente; y a tu prójimo como a ti mismo. Y le dijo: Bien has respondido; haz esto, y vivirás. Pero él, queriendo justificarse a sí mismo, dijo a Jesús: ¿Y quién es mi prójimo?» (Lucas 10:25-29).

La pregunta del escriba es la misma del joven. Con la diferencia que aquí, desde el principio, se afirma que es una pregunta para tentarle. De antemano el tentador está centrado, no en la pregunta misma, sino en el modo de hacer que Jesús caiga en el atolladero del conflicto ético. Ante ello, la respuesta de Jesús es muy parecida a la que dio al joven rico. Sólo que, en este caso, siendo que el inquiridor conoce dentro de sí la respuesta a su propia pregunta, —aunque quiere evadir la obediencia al mandato de Dios—, Jesús le responde informativamente: «Haz lo que sabes y vivirás».

Ante la respuesta de Jesús, el escriba falla en su primer intento, por lo que, y al igual que el joven, se refugia en el conflicto ético diciendo: ¿Quién es mi prójimo?

En incontables ocasiones desde aquella historia, han existido escribas tentadores que han preguntado la misma pregunta en buena fe e ignorancia. Ella goza de cierta reputación, de ser una pregunta seria y razonable nacida de una persona que busca. Sin embargo, este no es el sentido en que el escriba hace esta pregunta. Es por ello que Jesús descifra la pregunta como una tentación del diablo, y la historia del Buen Samaritano es una defensa contra este ataque. Es una pregunta que se puede hacer una y otra vez sin paradero. Surge de los «hombres corruptos de entendimiento y privados de la verdad», «que deliran acerca de cuestiones y contiendas de palabras». De donde brotan, «envidias, pleitos, blasfemias, malas sospechas, discusiones necias» (1 Timoteo 6:4f). Esta es una pregunta propia de aquellos que están envanecidos, «que nunca pueden llegar al conocimiento de la verdad», que tienen «apariencia de piedad, pero niegan la eficacia de ella» (2 Timoteo 3:5ss). No son aptos para la fe, y preguntan porque tienen «cauterizada la conciencia» (1 Timoteo 4:2), porque no quieren obedecer a la palabra de Dios. ¿Quién es mi prójimo? ¿a quién se refiere realmente? ¿a mi hermano natural? ¿a mi compatriota? ¿a mi hermano en la iglesia? o ¿a mi enemigo? Pero si elegimos a alguno de estos estamos negando el resto, ¿no existe entonces un elemento de duda, desobediencia y rebelión contra el mandamiento de Dios, tan sólo al hacer esta pregunta? Si digo, «quiero ser obediente, pero Dios no me dice cómo. El mandamiento de Dios es ambiguo y me deja en un eterno conflicto», entonces, engañado por esta estafa, llego a la pregunta, ¿qué debo hacer? La respuesta es simple: haz el mandamiento que conoces. No preguntes, hazlo.

La pregunta *¿quién es mi prójimo?* es la última pregunta de desesperación o inseguridad en la que suelen tratar de justificarse los desobedientes. La respuesta es: «tú mismo eres el prójimo, por tanto, ve y muestra amor a otros». No debemos esperar que seamos calificados como «el prójimo» delante de otros (para que otros nos muestren amor) sino dejar esta calificación *de* nosotros *hacia* ellos. Eso y nada más.

En cada momento y en cada situación, yo soy quien tiene la responsabilidad de actuar movido por la obediencia. No queda literalmente tiempo para calificar a la otra persona. Tengo que actuar y obedecer; debo colocar al otro como mi prójimo.

Quizá te preguntas con asombro si tienes que indagar previamente cómo cerciorarte de que alguien es tu prójimo. Sin embargo, la única información que existe para responder a esta pregunta es que no se puede saber; por tanto, el planteamiento debe ser distinto a como siempre se ha dado, y en lugar de exigir información de otro, debes exigirse obediencia a ti mismo. Tú sabes ya lo que necesitas hacer: obedecer. Mediante la obediencia se aprende, no mediante preguntas. Sólo con la obediencia uno puede reconocer la verdad.

Jesús nos llama a salir del pecado y de los conflictos dados en la conciencia y avanzar hacia la simplicidad de la obediencia.

Pero mientras el joven rico fue llamado por Jesús a la gracia del discipulado, los escribas tentadores son enviados de vuelta al mandamiento.

CAPÍTULO 3

LA OBEDIENCIA DE UN NIÑO

Cuando Jesús demandó pobreza voluntaria al joven rico, supo que sólo había dos alternativas: la obediencia o la desobediencia. Mateo fue llamado de la mesa de los tributos, Pedro fue llamado de las redes de pescar, y ambos no tuvieron dudas de que Jesús hablaba en serio. Ellos debían dejarlo todo y seguir a Cristo. Cuando Pedro es llamado a caminar sobre las aguas tuvo que levantarse y dar el paso. Sólo se requería confiar en la palabra de Jesús y hacer de esta palabra el terreno más sólido de entre todos en el mundo.

Las fuerzas que se quisieron interponer entre la palabra de Jesús y la obediencia fueron tan grandes como lo son hoy. La razón, la conciencia, la responsabilidad, la piedad, incluso la ley misma y «los principios escriturales» intervinieron al máximo para evitar este «entusiasmo» sin ley. Sin embargo, el llamado de Jesús rompió todo esto y creó obediencia. Era la orden de Dios mismo y una obediencia sencilla era el único requisito.

Si mediante las Escrituras Jesús nos hablara de la misma manera hoy a nosotros, argumentaríamos así:

«Es cierto que Jesús ordena algo muy definitivo, sin embargo, debo recordar que él nunca exige una obediencia legalista, sino lo único que él desea de mí es fe. Pero mi fe no está ligada a la pobreza ni a la riqueza ni a nada por el estilo en sí, puedo tener fe y ser rico o pobre. No importa si tengo bienes, sino importa que viva como si no los tuviera, es decir, si estoy interiormente libre de ellos y no me aferro a mi riqueza». Y si Jesús nos dice, por ejemplo, «¡vende tus bienes!», entonces argumentaríamos: «Bueno, lo que Jesús realmente quiere decir no es tanto que haga eso literalmente, sino más bien, debo mantener mis bienes en silencio, es decir, debo tenerlos, pero vivir como si no los tuviera. No tener mi corazón en ellos». Con esto, nuestra obediencia a la palabra de Jesús consistiría en rechazar la obediencia simple juzgándola como legalismo y en su lugar optar por obedecer «en fe». Esa sería nuestra única diferencia con el joven rico: que a él no se le dio oportunidad de mitigar su tristeza y decir: «A pesar de la palabra de Jesús, yo quiero seguir siendo rico, por lo tanto, puedo liberarme internamente de mi riqueza y consolarme con la idea de que, de todos modos, haga lo que haga, no puedo quitar mi pecado, sino tener fe de que son ya perdonado y que tengo comunión con Jesús». Pero él se fue triste porque no pudo obedecer, y por lo tanto no pudo creer. En esto el joven fue bastante sincero, y ciertamente esta sinceridad tiene más promesa que una comunión con Jesús basada en la desobediencia.

Jesús pudo demostrarle al joven que para él no sería posible liberarse «interiormente de su riqueza». Probablemente el joven era un hombre audaz, de esos que intentan algo una y mil veces, y quizá ya había intentado esto muchas veces. Sin embargo, la falta de obediencia demuestra que, en el momento decisivo, no pudo someterse a la palabra de Jesús, aun y fue sincero en ello.

Pero nosotros hacemos diferencia entre los que hoy leemos la Biblia y aquellos que fueron protagonistas de ella. Jesús dijo a éstos últimos: «¡Deja todo lo demás y sígueme; deja tu profesión; deja tu familia; deja tu gente y la casa de tu padre!» Y ellos entendieron que sólo existía una respuesta: la simple obediencia a este llamado.

Y fue por esa obediencia que ellos tuvieron la promesa de la comunión.

Sin embargo, seguimos argumentando: «desde luego que el llamado de Jesús "debe tomarse necesariamente en serio", pero, después de todo, la verdadera obediencia es seguir a Jesús dentro de nuestra profesión, con nuestra familia, etc., y servirle allí, teniendo verdadera libertad interior». Y si Jesús nos ordena «sal de ahí», nosotros lo entendemos como: «quédate donde estás, no te preocupes, tan sólo vive como alguien que ha salido». O si Jesús nos dice: «No te afanes», eso nosotros lo entendemos como: «por supuesto que no es bueno estar ansioso, pero tenemos que trabajar para los nuestros y por nosotros mismos, no podemos ser irresponsables. Sin embargo, internamente, por supuesto, debemos estar libres de toda ansiedad».

Si Jesús nos dice: «Al que te hiera en una mejilla, preséntale también la otra», nosotros lo interpretamos como: «Precisamente al luchar contra mi hermano le demuestro mi gran amor por él». Si Jesús nos dice: «Busca primero el reino de Dios»; nosotros podemos decir: «Desde luego que se entiende que después de buscar las cosas esenciales de la vida, porque, ¿de qué otra manera podríamos existir? Es por ello que lo que realmente significa este mandato es que tengamos el reino de Dios como nuestro objetivo final al hacer cualquier cosa».

Lo mismo sucede con todos los demás mandatos de Cristo. Es decir, tendemos a suprimir conscientemente la simple obediencia literal.

¿Cómo es posible que pervirtamos las cosas? ¿Debe la palaba de Cristo soportar este juego, que se entregue al ridículo del mundo? En dondequiera en el mundo se emiten órdenes, no hay duda de su claridad. Un padre le dice a su hijo: «¡Vete a la cama!» Así es como el niño debe entenderlo. Sin embargo, un niño entrenado en pseudo-teología, discurriría de la siguiente manera: «Mi padre dice, "Ve a la cama", quiere decir que él supone que estoy cansado. Él no quiere que yo esté cansado, por lo tanto, también puedo superar mi cansancio jugando. Entonces, cuando mi padre me está diciendo, "ve a la cama", lo que realmente quiere decirme es, "ve a jugar"». Si este niño fuera con su padre con tal razonamiento y estuviera frente a la autoridad, seguro encontrará un lenguaje muy claro de parte de ella: el castigo. Dado esto, ¿por qué las cosas deberían ser diferentes con el mandato de Jesús? ¿Por qué la obediencia simple es errónea? ¿Cómo se justifica cambiar la obediencia por la desobediencia?, ¿es esto válido?

La argumentación errónea parece verdad porque *parece* basarse en algo bastante válido. El mandado de Jesús al joven rico fue un llamado a entrar en una situación en la que él podía creer, y esto tiene en realidad un solo propósito: que este hombre tuviera fe en Jesús y entrara así en comunión con Él. Lo que al final tiene importancia no es lo que el hombre hace, sino que todo depende de su fe en Jesús como el Hijo de Dios y el Mediador. Al final, no depende de la pobreza o la riqueza, ni del matrimonio o el celibato, ni de tener profesión o no tenerla, sino que todo depende de la fe. Hasta aquí vamos bien, es verdad que es posible creer en Cristo y al mismo tiempo tener riqueza y poseer los bienes del mundo, de modo que uno posea estos bienes y viva como si no los tuviera. Sin embargo, esta posibilidad ciertamente no es la primera ni la más simple, sino es, ante todo, un último recurso de la vida cristiana en general, y sólo es posible dentro de nuestra propia capacidad de mantenernos en ferviente expectativa del inminente regreso de Cristo. La comprensión contradictoria o paradójica de los mandamientos tiene una justificación cristiana, pero nunca debe guiarnos a anular la comprensión literal de lo ordenado por Dios. Más bien, en el caso de esto que se le dice al joven rico, la comprensión paradójica, tiene su derecho y su posibilidad solo para quien, en algún momento de su vida, ya tuvo la experiencia de haber obedecido al mandamiento con una mentalidad de niño, tal y como está escrito, y tan sólo con la meta de tener comunión con Jesús. Está posibilidad está reservada para alguien que ya vive como un discípulo de Cristo y que se mantiene con la expectativa del fin. Esta posibilidad, la de interpretar el llamado de Jesús en su sentido contrario, es la más difícil de cumplir, y por cierto, humanamente imposible. Y precisamente por ser tan difícil, quien opta por tomarla, está constantemente en peligro extremo de que su mentalidad se transforme exactamente en lo opuesto: en una salida conveniente para huir de la obediencia práctica.

Para aquellos que les parece infinitamente más difícil obedecer de manera literal el mandato de Jesús, por ejemplo, en este caso, el mandato de renunciar a sus bienes, no tienen derecho a la comprensión contradictoria o paradójica de este mandamiento. Por tanto, es necesario, siempre asociar la comprensión paradójica del mandamiento de Jesús con la comprensión literal.

El llamado práctico de Jesús y la obediencia literal tienen un sentido irreversible. Jesús llama a la situación práctica en la que se puede creer. Es por eso que él llama de manera tan práctica y tangible, porque quiere que la gente lo entienda así, porque sabe que sólo en la obediencia tangible el hombre puede tener libertad para creer. Dondequiera que se elimine o pervierta la obediencia literal, la gracia barata aparece para brindar justificación, y es allí que se establece una ley falsa que engrosa el oído en contra del llamado práctico de Cristo. Esta ley falsa es la «ley del mundo» a la cual la ley de la gracia se enfrenta y responde. *El mundo* aquí no es el conquistado en Cristo, el que todos los días debe ser vencido al permanecer en comunión con él, sino que este *mundo* del que hablamos —«la ley del mundo»— es un principio legalista inquebrantable en donde la gracia ya no es el don del Dios viviente que consiste en ser arrebatados del mundo para la obediencia a Cristo; sino más bien, en lugar de aplicarse únicamente a casos particulares, ésta se establece como una ley divina universal, como un principio divino.

Cuando luchamos por establecer principios en lugar de la obediencia literal (a fin de no caer en el «legalismo») incurrimos en una ley más peligrosa: «la ley del mundo». Así, en nuestro afán por luchar en contra del legalismo, caemos en el peor de todos los legalismos. Frente a todo esto, podemos decir entonces, que el legalismo sólo es superado por la genuina obediencia al gentil llamado de Jesús a seguirlo, obediencia en donde la ley es cumplida y abolida al mismo tiempo por el mismo Jesús.

Cuando por regla general se elimina la obediencia simple —es decir, obediencia de un niño—, se introduce un concepto no evangélico de interpretación bíblica. Al leer las Escrituras asumimos, desde luego, que disponemos de una llave para su comprensión e interpretación. Pero si esta llave no es el mismo Cristo viviente manifestado tanto en juicio como en gracia, y si el manejo de esta llave no reside únicamente en la voluntad del Espíritu Santo viviente, entonces esta llave se convierte en una doctrina general de la gracia manejada por nosotros mismos.

El problema del discipulado también demuestra ser un problema hermenéutico, es decir, de interpretación bíblica. Debe quedar claro que, para una hermenéutica protestante, aunque no es fácil identificarnos directamente con aquellos que fueron llamados por Jesús —puesto que ellos son protagonistas de la Palabra misma, y por lo tanto parte del mensaje—, en el sermón escuchamos no sólo una respuesta de Jesús a la pregunta de un discípulo, sino también la respuesta a nuestra propia pregunta, y esta es la palabra de Dios mediante las Escrituras y el tema de la predicación.

La obediencia literal sería una hermenéutica mal aplicada si quisiéramos, en nuestro discipulado, actuar con directa simultaneidad a aquellos que fueron llamados por Jesús en las Escrituras. Sin embargo, el Cristo que es proclamado a lo largo de toda la Biblia, es uno que otorga fe única y exclusivamente a quienes le obedecen.

No podemos ni debemos imitar los eventos reales en las Escrituras tal y como ocurrieron, sin embargo, a través de toda la Biblia se nos llama a seguir a Jesús. No debemos hacer violencia a las Escrituras al interpretarla en términos de un principio abstracto, aun si ese principio se trate de una doctrina de la gracia. De otra manera terminaremos en el legalismo.

De modo que la comprensión paradójica del mandamiento de Jesús continúa estando siempre asociada a la comprensión literal, precisamente porque no queremos establecer una ley —ser legalistas— sino proclamar a Jesús.

Es casi innecesario, sin embargo, debido a la sospecha de que la obediencia literal sea tomada como una precondición para la fe, en el sentido de que el mérito del hombre sea lo que valga; es decir, como basándonos en la doctrina del *facere quod in se* («solo da tu mejor esfuerzo»), diremos lo siguiente: la obediencia al llamado de Jesús nunca podrá ser un acto dado por la iniciativa humana. Por tanto, en el caso del joven rico —y aplicado a nosotros—, no se trata de la entrega de los bienes en sí; pues bien se podría haber tratado de un paso distinto, e inclusive, la entrega de los bienes podría ser un acto unilateral: el establecimiento de un estilo de vida de pobreza como el ideal cristiano, como lo hacen los francisanos, lo cual podría ser exactamente lo contrario a lo ordenado por Dios. Pues podrá ser que precisamente al entregar los bienes, el hombre pudiera aferrarse simplemente a una idea y no captar el mandamiento de Jesús. Esto podría ser, no una negación y renunciamiento a nosotros mismos, sino más bien, un acto que nos ate más al «yo». Por tanto, el paso a la situación no es una oferta del hombre hacia Jesús, sino siempre será una gentil oferta de Jesús hacia el hombre. Sólo cuando un acto es realizado mediante esta regla es legítimo, y en este sentido no existe la libertad humana de hacerlo a su manera.

«Entonces Jesús dijo a sus discípulos: De cierto os digo, que difícilmente entrará un rico en el reino de los cielos. Otra vez os digo, que es más fácil pasar un camello por el ojo de una aguja, que entrar un rico en el reino de Dios. Sus discípulos, oyendo esto, se asombraron en gran manera, diciendo: ¿Quién, pues, podrá ser salvo?» (Mateo 19:23-26).

Partiendo del horror que los discípulos manifestaron ante la palabra de Jesús y de su pregunta acerca de quién podría ser salvo, se hace evidente que los discípulos no consideraron el caso del joven rico como un caso aislado, sino más bien como el caso más común. Por eso es que no preguntan, «¿a qué rico te refieres?», sino preguntan «¿quién podrá ser salvo?» ¿Por qué preguntan así? Porque todos ellos caían en esta categoría, inclusive los propios discípulos, a quienes el Señor estaba diciendo que les era difícil entrar al reino de los cielos. La respuesta de Jesús confirma plenamente esta interpretación. Por tanto, el discipulado es una bendición que no es posible para los hombres, sino es algo de Dios, para quien todas las cosas son posibles.

CAPÍTULO 4

EL DISCIPULADO Y LA CRUZ

«Y comenzó a enseñarles que le era necesario al Hijo del Hombre padecer mucho, y ser desechado por los ancianos, por los principales sacerdotes y por los escribas, y ser muerto, y resucitar después de tres días. Esto les decía claramente. Entonces Pedro le tomó aparte y comenzó a reconvenirle. Pero él, volviéndose y mirando a los discípulos, reprendió a Pedro, diciendo: ¡Quítate de delante de mí, Satanás! porque no pones la mira en las cosas de Dios, sino en las de los hombres. Y llamando a la gente y a sus discípulos, les dijo: Si alguno quiere venir en pos de mí, niéguese a sí mismo, y tome su cruz, y sígame. Porque todo el que quiera salvar su vida, la perderá; y todo el que pierda su vida por causa de mí y del evangelio, la salvará. Porque ¿qué aprovechará al hombre si ganare todo el mundo, y perdiere su alma? ¿O qué recompensa dará el hombre por su alma? Porque el que se avergonzare de mí y de mis palabras en esta generación adúltera y pecadora, el Hijo del Hombre se avergonzará también de él, cuando venga en la gloria de su Padre con los santos ángeles» (Marcos 8:31-38).

El llamado al discipulado está relacionado aquí con el anuncio del sufrimiento de Jesús. Jesucristo debe sufrir y ser rechazado. Así, la promesa de Dios está vinculada al cumplimiento de las Escrituras.

Sufrir y ser rechazado no es lo mismo. Podría haber sido aceptado como el Mesías en tanto padecía, y su sufrimiento podría haber sido la pena y admiración del mundo. El sufrimiento puede tener su propio valor como una tragedia que produce honor y dignidad a quien lo padece; sin embargo, Jesús, aún con su sufrimiento, sería el Mesías rechazado. Debía ser un sufrimiento sin honor. El sufrimiento y el rechazo son la expresión abreviada de la cruz de Jesús. La muerte en la cruz significa rechazo, sufrimiento y muerte. Jesús debe sufrir y ser rechazado debido a que es un requerimiento divino. Por lo tanto, cualquier intento por impedir lo requerido por Dios es satánico; incluso si proviene del círculo de los que siguen a Jesús. ¿Por qué? porque tal cosa sería tratar de impedir que Cristo sea el Cristo. Y es Pedro, [a quien Jesús llama] *la Roca de la Iglesia*, el que inmediatamente después de su confesión de Jesucristo y del reconocimiento que recibió del Señor, quien es culpable de este pecado. Y es ahí que, desde los tiempos del nacimiento de la iglesia misma, que ella se escandaliza por el sufrimiento de Cristo. Ella no quiere tal Señor, uno que sufra, sobre quien se imponga la ley del sufrimiento. Es por ello que la objeción de Pedro representa la falta de voluntad de la iglesia para someterse y sufrir; es así como desde entonces Satanás se introduce en la iglesia tratándola de arrancar de la cruz de Cristo.

Mientras tanto, para Jesús existe la necesidad de sufrir, y no sólo para Él, sino que también —lo dice claramente en los versículos siguientes— para los discípulos. Así como Cristo sólo es Cristo si sufre y es rechazado, así el discípulo sólo es discípulo si sufre, es rechazado e inclusive crucificado. El discipulado significa una identificación total con la persona de Jesucristo, quien le coloca como su sucesor: alguien que permanece bajo la ley de Cristo, es decir, llevando la cruz.

No obstante, para nuestra sorpresa, la comunicación de esta verdad —verdad intransferible o inalienable— dirigida a sus discípulos, comienza liberándolos una vez más: «Si alguno *quiere* venir en pos de mí» —dice Jesús.

Jesús no da por sentado que sus discípulos están obligados a llevar su cruz; ni siquiera tratándose de sus discípulos más íntimos. Más bien expresa que nadie está forzado a ello —«Si alguno *quiere* ver en pos de mí»— una elección entre las muchas ofertas que alguien pudiere tener. Una vez más, todo se deja a la decisión de cada uno. Ciertamente los discípulos ya habían decidido seguirle, sin embargo, Jesús vuelve sobre el tema, detiene el paso y les da la opción de continuar o no. Nada es forzado. Es tan radical la nueva decisión que ellos debían tomar, que antes de que Jesús proclame la ley del discipulado, les libera, ellos deben decidir por sí solos.

Si alguien quiere venir en pos de mí, niéguese a sí mismo... Esto es tanto como la negación de Pedro al decir: «No conozco a ese hombre», este es el significado de «negarse a sí mismo». No se trata de una serie de actos individuales de castigo del cuerpo y ejercicios ascéticos. No significa suicidio, porque incluso en ese caso puede prevalecer la voluntad propia del ser humano. La negación propia, más bien significa estar conscientes únicamente de Cristo, fijar la vista sólo en Él y no más en nosotros mismos. El camino de Cristo es demasiado difícil, pero la autonegación es cerrar nuestros ojos y decir: «Él es mi guía, y yo solamente me sujeto firmemente a Él».

Jesús se refiere al tema de la negación propia antes de decir, «... y tome su cruz». Por ello la negación propia es una preparación para la cruz. Si nos hemos olvidado completamente de nosotros mismos, de manera que ya no nos conocemos (no estamos conscientes de nosotros mismos), entonces sólo así podemos estar listos para llevar la cruz por su causa. Si tan sólo estamos conscientes de Él, entonces no estaremos conscientes del dolor experimentado por nuestra propia cruz. Si Jesús no nos hubiera dado la solución a nuestra cruz primero, nunca pudiéramos estar preparados tan perfectamente para soportarla; pero ya que Él nos prepara anticipadamente, una palabra tan dura como esta se transforma en gracia también, es decir, en un privilegio. Jesús convierte el discipulado en regocijo al fortalecernos primero.

La cruz no es una calamidad, ni un destino fatal, sino es el sufrimiento que confiere nuestra unión con Jesucristo. La cruz no es un sufrimiento creado al azar sino una necesidad. La cruz no es el sufrimiento inherente a la existencia natural, sino el sufrimiento inherente al cristianismo.

La cruz no es sólo sufrimiento, sino sufrimiento y rechazo; rechazo por Jesucristo y no por ninguna otra causa, ya sea respecto al comportamiento o la confesión.

Cuando en el cristianismo ya no se toma en cuenta el discipulado, y se hace del evangelio tan sólo un credo solemne y barato, en donde no hay distinción entre la existencia cristiana y la natural, entonces la cruz no es vista como adversidad diaria por Cristo, sino como la miseria y el miedo de nuestra vida natural. Y así, el cristiano que practica este cristianismo se olvida que la cruz siempre significa ser rechazado, que la afrenta pública es también parte de la cruz.

La interminable súplica del salmista debido a su sufrimiento, desprecio y abandono es el rasgo esencial de la cruz. Sin embargo, un cristianismo sin discipulado no sabe distinguir entre la vida ordinaria y la vida cristiana. Pues en la vida cristiana «llevar la cruz» significa sufrir la clase de sufrimiento que Cristo sufrió. Por lo tanto, el vínculo con Cristo, tal y como es visto en el discipulado, es llevar la cruz con toda seriedad.

La cruz que el Señor dio a cada uno —desde el principio— ya está preparada por Él, y tan sólo es necesario levantarla. Para que nadie piense que tiene que buscar alguna cruz, nadie tiene que buscar caprichosamente alguna aflicción. Jesús dice que cada cruz está lista para cada cual, ya está determinada por Dios. Cada discípulo debe soportar una medida prescrita de sufrimiento y rechazo. Cada dimensión es diferente de la de los demás. Uno, por ejemplo, rinde a Dios el gran homenaje del martirio, mientras que a otro el Señor no permite que sea tentado al máximo; sin embargo, cada uno tiene su medida, su cruz.

Se impone a todo cristiano. El primer sufrimiento cristiano que todos debemos experimentar es el llamado a abandonar nuestros nexos con el mundo. Es la muerte a nuestro viejo hombre en el momento de encontrarnos con Jesucristo. Todo aquel que ingresa al discipulado se entrega a la muerte de Jesús, arriesga su vida a la muerte, y esto es así desde el principio, desde el primer instante. La cruz no es el final trágico de una vida piadosa y feliz, sino el comienzo mismo que marca su comunión con Jesús. Cada vez que Cristo llama está llamando a la muerte. Ya sea si tenemos que dejar el hogar y de trabajar, como lo hicieron los primeros discípulos para seguirlo, o si como Lutero, tenemos que dejar el monasterio para entrar al mundo, hay una muerte que nos espera en el momento del llamado: la muerte de Jesús: la muerte al viejo hombre. El llamamiento de Jesús al joven rico fue un llamamiento a morir, porque únicamente alguien que por su propia voluntad ha muerto puede seguir a Jesús; de hecho, cada mandamiento de Jesús trae muerte a nuestras pasiones y deseos. Y ya que ninguno de nosotros somos capaces de desear nuestra propia muerte, es necesario que Jesucristo nos dé su Palabra, y esa Palabra, ese llamado, sea nuestra muerte al tiempo que sea nuestra vida. El llamado a seguir a Jesús, el bautismo en el nombre de Jesucristo significa tanto muerte como vida. Así, el llamado de Cristo, el bautismo, pone al cristiano en una lucha diaria contra el pecado y contra el diablo. De esta manera, cada día la carne y el mundo nos traen nuevos desafíos, nuevos sufrimientos por causa de Jesucristo que recaen sobre el discípulo. Los golpes que causan heridas y las cicatrices por ellas dejadas son señales vivientes de la comunión del discípulo con Jesús y de la cruz.

Hay también otro sufrimiento y deshonra que los cristianos también padecemos. Si bien es cierto que el sufrimiento de Cristo significó la expiación del pecado y nuestra reconciliación con Dios —pues Cristo sufrió por el pecado del mundo— y también toda la carga de la culpa recayó sobre él, de manera que nosotros gozamos ahora del fruto de su sufrimiento; también es verdad que tal y como sucedía con el macho cabrío del Antiguo Testamento, así el cristiano se convierte en el portador de la vergüenza y el pecado de los demás, y por ello, es empujado fuera de las puertas de la ciudad.[15]

Si el cristiano no fuera llevado en hombros por Aquel que llevó todos los pecados del mundo, éste se colapsaría; no obstante, puede vencer todos los pecados que recaen sobre él debido al poder del sufrimiento de Cristo, pues Jesús ya los perdonó. Así, el cristiano se convierte en aquel que lleva las cargas de los demás, pues dice,

[15] Vea Levítico 16.

«Sobrellevad los unos las cargas de los otros, y cumplid así la ley de Cristo» (Gálatas 6:2).

Así como Cristo lleva nuestra carga, así nosotros debemos soportar la carga de los hermanos. La ley de Cristo que debe cumplirse es la de la cruz.

La carga del hermano que necesitamos llevar no es únicamente lo referente a su temperamento o a sus inclinaciones naturales (distintas en cada persona), sino también sus propios pecados, en el verdadero sentido de la palabra. Desde luego que no podemos llevar esos pecados por nosotros mismos, sino tan sólo perdonarlos mediante el poder de la cruz de Cristo, de la cual nosotros hemos sido hechos partícipes. Así, el llamado de Jesús a llevar la cruz es un llamado a la comunión mediante el perdón de los pecados cometidos los unos a los otros. El perdón de los pecados es un requisito de sufrimiento impuesto a todo discípulo de Cristo.

Pero ¿cómo sabrá el discípulo cuál es su cruz? Lo sabrá al entrar en el discipulado del Señor sufriente, conocerá su cruz en la comunión con Jesús. Así, el sufrimiento se convierte en la señal de que alguien se ha convertido en un verdadero discípulo de Jesús.

El discípulo no es mayor que su maestro. El discipulado es *passio pasivo*,[16] es decir, el sufrir es necesario. Es por ello que Lutero habla del sufrimiento como una de las señales de la iglesia que camina rectamente. También, un trabajo preliminar a la *Confessio Augustana*[17] se refiere a la iglesia como la comunidad de aquellos «que son perseguidos y martirizados por el evangelio». De ahí que aquel que se rehúsa a tomar la cruz, aquel que no quiere sufrir y ser rechazado por la gente por causa de Jesús, pierde su comunión con Él. El tal no es un discípulo.

De este modo, todo aquel que pierda su vida en el discipulado, al llevar la cruz, encontrará vida en el discipulado mismo, en la co-

---

[16] Con esta expresión Bonhoeffer quiere decir que es un sufrimiento obligatorio (opuesto a la elección propia) [nota del editor].

[17] La Confesion de Augsburgo o *Confessio Augustana* en latín, es la primera obra oficial que expone los principios del luteranismo y fue redactada en 1530 por Philipp Melanchthon [nota del editor].

munidad de personas que compartan la misma fe, y con Cristo mismo mediante su Cruz. Lo opuesto al discipulado es avergonzarse de Cristo, avergonzarse de la cruz, y escandalizarse de ella.

El discipulado es la unión al Cristo sufriente. Por eso el sufrimiento de los cristianos no es nada extraño, más bien es gracia sincera y alegría. Las narraciones de la vida de los primeros mártires de la iglesia atestiguan cómo Cristo se transfiguró ante ellos en los momentos de su sufrimiento supremo debido a la indescriptible certeza de su cercanía y comunión con Él. Así, mientras soportaban —por causa del Señor— el tormento más terrible, les fue otorgada la alegría y dicha más sublimes que pueden ser alcanzadas en su comunión con Él. Llevar la cruz resultó ser para ellos la única manera de superar el sufrimiento. Esto se aplica a todos los seguidores de Cristo, porque se aplicó a Cristo mismo.

«Yendo un poco adelante, se postró sobre su rostro, orando y diciendo: Padre mío, si es posible, pase de mí esta copa; pero no sea como yo quiero, sino como tú... Otra vez fue, y oró por segunda vez, diciendo: Padre mío, si no puede pasar de mí esta copa sin que yo la beba, hágase tu voluntad» (Mateo 26:39, 42). Jesús pide a su Padre que pase de Él esa copa, y el Padre escucha la petición del Hijo. La copa de sufrimiento pasaría de Jesús, pero *sólo en la medida de que Él estuviera embriagado de ella.* Jesús sabe esto cuando se arrodilla por segunda vez en Getsemaní, que el sufrimiento pasaría de Él sufriéndolo. La única manera de superar y vencer el sufrimiento es soportándolo. Su triunfo radica precisamente en su Cruz.

El sufrimiento no tiene lugar con Dios, es por eso que cuando alguno está en comunión con Él no puede sufrir. Esta enseñanza, tomada del Antiguo Testamento, fue reafirmada por Jesús. Es por eso que Él toma el sufrimiento de todo el mundo y lo vence así, llevándolo. Él lleva sobre sí el sufrimiento supremo al distanciarse al máximo de Dios; y justo cuando bebe la copa, ésta pasa. Jesús quiere vencer el sufrimiento del mundo y por ello tiene que beber la copa totalmente.

Si bien es cierto que el sufrimiento aleja a Jesucristo de la comunión con Dios, en tanto Él lo sufre todo y vence el sufrimiento, Él mismo se convierte en el medio para tener comunión con Dios. El sufrimiento debe ser soportado a fin de que pase. Tan sólo había dos alternativas: o el mundo pasaba por el sufrimiento y perecía por no soportarlo, o recaía sobre Cristo, quien era capaz de soportarlo y vencerlo por completo. Es así como Cristo sufre vicariamente por el mundo. Sólo el sufrimiento de Cristo es el que nos redime.

Pero incluso la iglesia sabe que el mundo todavía busca quien lleve su sufrimiento. Así, al seguir a Cristo, el sufrimiento del mundo cae sobre ella, y lo puede llevar mientras este sufrimiento sea llevado por Cristo mismo. Por lo que, mientras ella permanezca siguiendo a Cristo bajo la cruz, es representante del mundo delante de Dios.

Dios es un Dios que ha querido llevar nuestras cargas. El Hijo de Dios soportó ser un ser humano y se hizo carne (cargó nuestra carne), llevó la cruz, cargó todos nuestros pecados y creó la reconciliación con Dios mediante las cargas que llevó. De la misma manera, el discípulo —el sucesor de Cristo— está llamado a llevar las cargas de Cristo. Al llevar las cargas de otros demostrarnos ser cristianos. El hombre puede sacudirse las cargas que le son impuestas, sin embargo, no se libera de tener que llevar cargas. Inclusive, al hacer eso, se impone cargas más pesadas e insoportables: ahora llevará el yugo que él mismo se ha impuesto. Jesús llamó a todos los que están agobiados con muchos tipos de sufrimientos y cargas, para que se deshagan de su yugo y lleven un yugo mucho más fácil, y su carga sea más liviana. Su yugo y su carga es la cruz. Caminar bajo la cruz no es una desdicha ni agobio, más bien es una frescura y descanso para nuestras almas, es alegría suprema. Porque cuando llevamos la cruz de Cristo, ya no llevamos las leyes y cargas creadas por nosotros mismos, sino bajo el yugo del que nos conoce y que asimismo lleva con nosotros el mismo yugo. Bajo su yugo estamos seguros de su cercanía y compañerismo. Cuando un discípulo toma la cruz se encuentra debajo de ella a Cristo mismo.

> *«No se trata de que las cosas sean de acuerdo con tu entendimiento, sino que estén encima de tu entendimiento. Sumérgete en la falta de entendimiento, así te daré Mi mente. La falta de entendimiento es tener la mente correcta. No saber a dónde vas, eso es tener certeza de saber a dónde vas. Tener entendimiento te hace*

carecer de él. Así Abraham dejó su tierra natal sin saber a dónde iba. Se rindió a Mi conocimiento y dejó que Yo manejara su conocimiento, y llegó por el camino correcto hasta el final correcto. He aquí, este es el camino de la cruz; no puedes encontrarlo, pero debo guiarte como a un ciego, por lo tanto, no tú, ni un ser humano, ni ningún ser creado, sino Yo, Yo mismo, quiero instruirte a través de mi Espíritu y Mi palabra acerca del camino que debes andar. No el trabajo que tú elijas, no es el sufrimiento que tú quieras, sino aquel que va en contra de tu elección, de tus pensamientos y deseos. Yo te llamo, sé mi discípulo, hoy es el tiempo, tu Maestro está por venir» (Lutero).[18]

[18] Bonhoeffer tomó esta cita del *Nun freut euch lieben Christen gemein*, páginas 243-44, del autor Karl Witte. Witte quien a su vez tomó estas palabras de Lutero de la segunda edición de *Die sieben Bußpsalmen*, originalmente publicado en 1517, pero republicado en Wittenberg, 1525 [nota del editor].

CAPÍTULO 5

EL DISCIPULADO Y EL INDIVIDUO

«Si alguno viene a mí, y no aborrece a su padre, y madre, y mujer, e hijos, y hermanos, y hermanas, y aun también su propia vida, no puede ser mi discípulo» (Lucas 14:26).

El llamado de Jesús a seguirle hace que el discípulo sea un individuo. Le guste o no, tiene que decidir, tiene que decidir individualmente. No quiere decir que esto sea para los que han elegido ser solteros, sino algo general, para cada persona. Cristo hace un individuo a todo aquel a quien llama, y cada uno debe seguirle solo.

Por temor a estar solo, el hombre busca la protección de las personas y las cosas que le rodean. De pronto descubre sus responsabilidades y se alinea a ellas. En apariencia, él quiere tomar una decisión; sin embargo, no quiere decidir estando bajo la mirada de Jesús, mientras se enfrenta con él solo, cara a cara. Pero en el momento del llamado ni el padre, ni la madre, ni la esposa, ni el hijo, ni la nación, ni la historia pueden intervenir. Cristo quiere que el hombre esté sólo con Él, que no vea nada más sino Aquel que le llama.

El llamado de Jesús produce una ruptura de las condiciones naturales en las que vive el hombre. No lo hace el llamado, sino Cristo mismo; Él ya ha producido esta ruptura en el momento del llamado. Cristo ha liberado al hombre de su estrechez con el mundo y lo hace enfocarse en Él. Ningún hombre puede seguir a Cristo sin reconocer y afirmar que la ruptura de él mismo con el mundo ya es una realidad. No se trata de una vida obstinada que surge de la voluntad humana, sino que es Cristo mismo quien lleva al discípulo a esta ruptura.

¿Por qué tiene que ser así? ¿Por qué no mejor que sea algo progresivo, una virtud santificadora de orden natural, que poco a poco vaya dirigiendo a la persona a la comunión con Cristo? ¿Qué clase de poder se interpone aquí entre el hombre y las órdenes dadas por Dios que enfada su existencia natural? ¿No es esta acción abrupta característica del legalismo *metodista*? ¿No parece que con algo así estamos despreciando los buenos regalos de Dios en donde se destaca la «libertad del hombre cristiano»? Es cierto que hay algo interpuesto entre el llamado de Cristo y las circunstancias y realidades de la vida natural del llamado. Pero esto no es algo que traiga injusticia o infelicidad a la vida de quien es llamado; tampoco es un legalismo piadoso de su parte; sino se trata de la vida misma y del evangelio, se trata de Cristo mismo.

Cristo, con su encarnación, se ha interpuesto entre mí y las circunstancias del mundo. No puedo volver atrás, Él está en medio. Él ha privado a toda persona llamada de cualquier conexión inmediata con esas realidades dadas. Y ya que Él quiere estar ahí, en medio, todo lo que hacemos debe entonces ser hecho a través de Él, y sólo de Él. No sólo se interpone entre Dios el Padre y yo, sino que también está entre el mundo y yo; entre mí y las otras personas y cosas. Él es el Mediador, no sólo entre Dios y el hombre, sino también entre el hombre y el hombre, entre el hombre y la realidad. Porque todo el mundo fue creado por Él y para Él (Juan 1:3; 1 Corintios 8:6; Hebreos 1:2), Él es el único Mediador del mundo.

Desde que Cristo se humanó ya no existe una relación directa de Dios con el hombre ni del hombre con el mundo; Cristo desea ser el mediador. Sin duda alguna, hay muchos dioses que ofrecen acceso directo al hombre, y el mundo trata por todos los medios de establecer una interrelación con el hombre; sin embargo, es en esto precisamente en donde reside su hostilidad contra Cristo, el Mediador. Otros dioses y el mundo quieren quitar de en medio a Cristo, considerando que esa posición les pertenece, y así se oponen a Cristo.

Dar por terminada la intermediación del mundo en nosotros no puede ser posible sin el reconocimiento de Cristo como el Hijo de Dios, como nuestro Mediador. Nunca es un acto nacido de nuestra propia voluntad, en donde el hombre renuncia a sí mismo y rompe por sí solo con los lazos del mundo, en aras de alcanzar un ideal; o bien intercambiando un ideal menor por uno mayor. Esto sería no más que simple entusiasmo, voluntad humana e incluso la propia intermediación del mundo. Pero el reconocimiento de un hecho consumado, que Cristo es el Mediador, separa al discípulo de Jesús del mundo, de los hombres y de las cosas que en éste existen.

El llamado de Jesús —en la medida en que se entiende no como un ideal, sino como una orden dada por el Mediador—, es lo que hace posible esta completa ruptura con el mundo. Si se tratara de sopesar los ideales, habría que buscar un equilibrio de todas las circunstancias, y esto quizá resultaría en la creación de «un ideal cristiano», sin embargo, este «sopesar» sería algo totalmente nuestro y no del que llama. Desde el punto de vista del idealismo o de las «responsabilidades» de la vida, sería totalmente injustificable poner debajo el orden natural de la vida frente a un ideal cristiano de la vida. ¡Mucho podría decirse, inclusive, a favor de una evaluación inversa, sobre todo, desde el punto de vista de una idealidad cristiana, o una ética cristiana de la responsabilidad o ética de la conciencia!

No obstante, puesto que no se trata en absoluto de ideales, valores, o responsabilidades sino de hechos consumados y de su reconocimiento, es decir, de la persona del propio Mediador, el cual se ha interpuesto entre nosotros y el mundo, tan sólo resta una ruptura de la intermediación del mundo. Este es el caso de quien es llamado: es tan sólo un individuo ante un sólo Mediador.

Así, aquellos que son llamados por Jesús se dan cuenta de que han vivido en un engaño en cuanto a su relación con el mundo. Este engaño se llama intermediación. Ella le ha sido siempre un estorbo para la fe y la obediencia. Ahora sabe que incluso en los lazos más estrechos de su vida, en el vínculo de sangre, ya sea con su padre, su madre, sus hijos, sus hermanos, sus hermanas, su cónyugue, y en las responsabilidades que durante la historia han sido socialmente correctas, no puede existir otra intermediación que la de Cristo. Desde que Jesús llamó a sus discípulos se dio por terminada la intermediación directa entre lo natural, lo histórico y experiencial. Ahora entre el hijo y padre, entre el hombre y la mujer, entre el individuo y su nación está Cristo, el Mediador, ya sea que estas personas conozcan a Cristo o no. Para nosotros no hay camino hacia los otros sino el camino de Cristo, de su Palabra y de nuestro discipulado. Cualquier otra intermediación es un engaño. Es por ello que el engaño que nos oculta la verdad debe ser odiado, la intermediación fuera de Cristo debe ser odiada, aun se trate de las condiciones naturales de la vida, esto por el bien del Mediador Cristo Jesús, para darle lugar al Señor. Dondequiera que una comunidad nos impida ser un individuo ante Cristo, y dondequiera que una comunidad reavive la intermediación ajena a Cristo, ésta debe ser odiada por causa de Él, pues cada vez que ésta desee convertirse en mediadora está odiando, ya sea conscientemente o no, a Cristo mismo; especialmente si esta comunidad asume una identidad cristiana sin serlo en realidad.

Es un grave error en la teología —y una aberración— usar el concepto de intermediación de Jesús entre Dios y el hombre para justificar la intermediación ajena a Cristo en la vida. Quienes piensan de esta manera, argumentan que, si Cristo es el Mediador, Él mismo ha llevado ya todos los pecados producto de nuestras relaciones seculares con el mundo y nos ha justificado de todo ello. Jesús —dicen ellos— es nuestro mediador con Dios, a fin de que, con una conciencia limpia podamos volver a relacionarnos directamente con el mundo.

¿De qué mundo están ellos hablando? ¡Ciertamente hablan del mundo que crucificó a Cristo! Así, ellos traen al mismo plano el amor de Dios y el amor al mundo, y convierten la ruptura con las condiciones del mundo en un malentendido legalista de la gracia de Dios; y esto, con el fin, por supuesto, de impedir tal ruptura.

De esta manera las palabras de Jesús acerca del odio a la intermediación son torcidas, dándose un gozoso *sí* a «las realidades dadas por Dios» en relación con este mundo. Una vez más, la justificación del pecador se convierte en la justificación del pecado.

Para un discípulo de Jesús, «las realidades dadas por Dios» sólo pueden ser a través de Jesucristo. Lo que no me es dado por el Cristo encarnado, no me es dado por Dios. Lo que no me es dado a causa de Cristo, no proviene de Dios. Damos gracias a Dios por los dones de la creación mediante Jesucristo; y nuestras peticiones para que Dios nos preserve su gracia en esta vida son contestadas por el amor de Cristo, para seguir sirviéndole. Aquello por lo que no puedo dar gracias a Dios, y que no me haya sido dado por causa del amor de Cristo, se convierte en pecado para mí; y este pecado incluye —incluso— el camino a «la realidad dada por Dios» de la otra persona con la que vivo, el cual debe pasar por Cristo, pues de otra manera es un camino equivocado. Todos nuestros intentos por superar el abismo que nos separa de otro ser humano, esta distancia insuperable, ya sea por los medios de la conexión natural o psíquica, por causa de que Cristo está en medio, están condenados a fracasar. Ningún camino nos lleva a una conexión directa con otra persona, debe ser mediante Cristo. La empatía más amorosa, la psicología más reflexiva, la apertura dada con más naturalidad, no puede dirigirse directamente a la otra persona; tampoco hay intermediación mental, todo esto falla porque Cristo está en medio. Es a través de Él que un camino lleva al siguiente. Podemos aproximarnos a los demás mediante Cristo. Esta es la razón por la que la intercesión es el camino más adecuado para alcanzar a nuestros semejantes, y la oración corporativa en el nombre de Jesús, la forma más auténtica de compañerismo que existe.

No puede existir un reconocimiento correcto de las dádivas de Dios sin el reconocimiento del Mediador, por cuyo bien es que nos son dadas. No hay un verdadero agradecimiento por la nación, familia, historia y naturaleza sin un profundo arrepentimiento que sólo da gloria a Cristo por encima de todo. No puede haber tampoco una verdadera unión a las realidades del mundo creado; y no puede haber una responsabilidad auténtica para con el mundo sin reconocer primero nuestro desapego y separación de él. No hay verdadero amor por el mundo, excepto mediante el amor con que Dios amó al mundo en Jesucristo. «No améis al mundo» (1 Juan 2:15). Sino más bien, «Porque de tal manera amó Dios al mundo, que ha dado a su Hijo unigénito, para que todo aquel que en él cree, no se pierda, más tenga vida eterna» (Juan 3:16).

La ruptura con la intermediación de nuestras relaciones es inevitable. Ya sea que se produzca externamente, en la ruptura con la familia, o con la nación, o si uno es llamado a soportar visiblemente el vituperio de Cristo, a ser acusado de odiar a la humanidad (*odium generis humani*);[19] o si esta ruptura es oculta, tan sólo conocida por el individuo, quien, sin embargo, está preparado para hacer esta ruptura visible en cualquier momento.

Abraham se convirtió en un modelo para ambas posibilidades. Tuvo que dejar sus amistades y la casa de su padre; Cristo se interpuso entre él y los suyos. En este caso, su ruptura fue visible. Abraham se hizo a sí mismo un extranjero por causa de la tierra prometida. Ese fue su primer llamado. Más tarde, Abraham fue llamado por Dios para sacrificar a su hijo Isaac. Ahí, Cristo se interpuso entre el padre de la fe y el hijo de la promesa. No sólo se trataba de la intermediación natural (la relación padre-hijo), sino que incluso la intermediación espiritual se rompe en este último caso. Abraham debe aprender que la promesa no depende ni siquiera de Isaac, sino únicamente de Dios. Ningún hombre se entera de este llamado de Dios, ni siquiera los siervos que acompañaron a Abraham al lugar del sacrificio. Abraham permanece ahí, completamente solo. De nuevo es un individuo, tal como era cuando abandonó la casa de su padre. Él toma el llamado simplemente como lo ha oído, no lo espiritualiza, toma la palabra de Dios literalmente y está listo para obedecer. Contra toda la intermediación

---

[19] Según el historiador Tácito, Nerón, el emperador de Roma tenía dos causas por las cuales perseguir a los cristianos: por incendiar Roma y porque acusaba a los cristianos de ser notorios por su «odio por la raza humana» (*odium generis humani*): Meier, M. (2012). *Odium humani generis. Tacitus, Nero and the Christians (on Tacitus' Annals XV 44, 4).* Mediterraneo Antico v15 n1-2: 425-436.

natural, contra toda la intermediación ética, contra toda la intermediación religiosa, él obedece a la Palabra de Dios, y trae a su hijo al sacrificio. Abraham está dispuesto a hacer visible la ruptura que mantuvo en secreto debido a la voluntad del Mediador. Al instante, todo lo que había cedido se le devuelve. Abraham recibe a su hijo de regreso, y le es mostrado un mejor sacrificio para reemplazar a Isaac. En un giro de trescientos sesenta grados, Abraham recuperó a Isaac, pero ahora lo tiene de una manera distinta: lo tiene a través del Mediador, y por su voluntad. Puesto que él estuvo listo para escuchar y cumplir literalmente el mandato de Dios, puede ahora vivir como si no lo tuviera, puede tenerlo por medio de Jesucristo. Ninguna otra persona sabe nada al respecto, tan sólo ven regresar a Abraham y a su hijo de la montaña tal y como los había visto irse, no obstante, todo era distinto. Cristo se había interpuesto entre el padre y el hijo, y Abraham lo había abandonado todo por seguir a Cristo, y mientras se mantuviera siguiendo a Cristo, le sería permitido regresar al mismo mundo en el que había vivido anteriormente. Exteriormente todo continúa igual, pero lo viejo ha pasado, y he aquí que todo es hecho nuevo. Todo lo que antes tuvo y lo que ahora tenía tuvo que pasar a través de Cristo.

Ser un seguidor de Cristo es una manera distinta de ser un individuo, de estar en medio de una comunidad, de una nación; de ser hijo de familia, y de poseer bienes. Así, Abraham fue llamado a este tipo de existencia. Y él fue quien, habiendo pasado por una ruptura visible, se convirtió en modelo de fe en el Nuevo Testamento. Con demasiada frecuencia queremos generalizar el caso de Abraham, hacerlo ley y relacionarlo con nosotros mismos sin más ni más. Nos gusta la idea de ser como Abraham en este sentido: poseer bienes materiales en nuestra vida cristiana al tiempo que pasamos como individuos delante de Dios; sin embargo, aunque ciertamente este tipo de ruptura externa o visible es más fácil que la no visible —la de la fe secreta—, hemos aprendido por la Biblia y la experiencia, que en realidad, si no hemos tenido previamente la experiencia literal de renunciar a todo, podemos estar engañándonos a nosotros mismos, y caer de nuevo en la intermediación de la vida y perder a Cristo. Es por ello, que no está en nosotros elegir una u otra opción, sino que somos llamados a salir de la intermediación de la vida de una manera u otra, y hacerlo todo según la voluntad de Jesús; ya que algo está bastante claro: debemos convertirnos en individuos, ya sea visible o encubiertamente.

Pero el mismo Mediador, quien hace de nosotros individuos, es también quien nos introduce a una nueva comunión con otros. Ahora Él es la razón de mi convivencia con los demás, Él es el vínculo. Él nos separa, pero luego nos une. Ciertamente todo camino directo para con otros queda cortado, pero inmediatamente es establecido un nuevo y único camino hacia otros, esto es, Cristo, el Mediador.

«Entonces Pedro comenzó a decirle: He aquí, nosotros lo hemos dejado todo, y te hemos seguido. Respondió Jesús y dijo: De cierto os digo que no hay ninguno que haya dejado casa, o hermanos, o hermanas, o padre, o madre, o mujer, o hijos, o tierras, por causa de mí y del evangelio, que no reciba cien veces más ahora en este tiempo; casas, hermanos, hermanas, madres, hijos, y tierras, con persecuciones; y en el siglo venidero la vida eterna. Pero muchos primeros serán postreros, y los postreros, primeros» (Marcos 10:28-31). Jesús habla aquí a los que se han convertido en individuos por amor a Él, que dejaron todo cuando Él les llamó. Aquellos que pueden decir de sí mismos: «He aquí, nosotros lo hemos dejado todo y te hemos seguido», se les da la promesa de una nueva comunidad, que en palabras de Jesús, es cien veces mayor a la que tenían y es recibida en el tiempo que les quede aquí en la tierra. Jesús habla aquí de su iglesia, la que se encuentra en Él.

El que dejó a su padre por amor a Jesús, seguramente encontrará un padre aquí; encontrará hermanos y hermanas, sí, incluso campos y casas preparadas para él. Cada uno tiene éxito en el discipulado al abandonarse a la soledad por causa de Cristo, pero nunca nadie permanecerá solo al seguir a Jesús. Todo aquel que se atreve a convertirse en individuo, al confiar únicamente en la palabra de Cristo, recibirá el regalo de la comunión de la iglesia. Al entrar al discipulado solos, de pronto se dan cuenta que están rodeados de una hermandad visible que reemplaza cien veces la que hubieron perdido por el Señor. ¿Cien veces más? Esto es precisamente por el hecho de que todo ahora es a través del generoso Jesús, el Mediador. Sin embargo, esto viene junto «con las persecuciones», es decir, esta gracia únicamente es alcanzada por los que permanecen bajo la cruz. Así que la promesa pertenece a quienes siguen a Cristo: que ellos se convertirán en la comunidad de la cruz; una comunidad en la que únicamente Cristo es el mediador, y en donde cada uno lleva su cruz.

«Iban por el camino subiendo a Jerusalén; y Jesús iba delante, y ellos se asombraron, y le seguían con miedo. Entonces volviendo a tomar a los doce aparte, les comenzó a decir las cosas que le habían de acontecer» (Marcos 10:32). Jesús tomó aparte a sus discípulos para confirmar la seriedad de su llamado a seguirle. Con esto, Jesús vuelve a enseñarles acerca de la imposibilidad de seguirle mediante el poder humano, ya que su promesa sólo es cumplida *con persecuciones.* El Señor ahora se dirige a Jerusalén, a la cruz, y los que lo siguen están asombrados y temerosos debido a la forma que Él los ha llamado.

PARTE 2

EL SERMÓN DEL MONTE

Capítulo 6

Las bienaventuranzas

Jesús se encuentra en la ladera de la montaña, ahí están también, la multitud y los discípulos. *La gente observa*: Jesús es seguido por los discípulos, quienes también, desde hace algún tiempo, habían pertenecido a la misma masa de gente. Ellos habían sido como todos los demás. Luego vino el llamado, dejaron todo atrás y lo siguieron. Desde entonces pertenecen a Jesús por completo. Ahora van con Él, viven con Él, lo siguen a donde sea que Él los guíe. Algo pasó con ellos que no pasó con el resto. Este es un hecho extremadamente perturbador y ofensivo, presente en las mentes de la multitud. *Los discípulos observan:* ahí está la gente de donde ellos provienen, las ovejas perdidas de la casa de Israel. Esta es la comunidad elegida por Dios. Son los primeros llamados a ser la iglesia de Dios, la nación llamada a ser iglesia. Cuando los discípulos, por causa de Jesús, salieron de este pueblo, ellos hicieron lo más evidente y obvio que toda oveja perdida de la casa de Israel haría: siguieron la voz del buen pastor, porque conocieron su voz. Así que los discípulos pertenecen al pueblo, y a este pueblo habrán de ministrar; de hecho, vivirán entre ellos, y predicarán el llamado de Jesús y la gloria del discipulado a cada uno de ellos. ¿Pero en qué terminará todo? *Jesús observa*: allí están sus discípulos. Ellos han salido visiblemente del pueblo y han venido a Él. Él llamó a cada uno de ellos, y ellos han respondido renunciando a todo, incluyendo a su reputación. Ahora viven en la privación y la miseria, son los más pobres de entre los pobres, los más afrentados de entre los afrentados, los más hambrientos de entre los hambrientos. Sólo lo tienen a Él. Sí, y con Él no tienen nada en el mundo, nada en absoluto; sin embargo, lo tienen todo, todo con Dios.

Es una iglesia pequeña la que Él ha encontrado, pero cuando mira a la gente ve en ellos una gran iglesia. Ve discípulos y personas. Los ve juntos, aquellos que juntos irán y encontrarán oyentes y creyentes por doquier. Sin embargo, habrá enemistad hasta el fin entre ellos. Toda ira contra Dios y su palabra caerá sobre sus discípulos y éstos serán echados fuera por causa del Señor. Ve la cruz delante. Cristo, los discípulos, la gente, ahí está la imagen completa de la Pasión de Jesús y su iglesia presente y futura.[20] Jesús entonces rompe el silencio y dice: «¡Bienaventurados!». Él está hablando a los discípulos (cf. Lucas 6:20ff), aquellos que están ya bajo el poder de su llamado.

Ese llamado que les había hecho pobres, afrentados y hambrientos. Él los bendice, les llama bienaventurados; no por causa de lo que ellos carecen, ni por motivo de su abnegación, pues ni su carencia ni su abnegación son en sí razones para llamarles bienaventurados; sino más bien, son el llamado y la promesa (causas por las que ellos viven en la miseria y el abandono), esos son los motivos de tal bendición.

Así, no tiene importancia hablar de que en algunas bienaventuranzas se habla de carencias y en otras de la renuncia consciente de

---

[20] La base exegética de esta interpretación se encuentra en el *ανίγειν τὸ στόμα (*levantar la boca), que incluso la iglesia primitiva enfatizó fuertemente en su exégesis. Antes de que Jesús hable, hay momentos de silencio [nota del editor].

los discípulos (llámese también, «virtudes especiales»). El punto aquí solamente es que, tanto la carencia y la abnegación personal tienen su base común en el llamado y en la promesa de Cristo; por lo que, ninguna de estas cosas tiene valor en sí misma.[21]

Jesús bendice a sus discípulos, y la gente está asombrada al escuchar y presenciar semejante cosa: lo que según la promesa de Dios pertenece a todo el pueblo de Israel, aquí Jesús lo otorga únicamente a la pequeña congregación de sus discípulos, los elegidos por Él. «De ustedes es el reino de los cielos». Pero si tanto los discípulos como la gente son uno en el sentido de que son el pueblo de Dios, entonces, las bienaventuranzas de Jesús se convierten en una decisión de salvación diseñada para *todos*. Todos son llamados a ser lo que Dios pensó que fueran en verdad. Los discípulos son bienaventurados por causa de obedecer al llamado de Jesús. Bienaventurado sea todo el pueblo de Dios porque la promesa es para ellos. Pero, ¿se cumplirá hoy en el pueblo de Dios la promesa mediante la fe en Jesucristo y en su Palabra, o se separarán de Él y de su iglesia debido a su incredulidad? Esa sigue siendo la pregunta.

Bienaventurados los pobres en espíritu, porque de ellos es el reino de los cielos. Los discípulos eran pobres en todos los sentidos. Son simplemente «pobres» (Lucas 6:20). No tienen ninguna seguridad, ninguna propiedad que pudieren llamar suya, ningún pedazo de

21 No hay razón bíblica para construir un contraste entre las narraciones de Mateo y de Lucas. Mateo no tiene intención alguna de espiritualizar lo escrito por Lucas, ni Lucas tiene la intención de politizar las bienaventuranzas de Mateo, refiriéndose a ellas tan sólo como «un estado mental». Ni las bienaventuranzas de Lucas se basan en la privación, ni las de Mateo en la renunciación. Más bien, en ambos casos, los evangelios reconocen que ni la privación ni la renunciación, espiritual o política, es justificada, excepto por el llamado y la promesa de Jesús, quien sólo bendice a los que Él ha llamado, y que sólo en su persona alguien puede ser bendecido. Desde los días de Clemente (exégeta católico, quien aplicó las bienaventuranzas, bien a la virtud de la pobreza (la *paupertas voluntaria* de los monjes), bien a cualquier otro caso de pobreza tomada voluntariamente por la causa de Cristo. Pero en ambos casos, el error estiba en buscar algún tipo de comportamiento humano como la base para la bendición o felicidad, en lugar de establecer tan sólo el llamado y la promesa de Jesús como el fundamento para ella.

tierra que pudieren llamar su hogar, ninguna comunidad terrenal a la que pudieran pertenecer. Sin embargo, tampoco hay poder espiritual, ni experiencia, ni conocimiento propio al que pudieren aferrarse, con el que pudieren consolarse a sí mismos. Por causa de Jesús ellos han perdido todo esto. Cuando lo siguieron, ellos entregaron sus vidas y con ello, todo lo que podría ponerles en la categoría de ricos. Ahora son tan pobres, tan inexpertos, tan ineptos, que no pueden esperar nada sino únicamente a Quien les llamó. Jesús conoce también todo acerca de los otros, aquellos representantes y predicadores de la religión popular. Estos son poderosos y respetados; están firmemente asentados en la Tierra, en la cultura del mundo, en el espíritu de los tiempos, y se les ve como representantes de la «piedad popular». Pero no es a ellos a quienes habla, sino sólo a los discípulos, y les dice: Vosotros sois bienaventurados, porque el reino de los cielos es vuestro. Ese reino irradia sobre ellos; éstos, que a causa de Jesús, viven una vida de absoluto renunciamiento y total pobreza. Y teniendo esta gran pobreza, ellos son herederos del reino celestial. Ellos tienen un tesoro secreto, lo tienen en la cruz. Se les promete el reino de los cielos en gloria visible, sin embargo, ya les ha sido dado en la perfecta pobreza de la cruz.

Aquí, la bienaventuranza de Jesús difiere completamente de las caricaturas presentadas por el mundo en sus programas político-sociales. El anticristo también bendice a los pobres, pero no lo hace por el bien de la cruz, en donde toda la pobreza es tornada en bendición, sino más bien, lucha contra la cruz mediante toda su ideología político-social. El anticristo puede llamar cristiana a esta ideología, pero esta denominación es tan solo un disfraz que viste el enemigo de Cristo.

Bienaventurados los que lloran, porque ellos recibirán consolación. Con cada bienaventuranza la distancia entre los discípulos y el pueblo se hace más profunda. Cada vez es más visible el llamado al discipulado. Ahora bien, los que sufren son aquellos que han renunciado a todo aquello que el mundo llama felicidad y paz, y han decidido estar fuera de sintonía con él, es decir, que no tienen interés alguno en conformarse al mundo. Más bien, sufren por él, por su culpabilidad, por su destino y dicha. El mundo celebra, ellos se apartan; el mundo grita: «¡vamos, goza de la vida!», ellos se lamentan. Los discípulos ven que el barco en que el mundo celebra está próximo a hundirse. Mientras el mundo fantasea con el progreso, la fuerza y el futuro, los discípulos *conocen* el fin, el juicio y la venida del reino de los cielos, para lo cual el mundo no está preparado en lo absoluto.

Es por ello que los discípulos son extranjeros en el mundo; son huéspedes molestos, perturbadores de la paz que deben ser rechazados. ¿Por qué es que la iglesia de Jesús tiene que estar ajena a todas esas fiestas (de las que la gente entre la que viven goza tanto)? ¿Es acaso que no comprende a sus semejantes? ¿Será que ha sucumbido al odio y desprecio por la humanidad? ¡Nada de eso! Nadie entiende mejor a su prójimo que la iglesia de Jesús; nadie ama más al prójimo que ellos, pero es precisamente por eso que se quedan fuera, por eso sufren. Es significativo y hermoso que Lutero traduzca aquí la palabra griega como «soportar el sufrimiento».[22] Y aquí lo destacable es la palabra «soportar». El discípulo no se deshace del sufrimiento como si no tuviese nada que ver con ello, sino lo soporta; y es precisamente esto lo que hace exprese su solidaridad con los demás seres humanos. Al mismo tiempo, su sufrimiento no es por voluntad propia, pues no se retira del mundo con desprecio en su corazón, abogando por una idea; sino que lleva lo que se le impone y soporta las consecuencias de ello por causa del discipulado.

La bienaventuranza no se queda allí, los discípulos no sucumbirían, ni serían desarraigados, ni amargarían su alma por causa del sufrimiento; sino, más bien, lo llevarían en el poder de Aquel que los lleva a ellos. Los discípulos serían capaces de soportar el sufrimiento impuesto sobre ellos sólo en el poder de Aquel que sufrió todo el sufrimiento del mundo en la cruz; y al soportarlo, permanecen en comunión con el Crucificado. Son tan extranjeros como

---

[22] La palabra en alemán de Lutero es *leid tragen*. *Leid* significa «sufrimiento»; mientras que *traven* significa «cargar, soportar». Esta palabra es la traducción del griego *pentheō*, que la RV traduce como «los que lloran» [nota del editor].

Aquel que fue un extranjero para el mundo donde fue crucificado, pero pueden vencer mediante su poder. Este es su consuelo, o mejor dicho, Jesús es su consuelo (Lucas 2:25). Esta comunidad extranjera —la iglesia— es confortada en la cruz aquí, y un día será llevada al lugar en donde el Consolador de Israel la está esperando. Así, ella encuentra su verdadero hogar con el Señor crucificado aquí, y luego para siempre en gloria.

Bienaventurados los mansos, porque ellos recibirán la tierra por heredad. Ninguna ley protege a esta comunidad de extraños en el mundo. Tampoco ellos la reclaman, porque son gente mansa que vive en renuncia a sus propios derechos por la causa de Jesucristo. Si alguien los regaña, ellos guardan silencio; si alguien les hace violencia, ellos lo toleran; si son rechazados, ellos simplemente se van. No hacen nada para hacer valer sus derechos, ni causan un escándalo cuando son perjudicados. No persiguen sus propios derechos. Ellos son quienes dejan toda la justicia a Dios, el *non cupidi vingictae,*[23] como fue interpretado por la iglesia primitiva. Lo que es correcto para el Señor también debe ser para ellos. Eso, y sólo eso. En cada palabra, en cada gesto, está muy obvio que no son de esta tierra. Déjeles el cielo, dice el mundo con lástima, es a donde ellos pertenecen.[24] Pero Jesús dice: «ellos heredarán la tierra». La tierra pertenece a los que no tienen derechos ni poder. Los que ahora la poseen con violencia e injusticia la perderán, y los que han renunciado completamente a ella aquí, los que han sido mansos para llevar la cruz, gobernarán la nueva tierra. No debemos pensar que esta justicia punitiva de Dios hacia el mundo sea ahora (Calvino), sino cuando el reino de Dios descienda, cuando la tierra sea renovada; entonces la tierra será heredada a la iglesia de Jesús. Dios no abandona la tierra. Él la creó y envió a su Hijo a la tierra. Así también, el constituyó la iglesia en la tierra, por lo que el comienzo de su restauración ya es una realidad y se ha dado señal de ello; esto

[23] En latín, «no ansioso de venganza».

[24] El emperador Juliano, en su carta número 43, se burló de haber confiscado los bienes de los cristianos tan sólo para que pudieran ingresar pobremente al reino de los cielos.

es, el pedazo de tierra que es dada a los desposeídos, a la iglesia: los bienes de la comunidad (de los hermanos y hermanas), y los bienes que son dados a ellos mismos, —en medio de las persecuciones— en tanto peregrinan aquí llevando la cruz. Pero también el Gólgota es un pedazo de tierra. Desde el Gólgota, en donde murió el más manso de todos los hombres, la tierra será hecha nueva. Cuando el reino de Dios venga, entonces los mansos heredarán la tierra.

Bienaventurados los que tienen hambre y sed de justicia, porque ellos serán saciados. Los discípulos no sólo han renunciado a su propio derecho sino también han renunciado a su propia justicia, y así es que viven. No ganan reconocimiento por sus sacrificios ni por lo que hacen. No pueden tener justicia, sino únicamente hambre y sed de ella.

No tienen el crédito de su propia justicia, ni tampoco la justicia de Dios en la tierra está a su favor; por tanto, tan sólo miran hacia la justicia de Dios en un futuro, ya que no pueden establecerla por ellos mismos. Los que siguen a Jesús se vuelven hambrientos y sedientos en el camino. Luego de que el Señor ha perdonado todos sus pecados y les ha renovado totalmente, ellos llevan el deseo de una nueva tierra y el establecimiento de la perfecta justicia de Dios. Ciertamente ni la maldición del mundo les embarga, ni el pecado del mundo cae sobre ellos, pues han muerto como malditos en la cruz, sin embargo, tienen un último grito desesperado, un deseo de justicia, como diciendo: «Dios mío, Dios mío, ¿por qué me has desamparado?» El discípulo no es mayor que su Maestro, más bien, ellos le siguen. Y Jesús en respuesta les dice que son bienaventurados aquí por causa de la esperanza de que ellos serán saciados. Ellos deben recibir justicia, no sólo como un consuelo que sacia el oído, sino una justicia que saturará totalmente sus cuerpos. Ellos comerán del pan de la vida verdadera en la futura cena con su Señor, y por causa de este pan futuro, son bendecidos; pero ahora ya tienen este pan: Jesús mismo, Él es el Pan de Vida que ya está entre ellos, Aquel que vuelve felices a los pecadores.

Bienaventurados los misericordiosos, porque ellos alcanzarán misericordia. Estos desposeídos y carentes de poder, extranjeros y pecadores, han decidido vivir con Jesús renunciando a la dignidad ofrecida por el mundo, sin embargo, son llamados por Cristo misericordiosos. No es suficiente su propia miseria y angustia, sino que también comparten lo poco que llegan a tener con el necesitado y llevan su angustia y pecado. Ellos tienen un amor irresistible por los necesitados, pobres, enfermos, humillados y abusados; por aquellos que sufren injusticia y son marginados de la sociedad. No es que vengan éstos a ellos, sino que los discípulos los buscan, buscan a todos los que padecen de culpa por el pecado y sufren. Ningún pecado es demasiado terrible como para no tener misericordia de ellos.

Los misericordiosos ceden su propio honor a aquellos que están en desgracia, y llevan su vergüenza. Van y tienen voluntariamente encuentros con los recaudadores de impuestos y pecadores soportando lo vergonzoso que esto es ante la sociedad. Ellos dan el mayor bien que el hombre posee: su dignidad y honor, ¿por qué? Porque son misericordiosos. Sólo conocen una dignidad y honor: la misericordia de su Señor, de quien ellos se han asido y de donde ellos toman todos sus recursos. Jesús no se avergonzó de sus discípulos, y aún más, se convirtió en hermano de todos los hombres llevando su vergüenza hasta la muerte, y muerte de cruz. Esta muerte de cruz es la magna demostración de Jesús de su misericordia, de la cual viven aquellos que se atan a él; ellos viven de la misericordia del Crucificado. Esta misericordia les hace olvidar su propio honor y dignidad y los lleva a buscar la comunidad de los pecadores. Y cuando cae sobre ellos la vergüenza, no les preocupa, porque Cristo les dice ahora que son felices, que son bendecidos.

Un día Dios mismo se inclinará, y con su mano les sacará de un mundo lleno de pecado y vergüenza. Será un honor para Dios justificar sus pecados y vestirlos de su gloria. Bienaventurados los misericordiosos porque ellos tienen la misericordia del Señor.

Bienaventurados los de corazón limpio, porque ellos verán a Dios. ¿Quién tiene un corazón puro? Sólo aquel que ha entregado completamente su corazón a Jesús, y que únicamente es Él quien reina allí; quien no mancha su corazón con maldad, ni aun por su propio bien. El corazón puro es el corazón simple, el corazón de un niño, que no sabe nada sobre el bien y el mal, el corazón de Adán antes de la caída, el corazón en el cual no prevalece la razón sino la voluntad de Jesús. Sólo quien se ha entregado completamente a Jesús renuncia al mal y a su propio bien. Renuncia a gobernar su propio corazón, se arrepiente y se toma fuertemente de la mano de Jesús para depender de Él. Su corazón es puro mediante la palabra de Cristo. Así, el corazón puro contrasta con toda la pureza externa, la perteneciente a las mejores intenciones. El corazón puro es inocente del bien y el mal, pertenece entera e indivisiblemente a Cristo. Mira sólo a quien va adelante, a Cristo; por lo tanto, el que ha visto únicamente a Jesucristo, al Hijo de Dios, en esta vida, es quien verá a Dios. Su corazón está libre de imágenes contaminadas; no es atraído por la diversidad de sus propios deseos, ni sigue su propia agenda. Éste es totalmente aceptado a los ojos de Dios porque su corazón se ha convertido en un espejo de la imagen de Jesucristo.

Bienaventurados los pacificadores, porque ellos serán llamados hijos de Dios. Los seguidores de Jesús están llamados a la paz. Cuando Jesús les llamó encontraron paz, Jesús es su paz. Ahora no sólo deben tener paz sino se les ordena crearla.[25] Esto quiere decir que ellos renuncian a todo tipo de violencia y agitación. En la causa de Cristo nada se gana de esa manera. El reino de Cristo es un reino de paz, y la iglesia de Cristo saluda con paz. Los discípulos de Jesús mantienen la paz, prefiriendo sufrir ellos mismos en lugar de dañar a otro. Conservan el compañerismo mientras otros trabajan en destruirlo; renuncian a su propio prestigio y ante el odio y el mal guardan silencio. Así es como vencen con el bien el mal. Así ellos se convierten en fundadores de la paz de Dios en medio de un mundo de odio y guerra. Sin embargo, nunca su esfuerzo por la paz será mejor demostrado sino cuando se encuentran con los malvados, cuando éstos les hacen sufrir. Los pacificadores llevarán la cruz con su Señor, porque la paz se hizo en la cruz. Así, debido a que ellos

[25] La palabra griega aquí por «pacificador» «*eipqvonoioi*» tiene un significado doble, tanto, que aun la traducción de Lutero *friedferting*, no debería ser tomada en un sentido enteramente pasivo. La traducción en inglés, *peacemakers*, es unilateral y pudiere dar lugar a confusiones, ya que es posible se entienda como en referencia a un activista cristiano.

son atraídos a la obra de paz realizada por Cristo, y que son llamados a llevar la obra del Hijo de Dios en el mundo, ellos mismos son llamados hijos de Dios.

Bienaventurados los que padecen persecución por causa de la justicia, porque de ellos es el reino de los cielos. No estamos hablando aquí de la justicia de Dios, sino de sufrir por una causa justa, del sufrimiento generado como consecuencia de las acciones y juicios justos de los discípulos de Jesús. Evidentemente los juicios y acciones de los discípulos de Jesús —debido a su renuncia voluntaria a sus posesiones; a su sentido de felicidad, derecho, justicia, honor y violencia— diferirán mucho del mundo; y por esta causa, son ofensivos para éste. Por lo tanto, los discípulos serán perseguidos por causa de la justicia. No habrá reconocimiento para ellos, sino rechazo. El rechazo será la recompensa a su palabra y trabajo en el mundo. Es digno de notarse que la bienaventuranza no tiene aquí su raíz en confesar el nombre de Jesús directamente, sino más bien algo más general: por causa de la justicia; y por ello, Jesús les da la misma promesa que a los pobres, cuando son perseguidos son iguales a ellos.

Estando ya al final de estas bienaventuranzas, surge para todos nosotros la pregunta: ¿hay en la tierra algún lugar para la congregación descrita? Si, sólo hay un lugar: el Gólgota. Es ahí en donde están los más pobres, los más misericordiosos, los más de mansos... Esto sólo puede ser en la cruz, en el Gólgota.

La iglesia de los bienaventurados es la iglesia del Crucificado. Con Él lo han perdido todo, pero también con Él ellos están completos y no les falta nada. Estas bienaventuranzas proceden de la cruz. Ahora, en esta última bienaventuranza, Jesús habla directamente a sus discípulos usando las palabras *sois*, *vosotros*, pues sólo ellos pueden entender de lo que está hablando.

Bienaventurados sois cuando por mi causa os vituperen y os persigan, y digan toda clase de mal contra vosotros, mintiendo. Gozaos y alegraos, porque vuestro galardón es grande en los cielos, porque así persiguieron a los profetas que fueron antes de vosotros. «Por mi causa» –los discípulos son maltratados, pero Jesús mismo es maltratado cuando lo hacen a ellos. Todo recae sobre Él, porque es por su causa. Él es el culpable de todo ello. El abuso, la persecución y la calumnia son una confirmación para los discípulos de la comunión que tienen con Jesús. No puede ser de otra manera, ya que, puesto que estos extraños se comportan mansamente, gustosamente el mundo aprovecha para tratarlos con violencia y con calumnias. La voz de estos pobres y mansos es demasiado fuerte y amenazante. Ellos son demasiado pacientes cuando sufren; su poderoso testimonio de Jesús contrasta demasiado con la injusticia del mundo, pues aún con su pobreza y sufrimiento testifican. Esto es mortal. Mientras Jesús clama: ¡Ustedes son bendecidos! ¡Ustedes son bienaventurados!, el mundo clama con fuerza: ¡Fuera con ellos! ¡Que se vayan! ¿Pero a dónde ir? Al reino de los cielos. Regocíjate, alégrate, porque tu galardón es grande en los cielos. Ahí estarán estos pobres de pie en el lugar donde sólo hay alegría. En ese lugar en donde Dios enjugará toda lágrima y alejará todo llanto; en donde Dios alimentará a los hambrientos con su cena. Los cuerpos heridos y martirizados serán transfigurados, y en lugar de aquellas vestiduras que fueron instrumentos de pecado y arrepentimiento, serán ahora vestidos con vestiduras blancas de justicia eterna. Es así como estos discípulos que hoy viven bajo la cruz y están en la comunión de su Maestro son llamados a ser bendecidos. Él les dice, «ustedes son bienaventurados».

CAPÍTULO 7

LA IGLESIA VISIBLE

«Vosotros sois la sal de la tierra; pero si la sal se desvaneciere, ¿con qué será salada? No sirve más para nada, sino para ser echada fuera y hollada por los hombres.
Vosotros sois la luz del mundo; una ciudad asentada sobre un monte no se puede esconder. Ni se enciende una luz y se pone debajo de un almud, sino sobre el candelero, y alumbra a todos los que están en casa. Así alumbre vuestra luz delante de los hombres, para que vean vuestras buenas obras, y glorifiquen a vuestro Padre que está en los cielos» (Mateo 5:13-16).

Estas palabras siguen siendo dirigidas a los mismos de las bienaventuranzas, a quienes por gracia siguen al Crucificado. Hasta el momento, parece que estos bienaventurados son los únicos dignos del reino de los cielos, pero al mismo tiempo superfluos e inútiles aquí; sin embargo, ahora Jesús dice de ellos, que son el elemento más indispensable en esta tierra. Son la sal de la tierra, el bien más noble, el valor más alto que la tierra posee. Sin ellos, la tierra no puede vivir. Tal y como a través de la sal, la tierra se conserva, así, sólo por causa de estos pobres, ignorantes y débiles —que el mundo rechaza— es que la tierra puede subsistir. Ella se destruye a sí misma al expulsar a los discípulos y, ¡qué maravilla!, tan sólo por causa de estos marginados, la tierra puede seguir viva. Esta «sal divina» —como dijo Homero— demuestra su propia eficacia impregnando con su sabor toda la tierra, es de hecho la sustancia misma de ella. De este modo, los discípulos, no sólo se dirigen al reino de los cielos, sino que tienen una función de existir en la tierra. Es verdad que están atados a Jesús, pero tienen que dirigir su mirada a la tierra, pues son la sal de ella. Jesús no se llama a sí mismo *la sal*, sino que transfiere esta función directamente a sus discípulos, es decir, ellos son vehículos de su actividad en toda la tierra. El ministerio de Jesús ahora permanece circunscrito a Israel, sin embargo, encomienda su ministerio global a sus discípulos. El mero hecho de que la sal continúe siendo sal, preservando su poder purificador y sazonador —característico de la sal— preservará la tierra. Por su propio bien y por el bien de la tierra, la sal debe seguir siendo sal, es decir, los discípulos deben seguir siendo lo que Cristo les llamó a ser, pues esta es la única manera de mantener su verdadera eficacia y poder sustentador en el mundo. Se dice que la sal es imperecedera y por lo tanto tiene un poder purificador permanente. Es por eso que en el Antiguo Testamente se incluía la sal para los sacrificios [Levítico 2:13]; también por ello, en el rito del bautismo católico se coloca un poco de sal en la boca del infante (Éxodo 30:35;[26] Ezequiel 16:4). En su calidad imperecedera, la sal representa una garantía de nuestra permanencia en la comunión.

Vosotros sois la sal, no dice, «vosotros debéis ser la sal». No depende de los discípulos ser la sal o no. Tampoco ellos tienen un llamado a convertirse en la sal de la tierra. Simplemente ellos *son* sal, les guste o no serlo mediante el poder del llamado que han recibido.

---

[26] La version RV no traduce «salado» sino «bien mezclado», pero el verbo hebreo «*malach*», presente en el versículo, también puede ser traducido como «salar» [nota del editor].

Vosotros sois la sal, no dice, «vosotros *tenéis* la sal». No se trata entonces de reducir esta *sal* meramente al mensaje reformador que los discípulos proclamaban; más bien, se trata de toda su existencia, siempre y cuando permanezcan adheridos al llamado de seguir a Cristo, es decir, al vivir las características ya mencionadas recientemente por Él en las bienaventuranzas. Todos aquellos que han obedecido al llamado de Jesús a seguirle son la sal de la tierra a lo largo de toda su existencia.

Sin embargo, existe la posibilidad de que la sal se vuelva insípida, es entonces que deja de ser sal; deja de funcionar como sal, y por supuesto, no sirve para nada, sino para ser desechada. Esto es lo que distingue a la sal: que todo cuanto toca es salado por ella; sin embargo, si se vuelve insípida, nunca puede volver a ser sal. Es sorprendente que todo puede ser purificado por la sal, incluso la sustancia más corrompida, pero si la sal se vuelve insípida, ella misma se vuelve irremediablemente corrupta. Esta es la otra cara de la moneda, el juicio que siempre amenaza a la comunidad de los discípulos. La tierra debe ser salva a través de la iglesia, no obstante, si la iglesia misma deja de ser lo que es, ésta se pierde y deja de alcanzar salvación. El llamado de Jesucristo significa o ser la sal de la tierra o ser eliminado, tener éxito o el llamado mismo destruye a quien es llamado. No hay más posibilidad de salvación. No existe más salvación para tal persona.

Vosotros sois la luz. Jesús da otro calificativo a la comunidad de discípulos que Él ha llamado. No sólo son comparados con la eficacia invisible de la sal, sino también con el brillo visible de la luz. Vosotros sois la luz del mundo —les dice—. Y otra vez, no les dice «vosotros *debéis ser*»; el llamado en sí ha convertido a los discípulos en luz. No puede ser de otra manera, ellos son una luz que se puede ver, si fuera de otra manera, entonces no habría ningún llamamiento y no fueran discípulos de Jesús. ¡Qué meta tan imposible y tan absurda sería que los discípulos de Jesús tuvieran la encomienda de convertirse en luz! Más bien, el llamado les ha convertido ya en luz, son luz en el discipulado. Nuevamente *no* les dice: «Vosotros *tienen* la luz», sino: «Vosotros *sois* la luz». No es una herramienta que nosotros hemos recibido, por ejemplo, «nuestro sermón es la luz»,

¡no!; sino, «¡nosotros *somos* la luz!». El mismo que dice a sus discípulos en lenguaje real y presente: «Yo soy la luz», dice a sus seguidores: «vosotros sois la luz» —siempre y cuando se mantengan fieles a su llamado—. Porque eres luz, por ello no puedes permanecer oculto, inclusive si desearas estarlo. La luz brilla, y una ciudad asentada sobre un monte no puede esconderse. Simplemente no puede esconderse porque está visible para todos, ya sea se trate de una ciudad amurallada o de un castillo o un montón de ruinas. Esto tiene similitud con la ciudad en la montaña, Jerusalén, la ciudad israelita que es cuna del discipulado. Y así como Dios situó allí a Jerusalén, así Jesús convirtió en luz a sus discípulos; ellos no tomaron esa decisión, esa decisión ya ha sido tomada. Ahora tienen que ser quienes son o de otra manera no son seguidores de Jesús. Los seguidores de Jesús son una comunidad visible, su discipulado es hacerse visibles y ser distintos en el mundo, pues si no es así, entonces no hay discipulado. Y el discipulado es tan visible como la luz en la noche, como una montaña en la llanura.

Escapar para no ser visto es una negación del llamado. Una comunidad de creyentes —la iglesia de Jesús— que se convierte en invisible dentro de una sociedad, ha dejado de seguir a Cristo. «Ni se enciende una luz y se pone debajo de un almud, sino sobre el candelero…» Otra vez, existe la posibilidad de que la luz se oculte por voluntad propia, que desaparezca debajo del almud,[27] esto es: que el discípulo niegue su llamado. El almud bajo el cual la iglesia visible esconde su luz, puede ser tanto un temor al ser humano como una deliberada adaptación al mundo bajo cualquier excusa. Puede ser, por ejemplo, «una estrategia misionera» o un presunto «humanismo».[28] Pero también puede ser —y esto es aún más peligroso—, la pseudo teología de la Reforma, que incluso se atreve a llamarse a sí misma, *Theologia crucis* [Teología de la cruz], cuya consigna es permanecer con un cristianismo oculto, en una invisi-

---

[27] Almud: «Medida de capacidad, generalmente para áridos, muy variable según las épocas y las regiones» [DRAE]. Es como semejante a una canasta o depósito de madera, un sinónimo de esta palabra es *celemín*.

[28] Humanismo, en el sentido de «amor por la humanidad» [nota del editor].

bilidad «humilde», antes de una «farisaica» visibilidad; y por ello, los que creen esto, están totalmente embebidos por el mundo y fusionados a éste. En este caso, no se trata de una visibilidad excepcional —evidencia del discipulado verdadero— sino de una mera *justitia civilis,*[29] un cristianismo que opera únicamente en el marco de la libertad que la sociedad le otorgue. En esta clase de cristianismo el criterio es que la luz no brille. Sin embargo, Jesús dice: «Así alumbre vuestra luz delante de los hombres». Es la luz del llamado de Jesús la que brilla en cada caso, desde luego, pero si hablamos de una luz, ¿qué clase de luz será esta, en la que estos discípulos de Jesús, estos protagonistas de las bienaventuranzas, están obligados a resplandecer? ¿Cuál es la luz que ilumina tan sólo el sitio al que los seguidores de Jesús tienen derecho?, y ¿qué si esta luz se oculta, a fin de no «alardear» de que llevan la cruz? Y si esta luz viene del llamado de Jesús exclusivamente a sus discípulos, entonces, ¿se tratará de que esta luz esté oculta al mundo, y sea únicamente para los seguidores de Cristo? ¿Acaso no es parte de la cruz que la luz esté escondida para mostrar «humildad»? Todo esto, sin embargo, pertenece a un sofisma perverso, a un razonamiento falso que tiene apariencia de verdad, y que más bien denota la mundanalidad de la iglesia. Esto es notable: que el simple oyente reconoce claramente que algo extraordinario se ha hecho visible precisamente allí, en la cruz. Y todo este asunto, el de una moralidad y justicia que goza de aprobación ante el mundo, la *justitia civilis*, no es otra cosa que una cruz hecha a la medida del mundo. Y ante esta realidad, debemos preguntarnos: ¿No es la cruz —para asombro de todos—, algo que se ha vuelto en escandalosamente visible en un mundo lleno de oscuridad? ¿No es suficientemente visible un Cristo que fue rechazado y que fue muerto fuera de la ciudad y sobre una colina? ¿Fue esto invisibilidad? ¡No! Por lo tanto, a través de esta luz se verán las buenas obras de los discípulos. No tú, sino tus buenas obras; éstas son las que deben ser visibles —dice Jesús—. Y, ¿cuáles son estas

---

[29] *Justitia civilis* [lat.] Se refiere a un comportamiento amable y justo, y al cumplimiento de sus deberes sociales, de manera que asegure la aprobación de sus semejantes [nota del editor].

buenas obras que pueden verse mediante esta luz? No puede haber más obras que las que Jesús mismo creó en los discípulos cuando les llamó, cuando les convirtió en luz del mundo bajo la cruz —es decir, pobreza, abandono, mansedumbre, pacifismo y, finalmente, persecución y rechazo—; y en todos ellos hay una misma característica: todos llevan la cruz de Jesucristo. La cruz es esa extraña luz que ilumina todas estas buenas obras que los discípulos hacen. En ningún caso se habla de que Dios se hace visible, sino que son las «buenas obras» las que se ven, y que la gente alaba a Dios por esas obras. Tanto la cruz como las obras de la cruz se hacen visibles, y la pobreza y el renunciamiento de los bienaventurados son visibles también. Sin embargo, ni la cruz ni la comunidad de personas que vive así, son dignas de ser alabadas, sino únicamente Dios. Si estas obras de las que habla Cristo se refirieran a las virtudes de los hombres, entonces no sería el Padre, sino los discípulos quienes fueran alabados. No obstante, nada queda digno de alabanza para el discípulo que lleva la cruz, ni para la iglesia que brilla con tanta intensidad, la cual es visible en la montaña, porque, por encima de sus buenas obras, únicamente el Padre que está en el cielo puede ser alabado. De esta manera, los hombres ven la cruz, y la iglesia que *vive bajo* la cruz; y es entonces que creen en Dios y ven la luz de la resurrección en sus vidas.

CAPÍTULO 8

LA JUSTICIA DE CRISTO

«No penséis que he venido para abrogar la ley o los profetas; no he venido para abrogar, sino para cumplir. Porque de cierto os digo que hasta que pasen el cielo y la tierra, ni una jota ni una tilde pasará de la ley, hasta que todo se haya cumplido. De manera que cualquiera que quebrantare uno de estos mandamientos muy pequeños, y así enseñe a los hombres, muy pequeño será llamado en el reino de los cielos; mas cualquiera que los haga y los enseñe, éste será llamado grande en el reino de los cielos. Porque os digo que si vuestra justicia no fuere mayor que la de los escribas y fariseos, no entraréis en el reino de los cielos» (Mateo 5:17-20).

No es de extrañarse, después de todo, que los discípulos pensaran que, con las promesas que recibieron de su Señor, el fin de la ley había llegado. En estas promesas, todo lo que el pueblo veía como valioso era degradado y todo lo que ellos veían como indigno era bendecido. A ellos se dirigió Jesús en las bienaventuranzas, y fueron allí distinguidos como quienes, mediante la gracia de Dios, ahora lo poseían todo, como los verdaderos herederos del reino de los cielos. Tenían una comunión plena y personal con Cristo, quien lo había hecho todo nuevo para ellos. Eran la sal, la luz y la ciudad asentada sobre un monte. Así, todas las cosas viejas habían desaparecido y reemplazadas. Era demasiado obvio que ahora Jesús marcaría la línea divisoria entre Él y lo viejo, y que aboliría la ley del Antiguo Pacto, renunciando a ella en su calidad de Hijo, y que la suspendería permanentemente para su iglesia. Después de todo lo que Jesús había dicho, los discípulos de seguro pensarían algo parecido a lo que pensó Marción,[30] quien acusó a los judíos de adulterar el texto, y lo enmendó para que dijera: «¿Creéis que he venido a cumplir la ley o los profetas? No he venido a cumplir, sino a destruir». Innumerables personas han leído e interpretado la palabra de Jesús desde la perspectiva de Marción. No obstante, Jesús dice claramente: «No penséis que he venido para abrogar la ley o los profetas…». Cristo faculta a la ley del Antiguo Pacto.

¿Cómo se entiende esto? Sabemos que Jesús dirige estas palabras a quienes había llamado, a quienes se habían unido a Él. No se había permitido que ninguna ley obstaculizara la comunión de Jesús con sus discípulos —como se hace evidente en el comentario que hicimos de Lucas 9:57ss.—, puesto que el discipulado consiste en la unión con Jesucristo individualmente y de inmediato. Sin embargo, aquí ocurre algo completamente inesperado: el mandato de que los discípulos continuaran apegados a la ley del Antiguo Testamento. Al hacer esto Jesús deja claro a sus discípulos dos cosas: que el apego a la ley en sí misma no es todavía discipulado, y que el apego a su persona sin la ley no es discipulado tampoco. Es Él mismo, quien había otorgado todas sus promesas a sus discípulos, quien ahora les asigna la ley. Porque Él mismo obedece la ley, los discípulos que estaban unidos a Él, la obedecerían también. Desde luego, surge la pregunta: ¿Qué es lo que tiene mayor validez, Cristo o la ley? ¿A qué estamos obligados? ¿Solamente a Él o tenemos que

---

[30] Marción fue un escritor y teólogo griego del siglo II, quien sostuvo que la Ley mosaica era imperfecta y contraria a las enseñanzas de evangelio [nota del editor].

ir de vuelta a la ley? Primero Cristo había dicho que ninguna ley debía interponerse entre Él y el llamado a seguirlo, ahora dice que abolir la ley significa separarse de Él, ¿qué es lo que esto significa exactamente?

La ley es la ley del Antiguo Pacto, no una ley nueva, sino la ley antigua, aquella a la que el joven rico y el escriba tentador señalaron como la voluntad manifiesta de Dios. Así, sólo porque Cristo ata a sus seguidores a esta ley, ésta se convierte en un nuevo mandamiento. No se trata de una «ley mejor» que la ley que tenían los fariseos. Es una misma ley, la ley que debe permanecer, y que de ella, ni una jota ni una tilde debe de pasar sin cumplirse hasta que pasen el cielo y la tierra, es decir, hasta el fin del mundo. Lo que sí es que se trata de una «mejor justicia»: el que no tenga mejor justicia que la de los fariseos, no entrará en el reino de los cielos. Y esto sucede precisamente porque ellos se negaron a seguir a Jesús, quien les remitió, por cierto, de nuevo a la ley, porque nadie puede tener mejor justicia que los que están en el discipulado. Por tanto, la condición para vivir una mejor justicia es seguir a Cristo, y ser como Él mismo; es por esto que por primera vez en el sermón del monte Cristo predica de Él mismo. Él mismo se pone como ejemplo de la mejor justicia y ésta se exige a sus discípulos. Él ha venido a cumplir la ley del Antiguo Pacto, y este es el requisito para todo lo demás. De esta manera, Jesús revela su unidad completa con la voluntad de Dios en el Antiguo Testamento, la ley y los profetas. En efecto, no tiene nada que añadir a los mandamientos de Dios. Los guarda, esa es la única añadidura. Él cumple la ley, eso es lo que dice de sí mismo, y la cumple hasta en el más mínimo detalle —hasta una jota, hasta una tilde—. Pero al cumplirla, «ya todo está cumplido, todo cuanto era necesario para el cumplimiento de la ley. Jesús hará lo que exige la ley, por lo que tendrá que sufrir la muerte; porque sólo Él entiende la ley como la ley *de* Dios; es decir, Él entiende que la ley misma no es Dios, ni Dios es la ley, tal como si la ley pudiere remplazar a Dios. Este había sido el pecado del pueblo de Israel: habían hecho un dios de la ley y habían legalizado a Dios. Por el otro lado, desentenderse de la ley y separar a Dios de su ley habría sido el malentendido pecaminoso de los discípulos.

En ambos casos Dios y la ley son separados, o identificados separadamente, y ambas cosas conducen al mismo resultado. Los judíos habían dado el mismo peso a Dios que a la ley e hicieron esto para apoderarse de Dios mismo. Dios había sido absorbido por la ley y ya no era Señor de la ley. Por el otro lado, si los discípulos pensaron en separar a Dios de su ley, esto sería para que Dios les diera la salvación en independencia de la ley, digamos, en su «soberanía» [haciendo alusión a las promesas de las bienaventuranzas]. En ambos casos el don estaba poniéndose en el lugar del Dador, por lo tanto, tanto la ley como la promesa de salvación negaban a Dios mismo.

Ante estos malentendidos, Jesús exonera y vindica la ley, la pone en vigencia. Dios es el dador y el Señor de la ley, pero únicamente en la comunión personal con Él es posible el cumplimiento de ella. No existe tal cosa de un cumplimiento de la ley sin adoración; sin embargo, tampoco hay adoración sin el cumplimiento de la ley. La primera premisa es para los judíos, y la segunda, para que sus discípulos no tuvieran duda de cuál es el orden y real sentido de las cosas.

Y es Jesús, nada menos que el Hijo de Dios, quien está en plena comunión con el Todopoderoso, es quien reitera la vigencia actual de la ley: la cumple —y hace que se cumpla—, por el bien de la ley, el Antiguo Pacto. Y puesto que Él fue el único Hombre que realmente cumplió la ley, estaba en posición de enseñar la ley y su cumplimiento correcto. Eso era lo que los discípulos necesitaban saber y lo entendieron inmediatamente, desde el momento que Jesús lo dijo, porque conocían el hablar de su Maestro, ellos lo conocían bien. Por el otro lado, para los judíos era imposible entenderlo porque eran incrédulos. Es por ello que el único camino para ellos era rechazar su doctrina, dándola por blasfemia. Es así como Jesús debe sufrir por causa de la enseñanza verdadera de la ley de mano de quienes abogaban por una enseñanza falsa de ella. Jesús muere como un blasfemo, como un trasgresor de la ley en la cruz; muere porque puso en práctica la ley verdadera en contraposición de una ley falsa y malentendida.

Consecuentemente, la única manera de que la ley —de la cual Jesús enseñó— pudiera ser cumplida fue que Jesús fuera crucificado como un pecador. Él mismo, como el Crucificado, es el cumplimiento perfecto de la ley. Es decir, únicamente Jesucristo cumple la ley porque es el único que está en perfecta comunión con Dios, y sólo Él puede ser el Mediador entre sus discípulos y la ley, pero la ley no puede ser mediadora entre Él y sus discípulos. Es por eso que los discípulos encuentran el camino a la ley mediante la cruz de Cristo. Es por eso que Jesús sujeta a sus discípulos a la ley —la que sólo Él puede cumplir— estrechando así la unión de sus discípulos a sí mismo. Él debe rechazar que alguien pueda unírsele sin guardar la ley, porque esto no sería servirle, sino un libertinaje. Y al mismo tiempo, con la aclaración que Jesús hace, disipa de sus discípulos la preocupación de que su compromiso con la ley los separaría de su Maestro. Este era precisamente el problema de los judíos, quienes, al malentender la ley, ésta les separaba de Dios en lugar de unirles. En cambio, se hace evidente que el apego genuino a Jesús sólo puede ser posible con el apego a la ley de Dios. Pero si Jesús se hace a sí mismo Mediador, es decir, si Él se interpone entre los discípulos y la ley, no es para liberarlos del cumplimiento de ella, sino para dar mayor fuerza al deber de su cumplimiento. Y si Él está así de comprometido con el cumplimiento de la ley, los discípulos, por causa de estar unidos a Él, necesitan tener el mismo nivel de obediencia. Este cumplimiento hasta la jota y la tilde no da por cancelada la ley; sino que es precisamente este cumplimiento lo que le da vigencia. De manera que, desde ahora, todo aquel que haga y enseñe la ley, éste será llamado grande en el reino de los cielos.

«Hace y enseña». Se podría pensar en una clase de doctrina en la cual se dispense el hacer (so excusa de que tal cosa sea imposible), dejando tan sólo la ley como fuente meramente de enseñanza. Sin embargo, esto no fue lo que Jesús dijo. No así, sino que Él quiere que se haga con la misma seguridad como Él mismo la hizo. Cualquiera que permanece en el discipulado, es decir, en Cristo, hace y enseña la ley. Sólo aquel que perpetúa la ley, es decir, que la hace perdurable mediante su cumplimiento y enseñanza, puede permanecer en comunión con Jesús.

Ahora bien, no es la ley en sí la que distingue al discípulo del judío, sino «la mejor justicia». La justicia de los discípulos excede, es más sobresaliente, que aquella de los escribas. Es decir, es algo extraordinario, algo especial. Es la primera vez que aparece el concepto de «*perisseuō*» [mayor, exceder, Mateo 5:20], el cual, cobra relevancia en el versículo cuarenta y siete. Entonces debemos preguntarnos, ¿cuál es la justicia de los fariseos? ¿cuál es la justicia del discípulo? A decir verdad, el fariseo nunca había sucumbido ante un error tan extremo como pensar que la ley debería sólo enseñarse mas no hacerse. Por el contrario, el fariseo era un *hacedor* de la ley. Por tanto, la justicia de ellos consistía en un cumplimiento inmediato y literal de la ley. Su justicia era su gloria: su obrar. Su objetivo era una perfecta conformidad de lo que exigía la ley con sus propias acciones. Sin embargo, siempre había un incumplimiento remanente que tenía que ser cubierto por el perdón. Su justicia seguía siendo imperfecta. Asimismo, el caso para los discípulos era que sólo habría justicia para ellos al guardar (cumplir) la ley. Nadie que no guardara la ley podría ser llamado justo. Sin embargo, el hacer del discípulo supera el hacer del fariseo, en el sentido de que el hacer del discípulo produce una justicia perfecta en comparación con la justicia imperfecta del fariseo. ¿Cómo es posible esto? La superioridad de la justicia del discípulo es que entre él y la ley está Aquel que ha guardado plenamente la ley, Aquel en cuya comunión el discípulo se encuentra. No se enfrenta a una ley incumplida, sino a una ley ya cumplida. Antes de que él comience a obedecer la ley, ésta ya fue obedecida y cumplida. Por tanto, si la ley ya fue cumplida, su demanda está ya satisfecha. La justicia requerida por la ley ya está allí; es la justicia de Jesús, quien fue a la cruz por causa de la ley. Es entonces que la ley se convierte, no solamente en las cosas buenas que deben hacerse para alcanzar justicia perfecta, sino en una perfecta y verdadera comunión personal con Dios: Jesús no solo *tiene* justicia, sino que Él mismo *es* la justicia. Él es la justicia de los discípulos. A través del llamado, Jesús compartió de sí mismo a sus discípulos, les dio su comunión, de modo que los hizo partícipes de su justicia, les dio su justicia. La justicia de los discípulos es la justicia de Cristo. Jesús hace claro que sus discípulos poseen una «mejor justicia» al referirse a su propio cumplimiento de la ley, pues la justicia que

Él ha alcanzado es también la justicia alcanzada por los discípulos mientras ellos se mantengan en el discipulado. Es una justicia que tan sólo puede existir dentro del discipulado, la cual tiene como corona —y de esto Jesús promete en las bienaventuranzas—, el reino de los cielos. La justicia de los discípulos es la justicia que tan sólo se logra permaneciendo bajo la cruz. Es la justicia de los pobres, los que soportan sufrimiento, los hambrientos, los mansos, los pacificadores, los perseguidos; es la justicia visible de quienes son la luz del mundo, y la ciudad asentada sobre un monte, es la justicia que se alcanza mediante el llamado del Jesús. En ella, el discípulo posee una justicia *mejor* que la justicia de los fariseos, la cual se basa únicamente en el llamado a la comunión de Aquel quien es el único que cumple la ley. La justicia de los discípulos es verdadera justicia ya que ellos verdaderamente están haciendo la voluntad de Dios y están cumpliendo la ley. La justicia de Cristo no sólo debe ser enseñada sino también practicada, pues de lo contrario, no será mejor que la ley de los fariseos, la cual se enseñaba, pero no se hacía [Mateo 23:3]. Así, todo lo que sigue en este pasaje habla de la justicia de Cristo, la cual tiene cumplimiento también en todos sus discípulos. Es, en una palabra, el discipulado. Es el verdadero y simple acto de fe en la justicia de Cristo, La justicia de Cristo es la *nueva* ley, la ley de Cristo.

CAPÍTULO 9

EL HERMANO

«Oísteis que fue dicho a los antiguos: No matarás; y cualquiera que matare será culpable de juicio. Pero yo os digo que cualquiera que se enoje contra su hermano, será culpable de juicio; y cualquiera que diga: Necio, a su hermano, será culpable ante el concilio, y cualquiera que le diga: Fatuo, quedará expuesto al infierno de fuego. Por tanto, si traes tu ofrenda al altar, y allí te acuerdas de que tu hermano tiene algo contra ti, deja allí tu ofrenda delante del altar, y anda, reconcíliate primero con tu hermano, y entonces ven y presenta tu ofrenda. Ponte de acuerdo con tu adversario pronto, entre tanto que estás con él en el camino, no sea que el adversario te entregue al juez, y el juez al alguacil, y seas echado en la cárcel. De cierto te digo que no saldrás de allí, hasta que pagues el último cuadrante» (Mateo 5:21-26).

Cuando dice «Mas yo os digo» Jesús está aplicando específicamente lo que Él ha dicho sobre la ley; y por ello, sus palabras no pueden entenderse como las pronunciadas por un revolucionario.

Tampoco debe aceptarse la idea de que Él está expresando una mera opinión o interpretación de la ley a manera de los rabinos. Más bien, esto es una continuación de lo que viene diciendo: su unidad con la ley de Moisés; sin embargo, la razón por la que está tan unido a la ley de Dios es porque Él, como Hijo de Dios, es el Señor y el Dador de la ley. Por ello, el primer requisito para cumplir la ley es escucharla como la palabra de Cristo. Y ahora Él está ahí, el Señor y Dador de la ley en persona, quien tiene el verdadero conocimiento de la ley, por lo tanto, la enseñanza errónea y pecaminosa dada por los fariseos no puede seguir en pie. Cristo reclama la ley como propia. Él hace lo que realmente la ley quiere y su comprensión perfecta de ella convierte inmediatamente en enemigo a cualquier otro entendimiento erróneo: honrar la ley envuelve también enfrentar a los falsos fanáticos de ella.

La ley a la que Jesús refiere a sus seguidores, en primer lugar, es aquella en relación con la prohibición del asesinato del hermano. La vida del hermano ha sido establecida por Dios y está en las manos de Dios. Sólo Dios tiene poder sobre la vida y la muerte. Un asesino no puede tener lugar en la iglesia de Dios, y éste será juzgado por el juicio que él mismo emite de su hermano; puesto que, la vida de su hermano (y en este sentido «hermano» se refiere no sólo a los que están dentro de la comunidad cristiana, sino en un sentido general), la vida de su prójimo, está bajo la protección del mandato divino. Así, queda claro que las acciones de los seguidores de Jesús no pueden ser fruto o consecuencia del comportamiento de cualquier otra persona ajena a Quien les ha llamado: Aquel a quien ellos siguen en obediencia.

El seguidor de Jesús tiene prohibido asesinar, puesto que, si lo hace, queda expuesto al castigo divino. La vida del hermano se establece como una frontera que no debe cruzar jamás. Pero tal avance se produce ya a través de la ira, y más aún, cuando se pronuncia una palabra malvada, tal como *Raca* [falto de entendimiento, necio]. Finalmente, una persona cruza la frontera del mandato de Dios cuando ocurre el desprecio deliberado del otro al decirle, «tonto o fatuo». Cada enojo es un atentado contra la vida de nuestro semejante, es no estimar su vida, sino más bien, buscar su aniquilación. Tampoco hay distinción entre la supuesta ira justa y la ira injusta.[31] El discípulo no puede conocer la ira en absoluto porque ésta atenta contra Dios y contra su hermano. Las palabras que lanzamos sin inteligencia y tan a la ligera revelan que no honramos la vida del otro, que nos levantamos contra él y, por tanto, otorgamos mayor valor a nuestra propia vida que a la suya. Esta palabra es un golpe para nuestro hermano, un golpe a su corazón que tiene el objeto de herir, dañar y destruir. Asimismo, las palabras insultantes roban al hermano su honor en público y pugnan por hacerle despreciable ante los demás; le apuntan con odio para la destrucción de su existencia tanto moral como física.

Si juzgamos a otro eso nos convierte en asesinos, y el asesinato será juzgado por el juicio de Dios. Cualquiera que esté enojado con su hermano y que lance contra él una mala palabra, que lo reprenda públicamente o lo calumnie no tiene lugar ante Dios, sino se hace culpable de asesinato. Está separado de Dios, no tiene acceso a Dios. Así mismo su sacrificio, su adoración y su oración no serán agradables delante de Dios. Por tanto, para el seguidor de Jesús la adoración a Dios no puede estar separada del servicio a sus hermanos —como era reclamado por los rabinos—.[32] De esta manera, el desprecio del hermano convierte el servicio a Dios del supuesto seguidor de Jesús en una falsedad y le priva de cualquier promesa divina. Tanto el individuo como la iglesia que desea comparecer ante Dios con un corazón lleno de desprecio y enemistad, están jugando con un ídolo [es decir, adora algo más fuera de Dios]. En tanto le neguemos nuestro servicio y amor al hermano; mientras permanezca el desprecio; mientras el hermano pueda tener una causa contra nosotros o en contra de la iglesia de Jesús, el sacrificio permanecerá sin ser aceptado. Y esto no se refiere únicamente a nuestra propia ira, sino también al hecho de que un hermano esté ofendido, se

31 La adición de la palabra «*eixq*» al texto bíblico fue el primer intento sutil para atenuar el dicho de Jesús.

32 En los tiempos de Jesús los discípulos tenían una obligación de servir a los rabinos en todo —tanto como a un padre—, durante toda su vida, y esto era considerado parte de la adoración a Dios [nota del editor].

sienta abusado o deshonrado por causa nuestra, y «tiene algo contra ti [nosotros]», esto estará estorbando entre Dios y nosotros. Por esta causa, los discípulos de Jesús necesitan examinarse a sí mismos para comprobar que no son culpables de faltas aquí y allá; si no han participado del odio y desprecio del mundo, de condenar al prójimo, de humillarlo, pues haciendo esto delante de Dios son culpables de asesinato. Por tanto, que la iglesia de Jesús se examine hoy mismo al orar y al adorar a Dios, y se dé cuenta si existen voces que les acusan y están siendo un obstáculo para su oración y adoración. Así pues, que la comunidad de Jesús se examine a sí misma si ha demostrado amor a aquellos que son reprochados y deshonrados por el mundo buscando preservar, ayudar y proteger sus vidas. De lo contrario, la adoración más correcta, la oración más piadosa, la confesión más valiente no ayudarán, sino que estos prójimos testificarán en su contra y serán la prueba de que tal comunidad ha dejado de seguir a Jesús.

Dios no quiere que nuestro prójimo se separe de Él por causa nuestra. Él no quiere ser honrado cuando un hermano es deshonrado. Él es Padre, sí, Él es Padre de Jesucristo, quien se convirtió en hermano de todos. Esta es la razón principal por la que Dios rehúsa estar separado de nuestro hermano. Su Hijo unigénito fue deshonrado y vilipendiado, a fin de honrarle a Él como Padre. Sin embargo, así como el Padre no quiere separarse del Hijo, tampoco quiere separarse de aquellos que se parecen a su Hijo, por cuya causa su Hijo padeció deshonra. Por causa de la encarnación del Hijo de Dios, la adoración es inseparable del servicio a los hermanos.

Quien dice que ama a Dios y odia a su hermano es un mentiroso;[33] por tanto, el que en realidad quiere adorar como es debido al seguir a Jesús, no le queda otro camino que reconciliarse con su hermano. Así también, el que viene a escuchar la palabra de Dios y a tomar la santa cena sin estar reconciliado con su prójimo recibe juicio de Dios: es un asesino delante de Dios.

---

[33] En clara referencia a 1 Juan 4:20. Vea también 1 Juan 1:10; 2:4. Estos versículos se refieren a la falta de amor al hermano [nota del editor].

Por lo tanto, dice Cristo: «deja allí tu ofrenda delante del altar, y anda, reconcíliate primero con tu hermano». Es un camino difícil, pero es un requisito para el discípulo de Jesús. Y es difícil porque se asocia con la humillación personal y con la vergüenza. Es como el camino de la pasión hacia la cruz, pero es el único camino para acercarnos a Dios, por lo tanto, es un camino de gracia. En Jesús, el servicio al hermano y la adoración están fundidos en uno, y al ir y reconciliarnos con el hermano, podemos entonces traer nuestra ofrenda, la cual, en un sentido estricto, somos nosotros mismos. Nuestra vida es un sacrificio al Padre.

Para hacer esto se nos da un tiempo de gracia, «entre tanto estás con él en el camino». Delante de nosotros está el tribunal, pero todavía estamos a tiempo de perdonar y pedir perdón, puesto que no podremos pagar la deuda en la que hemos incurrido de ninguna otra forma. La hora llega cuando caeremos en las manos del Juez; entonces será demasiado tarde, pues no podremos escapar del castigo, tendremos que pagar hasta el último centavo de la deuda. ¿Nos damos cuenta? A los discípulos de Jesús se nos es dada la gracia del perdón, de tener la capacidad de «pagar» a nuestro hermano, no lo que marca la ley, sino más bien, recibimos un perdón de gracia: logramos la reconciliación mediante la gracia divina. Esto es gracia: ahora nuestro hermano aboga por nosotros ante el tribunal. Es así como los discípulos de Jesús somos hermanos, no por la ley, sino por la gracia. Es una gracia que nuestros hermanos queden satisfechos y renuncien a sus derechos por otorgarnos perdón; es por ello que la reconciliación es lograda mediante la gracia: nuestro hermano se convierte en un instrumento de gracia para nosotros. Y así, sólo aquel que se ha convertido en un instrumento de gracia, puede hablar por nosotros ante el juicio, por lo que nuestra reconciliación es nuestra salvación del juicio.

Cuando el Hijo de Dios se humanó nos fue dada la gracia del perdón, el perdón de nuestro hermano. ¡Es a través de Jesús! Porque cuando nuestros hermanos consideran a Jesús correctamente, es cuando nosotros somos perdonados.

El servicio que brindamos a nuestros hermanos, nuestro respeto a sus derechos y a su vida, es un camino de abnegación, es el camino de la cruz. «Nadie tiene mayor amor que este, que uno ponga su vida por sus amigos» [Juan 15:13]. Este es el amor del Crucificado. Entonces, la ley únicamente se cumple mediante la cruz de Jesús.

CAPÍTULO 10

LA MUJER

«Oísteis que fue dicho: No cometerás adulterio. Pero yo os digo que cualquiera que mira a una mujer para codiciarla, ya adulteró con ella en su corazón. Por tanto, si tu ojo derecho te es ocasión de caer, sácalo, y échalo de ti; pues mejor te es que se pierda uno de tus miembros, y no que todo tu cuerpo sea echado al infierno. Y si tu mano derecha te es ocasión de caer, córtala, y échala de ti; pues mejor te es que se pierda uno de tus miembros, y no que todo tu cuerpo sea echado al infierno. También fue dicho: Cualquiera que repudie a su mujer, dele carta de divorcio. Pero yo os digo que el que repudia a su mujer, a no ser por causa de fornicación, hace que ella adultere; y el que se casa con la repudiada, comete adulterio» (Mateo 5:27-32).

La unión a Jesucristo no tolera —y en tal unión está totalmente prohibido— el deseo sexual sin amor. Debido a que el discipulado significa abnegación y apego total a Jesús, no se puede permitir ningún momento en donde domine la voluntad propia del discípulo.

Por ello el deseo sexual sin amor, la lujuria, aun y si tan sólo consista en una mirada, separa al discípulo de Cristo y lleva todo su cuerpo al infierno. Con ello, el hombre vende su primogenitura celestial por un sólo plato de lentejas: el plato de lentejas de la lujuria.[34] ¿Por qué? Porque no cree a Aquel que puede darle verdadera alegría en lugar del fracaso de la lujuria. Porque no confía en lo invisible, sino que se apodera del fruto visible del deseo sexual sin amor. De esta manera, cae del camino del discipulado y se separa de Jesús. La impureza de la lujuria tiene su raíz en la incredulidad, es por eso que es tan reprobable. Ningún sacrificio, por más grande que sea, se compara con ser libre de la lujuria, la cual le separa de Jesús. Cristo no puede ser menos que un ojo, ni una mano puede ser menos que Cristo. Si el ojo y la mano sirven a la lujuria y son un obstáculo para que todo el cuerpo permanezca en la pureza del discipulado, entonces, ellos deben ser sacrificados en vez de privar al discípulo de Jesucristo.

La ganancia que trae la lujuria es pequeña en comparación del daño: la lujuria del ojo y de la mano dan goce por un instante, pero el cuerpo se pierde por la eternidad. El ojo que sirve a la codicia impura no puede ver a Dios.

Antes de continuar, quizá nos preguntemos: ¿Realmente Jesús estaba hablando literal o figurativamente? Sin embargo, se puede responder con otra pregunta: ¿dejaremos que toda nuestra vida dependa de dar una respuesta clara a esta pregunta? ¿No está suficientemente clara la respuesta al observar la actitud de los discípulos? Nuestra voluntad, ante tal pregunta, nos aconseja huir, pues parece ser demasiado seria y moral. Sin embargo, la pregunta en sí es errónea y malvada, puesto que hace que nos neguemos a encontrar una respuesta. Si se dijera que esto no debe entenderse literalmente, entonces es claro que estaríamos eludiendo la seriedad del mandamiento; y si dijéramos que debe tomarse literal, es un hecho que manifestaría que la vida cristiana es absurda en sus principios, y por consecuencia se anularía el mandamiento. Y es precisamente por el

[34] Bonhoeffer está haciendo clara alusión a Hebreos 12:16-17; vea también Génesis 25:30-34 [nota del editor].

hecho de que esta pregunta no puede ser respondida que estamos completamente atrapados en el mandato de Jesús. No podemos irnos para ningún lado. La lección es esta: simplemente tenemos que estar siempre listos para obedecer. Jesús no obliga a sus discípulos a ninguna práctica inhumana, tampoco les prohíbe mirar, sin embargo, el discípulo que dirige su mirada hacia Jesús y sólo a Él, puede tener la garantía de que permanecerá libre de la lujuria, aun cuando éste dirija su atención a una mujer. Por lo tanto, Jesús no impone un yugo legalista insoportable a sus discípulos, sino que los ayuda misericordiosamente a través del evangelio.

Jesús no impone a sus discípulos el requisito del matrimonio. Pero él santifica el matrimonio de acuerdo con la ley y lo declara indestructible; y aun en el caso de que una de las partes se divorcie por causa de adulterio, prohíbe a la otra un segundo matrimonio. A través de este mandamiento, Jesús libera el matrimonio de la malvada y egoísta lujuria y ordena que sea conducido como un servicio de amor, lo cual únicamente es posible dentro del discipulado. Jesús no recrimina al cuerpo y a su deseo natural, sino rechaza la incredulidad que éste puede provocar. Así que no disuelve el matrimonio, sino que lo consolida y santifica por la fe. Por tanto, el discípulo tendrá que mantener su unión exclusiva a Cristo en su matrimonio, lo cual significa disciplina y abnegación. Cristo es el Señor de su matrimonio. El hecho de que el matrimonio del discípulo es diferente al matrimonio del mundo, no quiere decir que Jesús de alguna manera desprecie el matrimonio, sino que Él es el Señor del matrimonio para su santificación.

En esto, cuando Jesús exige la indisolubilidad del matrimonio, parece estar contradiciendo a la ley del Antiguo Testamento. Pero Él mismo, de inmediato, refrenda su adherencia a la ley de Moisés al decir: «Por la dureza de vuestro corazón…» (Mateo 19:8). A los israelitas se les permitió otorgar carta de divorcio a fin de evitarles mayor infidelidad. No obstante, Jesús repite el propósito original de la ley del Antiguo Testamento: la pureza. Una pureza que sólo en Él es posible, cuando el matrimonio es guiado por la fe en Dios. Esta pureza, es decir, esta castidad, se mantiene protegida en tanto permanezcamos en la comunión de Jesús y en el discipulado.

Puesto que el enfoque de Jesús está en la pureza sexual y no en el matrimonio en sí, Él también aprueba el celibato —cuando es por causa del reino de Dios—. Jesús no establece un programa ya sea de matrimonio o de celibato, sino libera a sus discípulos de la *porneia* (fornicación dentro o fuera del matrimonio), la cual, no sólo es un pecado contra el propio cuerpo, sino un pecado contra el cuerpo de Cristo (1 Corintios 6:13-15). El cuerpo del discípulo también pertenece a Cristo y está al servicio del discipulado. Nuestros cuerpos son miembros de su cuerpo. Debido a que Jesús, el Hijo de Dios, estuvo revestido por un cuerpo humano, y a que nosotros tenemos comunión con su cuerpo, la fornicación es un pecado contra el propio cuerpo de Jesús.

El cuerpo de Jesús fue crucificado, y el Apóstol dice que los que pertenecen a Cristo han crucificado sus cuerpos con sus pasiones y deseos (Gálatas 5:24). De este modo, también, el cumplimiento de esta ley del Antiguo Testamento sólo es posible mediante el cuerpo crucificado y martirizado de Jesucristo. Cuando visualizamos el cuerpo crucificado de Jesús y cuando tenemos comunión con su cuerpo, el cual es también la crucifixión del nuestro, entonces tenemos el poder para mantener la castidad que Jesús ordena.

CAPÍTULO 11

LA VERACIDAD

«Además habéis oído que fue dicho a los antiguos: No perjurarás, sino cumplirás al Señor tus juramentos. Pero yo os digo: No juréis en ninguna manera; ni por el cielo, porque es el trono de Dios; ni por la tierra, porque es el estrado de sus pies; ni por Jerusalén, porque es la ciudad del gran Rey. Ni por tu cabeza jurarás, porque no puedes hacer blanco o negro un solo cabello. Pero sea vuestro hablar: Sí, sí; no, no; porque lo que es más de esto, de mal procede» (Mateo 5:33-37).

La interpretación de estos versículos en la iglesia cristiana (desde los primeros siglos) ha sido, hasta ahora, bastante incierta. Va desde un riguroso rechazo de todo tipo de juramento —juzgándosele como pecado—, hasta el rechazo frívolo: rechazan, pero con suavidad, tan sólo los perjurios imprudentes. Se reconoce más ampliamente la interpretación de que el juramento está prohibido para los cristianos «perfectos», pero permitidos para los débiles hasta ciertos límites. Agustín, entre otros, ha expresado esa opinión. Su juicio estuvo en acuerdo con los filósofos paganos tales como Platón, los seguidores de Pitágoras, Epicteto y Marco Aurelio. En general, tanto Agustín como ellos consideraban el juramento como algo indigno para un hombre noble. En sus confesiones, las iglesias de la Reforma consideraron que la palabra de Jesús no aplicaba para el caso del juramento exigido por las autoridades terrenales. Los principales argumentos en favor del juramento se basaban en que en el Antiguo Testamento el uso del juramento fue algo común —y hasta obligatorio—. También, que el mismo Jesús había jurado ante el tribunal, y que el apóstol Pablo utilizó diversas formas de juramento. Para los reformadores, la importancia aquí de este asunto era la separación entre el reino espiritual y el mundano: el juramento del cristiano sería algo muy distinto al del mundano.

En primer lugar, ¿qué es un juramento? Es una invocación pública de Dios como testigo, acerca de la veracidad de algo que sucedió en el pasado o que se promete se hará en el futuro. Dios, puesto que es omnisciente (lo sabe todo), vengará la falsedad. ¿Cómo puede Jesús llamar al juramento pecaminoso, y aún que procede «del mal», utilizando la palabra *«ponērós»* que bien podría traducirse como «satánico»?[35] Porque Jesús está hablando de la completa veracidad.

El juramento es la prueba de la mentira existente en el mundo. Si el hombre no pudiera mentir, entonces no sería necesario ningún juramento. Así que el juramento es una forma de seguro[36] contra la mentira. Por tanto, este es el enfoque de Jesús: donde es necesario jurar para ser verás, entonces hay lugar para la mentira sin un juramento de por medio. Y sin un juramento, en cierto sentido, se está dando algún lugar para mentir. La ley del Antiguo Testamento rechaza la mentira mediante el juramento, pero Jesús

---

[35] Esta palabra griega es utilizada en Mateo 13:19, Mateo 13:38, 1 Juan 2:13, 1 Juan 2:14 y 1 Juan 5:18. En todos estos pasajes esta palabra se traduce como «el malo» o «el maligno», haciendo clara referencia a Satanás [nota del editor].

[36] Aquí Bonhoeffer utiliza la palabra «al. *Damm*» que significa literalmente en español «presa o dique» [nota del editor].

rechaza la mentira mediante la prohibición del juramento. Así es que tanto aquí como allá se trata de la total destrucción de la falsedad en las vidas de los creyentes.

El juramento practicado en el Antiguo Testamento fue un elemento contra la mentira debido a los mentirosos. La verdad era salvaguarda por el juramento y de esta manera se procuraba la justicia. Sin embargo, Jesús captura toda mentira que trata de huir del juramento. Es por eso que el juramento necesita ser abandonado por completo, para quemar así el puente que une a los mentirosos con su mentira y que no exista más protección para ellos.

La mentira que toma como vía el juramento puede tomar dos matices: uno, mediante el perjuro (jurando en falso),[37] y otra haciéndose pasar por juramento. En este último caso el juramento no utiliza la invocación del Dios viviente sino de otro poder dado como divino u otro poder temporal. Por tanto, si la mentira ha penetrado tan profundamente en el juramento, la forma de garantizar la verdad completa es prohibiendo el juramento totalmente.

Pero sea vuestro hablar: Sí, sí; no, no. Como resultado, la palabra del discípulo no está privada de responsabilidad ante un Dios omnisciente. Más bien, precisamente porque el nombre de Dios no se invoca de manera explícita, cada palabra del discípulo es colocada simplemente bajo la presencia evidente del Dios que todo lo sabe. Debido a que no existe palabra alguna que no haya sido pronunciada ante Dios, es por eso que el discípulo no puede jurar. Cada una de sus palabras no puede ser otra cosa sino toda la verdad, de modo que no necesitan ser confirmadas por el juramento. El juramento pone todas las demás palabras —las que no están bajo el juramento— en la oscuridad de la duda. Es por eso que el que jura se convierte en «malvado». No obstante, el discípulo no puede ser ligero en ninguna de sus palabras.

Si se rechaza el juramento, queda suficientemente claro que la meta es la total veracidad en todas nuestras declaraciones. No hace

[37] Pejurio: La violación voluntaria de un juramento o voto ya sea afirmando algo que es falso o por la omisión de hacer lo que ha sido prometido bajo el juramento (Merriam-webster).

falta decir que el mandamiento de Jesús no admite excepciones, sea cual sea la circunstancia; sin embargo, al mismo tiempo deberá también decirse, que la abolición del juramento en sí, no debe ser un medio —otra vez— para ocultar la verdad [pues la veracidad es la meta de tal abolición]. De esta manera, cuando se presenta un caso específico, es decir, cuando el juramento se exige precisamente como medio para garantizar la verdad, la regla general seguirá existiendo, sin embargo, caerá sobre la decisión del individuo pronunciar el juramento o no. Por ejemplo, cuando es exigido por las autoridades terrenales, tal es la recomendación de las iglesias de la Reforma. No obstante, aun y lo opinado por ellos, continúa siendo cuestionable si tal «excepción» es válida o no ante Dios. No obstante, es incuestionable que en un caso así, el juramento podría ser pronunciado siempre y cuando, en primer lugar, todo el contenido de éste sea totalmente claro y transparente; en segundo lugar, si se comprende que existe una diferencia entre los juramentos referidos a hechos conocidos —pasados o presentes—, y aquellos de carácter futuro, es decir, los votos. Dado que el cristiano nunca está libre de error en cuanto al conocimiento del pasado, la invocación del Dios omnisciente no servirá para confirmar la exactitud de ninguna declaración, pues ésta está sujeta a error: depende de la pureza de su conocimiento y conciencia. Y aún más crítico resulta hacer un voto o promesa solemne, puesto que el futuro del cristiano no le pertenece. Así, por ejemplo, un juramento de lealtad está, desde un inicio, amenazado de mayores peligros de resultar en falso, puesto que el cristiano no tiene su propio futuro en sus manos, ni tampoco la autoridad que demanda su juramento de lealtad es dueña de su propio destino. Por tanto, por el bien de la veracidad y de nuestra unión a Jesús, tal juramento debe ser puesto bajo la reserva de la voluntad de Dios. Para el cristiano no hay absolutamente ningún vínculo terrenal. Por ello, un juramento de lealtad que intenta atar al cristiano se convierte en una mentira para él, es decir, tiene su raíz «en el mal». La mención del nombre de Dios en tal juramento nunca podría ser para ratificar el voto, sino únicamente para dar testimonio de que estamos limitados a seguir a Jesús, en otras palabras, a la voluntad de Dios. Cualquier vínculo que nosotros hagamos está sujeto a esta reserva por causa de nuestro vínculo supremo: a Jesús. Si esta reserva no se pronuncia, ya sea debido a que exista duda o porque no se reconozca, este juramento no puede efectuarse, porque esto sería un voto engañoso ante quien lo estamos dando. «Pero sea vuestro hablar: Sí, sí; no, no». El mandamiento de decir toda la verdad y siempre la verdad es tan sólo una pieza más dentro del discipulado. El verdadero seguidor de Jesús está obligado a decir toda la verdad y siempre la verdad. No tiene nada que ocultarle a su Amo, pues vive totalmente expuesto y desnudo delante de Él. El discípulo es reconocido por Jesús y el Señor le expone a la verdad para andar en la verdad. Él se ha revelado a Jesús como un pecador. Y no es que él se haya revelado a Jesús, sino que Jesús se reveló primero a él cuando le llamó, cuando era un pecador. Su pecado quedó totalmente descubierto, y por esa verdad es que ha sido totalmente perdonado. Así, todo aquel que ha confesado su pecado ante Jesús y ha confesado toda la verdad, no se avergüenza de la verdad. La veracidad es parte de la negación a nosotros mismos: no escondemos nuestro pecado, sino que todo está expuesto y a todas luces.

De esta manera, puesto que la veracidad es, a fin de cuentas y ante todo, la exposición del hombre en la plenitud de su ser, de toda su maldad ante Dios, es que ésta resulta ser una contradicción de pecadores[38] que necesita ser perseguida y crucificada. Así, el discípulo se dirige con la verdad a fin de seguir a Jesús, quien le revela su pecado en la cruz. A partir de ahí, el discípulo se convierte en veraz, mediante la cruz. Por eso todo aquel que conoce la cruz ya no huye de la verdad. Los que viven bajo la cruz desechan por completo el juramento como un medio para garantizar la verdad, puesto que ellos mismos viven en la perfecta verdad de Dios.

---

[38] En alusión a Hebreos 12:1-3, en donde ponemos imaginar a un cristiano que corre totalmente expuesto y transparente ante una extensa nube de testigos, es decir, anda en la veracidad total de su propia condición. Esto es inaceptable para los pecadores, quienes están acostumbrados a esconder su pecado, la santidad de los hijos de Dios contradice sus conciencias y ellos mismos se sienten expuestos (Juan 3:19-21) [nota del editor].

Es un engaño pensar que somos veraces delante de Jesús si no somos veraces delante de nuestro prójimo. Y mientras que la mentira destruye la auténtica hermandad —o la falsifica [hipocresía]—, la verdad la establece. No hay seguidores de Jesús que vivan fuera de la verdad; la cual es revelada ante Dios y ante el hombre.

CAPÍTULO 12

CASTIGO PARA EL AGRESOR

«Oísteis que fue dicho: Ojo por ojo, y diente por diente. Pero yo os digo: No resistáis al que es malo; antes, a cualquiera que te hiera en la mejilla derecha, vuélvele también la otra; y al que quiera ponerte a pleito y quitarte la túnica, déjale también la capa; y a cualquiera que te obligue a llevar carga por una milla, ve con él dos. Al que te pida, dale; y al que quiera tomar de ti prestado, no se lo rehúses» (Mateo 5:38-42).

Cuando Jesús menciona esto de «ojo por ojo», está relacionándolo con los mandamientos del Antiguo Testamento dichos anteriormente, en este caso, con relación directa al *no matarás* del decálogo. Él reconoce el mandamiento como de Dios y no hay duda de ello, consecuentemente, no debe disolverse sino cumplirse en su totalidad.

Jesús no reconoce la práctica de colocar los diez mandamientos por encima del resto del Antiguo Testamento, puesto que, para Él, el Antiguo Testamento tiene unidad perfecta, y a sus discípulos les ordena obedecerlo.

Los seguidores de Jesús han renunciado a sus propios derechos y viven para Él. Les dice que son bienaventurados porque son mansos, por tal motivo, si después de haber rendido todo por la comunión con Jesús, quisieran aferrarse al derecho de reclamar castigo contra un agresor, aun si fuera a este único derecho, entonces por éste estarían abandonando el discipulado por completo. Por ello, este mandamiento no cambia nada lo dicho por Jesús en la bienaventuranza acerca de la mansedumbre, sino es únicamente una explicación más amplia de ella. La ley del Antiguo Testamento establece protección divina al derecho del castigo contra el agresor. Ninguna maldad podrá quedarse sin retribución justa, es decir, sin castigo. El propósito de esta ley es la creación de una comunidad correcta; un pueblo de Dios convicto que finalmente superara y erradicara la maldad. La ley sigue en vigencia y sirve únicamente para este propósito: promover la justicia dentro de una comunidad.

Jesús aprovecha esta declaración de la voluntad de Dios —la que confirma el poder del castigo contra el agresor para traer convicción y vencer el mal— como punto de partida para hablar de la comunión de los discípulos como el verdadero Israel. Al ejercer un legítimo castigo contra el agresor, la injusticia debe ser eliminada; pero, al mismo tiempo, el discípulo se prueba a sí mismo en el discipulado. Este legítimo castigo o retribución, se refiere —en palabras de Jesús dirigidas a sus discípulos—, únicamente en no levantarse en contra del malo.

Con esta palabra, Jesús pone aparte a su iglesia del orden político-legal. Lo libera de la forma nacionalista de ser pueblo, y lo convierte en lo que es en verdad: una comunidad de creyentes que no están vinculados ni política ni étnicamente.

Si el castigo por la agresión, según la voluntad divina para el pueblo de Israel (el pueblo elegido por Dios), en su papel de figura política, consistió en castigar el golpe recibido con otro golpe idéntico, para la congregación de sus discípulos —quienes ya no pueden reclamar nada para sí mismos—, partiría de la base de sufrir pacientemente el golpe recibido, a fin de convertirse en el último eslabón de la cadena del mal. Esta es la base sobre la cual la comunidad de discípulos es fundada y preservada.

Queda claro que el seguidor de Jesús, a quien se infringe la injusticia, ya no puede apoyarse en su propio derecho, pues ha decidido desligarse de todo —llámese posesiones o derechos— para permanecer apegado únicamente a Jesús. Su testimonio de esta unión crea este único fundamento viable: poner al agresor en las manos de Jesús.

Así, el modo del cristiano para vencer al agresor consiste en frustrarlo, pues éste no encuentra lo que busca: resistencia, una nueva excusa para continuar fraguando nuevo mal, y más combustible para su ira. Por tanto, el malo desmaya ante un enemigo con el que no encuentra resistencia y quien lo soporta voluntariamente. No puede más con él, porque su oponente es diferente. Y cuando todo remanente de resistencia cede y el discípulo renuncia totalmente a su derecho de castigar al agresor, es entonces que el malo ya no puede alcanzar su objetivo, ya no puede crear más mal, por tanto, queda solo.

El antídoto para que dejemos de sufrir es soportar el sufrimiento. De este modo, el mal termina siendo indefenso; y la deshonra y la humillación se revelan como pecado mientras el discípulo no pague de la misma manera, sino que lo sufra voluntariamente.

El abuso entra en juicio únicamente al no existir mayor violencia. De la misma manera, cuando alguien viene a reclamarnos injustamente la túnica, al ofrecerle también la capa exponemos tal maldad: la explotación es exhibida a todas luces cuando queda sin límites. Por otro lado, al otorgar todo lo que se nos pide, demostramos también nuestra disposición de dejar todo por Cristo, de seguirlo sólo a Él y nada más. En la renuncia voluntaria a toda resistencia, y en la liberación de su propio ego, el discípulo confirma y expresa su unión incondicional con Jesús. Y es precisamente en la exclusividad de este vínculo donde el mal puede ser superado.

No se trata sólo del mal *per sé* sino del maligno. Jesús llama mala a una persona, es decir, que procede del maligno [vea gr. «*ponēros*»]. La conducta del discípulo no tiene justificación en la conducta del violento u opresor. Tampoco, al soportar el sufrimiento, el discípulo está queriendo justificar la conducta malvada. Lo que Jesús expresa no tiene nada que ver con ninguno de estos motivos. La deshonra, la violencia, la explotación, etc., son cosas que siguen siendo malvadas. El discípulo sabe esto y —siguiendo el ejemplo de Jesús—, testifica contra ellas, pues de otra manera, la maldad no podría ser enfrentada ni vencida. Pero precisamente porque no es correcto practicar el mal, el discípulo no debe resistirlo sino sufrirlo, a fin de terminar con él. El sufrimiento voluntario es más fuerte que el mal mismo, es la aniquilación del mal.

Así es que no hay ningún acto concebible en que el mal sea tan grande y tan fuerte que requiera una actitud cristiana distinta. Cuanto más terrible sea el mal, más dispuesto estará el discípulo a sufrirlo. El mal (o malo) caerá en las manos de Jesús. No el discípulo, sino Jesús mismo es quien tratará con él.

En este punto, la interpretación de los reformadores ha introducido una nueva idea decisiva: que debe hacerse una distinción entre lo que se le hace al discípulo personalmente y lo que se hace en contra de lo que éste tiene a su cargo, es decir, su responsabilidad, lo que se le ha confiado. Ellos dicen que, si en el primer caso el discípulo está obligado a actuar como Jesús dice aquí, en el segundo, se libera de esta obligación para incurrir en otra: ahora — por amor verdadero—, está obligado a actuar precisamente a la inversa, es decir, a contrarrestar la violencia con violencia a fin de frenar el avance del mal. De esto deriva la posición de los reformadores en cuanto a la guerra, y del uso de todos los avances legales públicos para evitar el avance del mal. Sin embargo, las enseñanzas de Jesús no hacen esta distinción, es decir, que la persona del discípulo no se diferencia de lo referente a su ministerio, de manera que sus acciones violentas puedan ser justificables. Jesús no dice absolutamente nada de esto. Se dirige a sus seguidores como aquellos que lo han dejado todo por seguirlo, por lo tanto, tanto sus personas como sus ministerios deben estar ambos sujetos al mandamiento de Jesús. La palabra de Jesús tiene aplicación a la vida entera del individuo, pues éste es indivisible como discípulo de Cristo. Jesús le demanda obediencia completa y sin excepciones.

De hecho, cuando esta interpretación quiere ponerse en el terreno de la práctica nos enfrentamos a varias preguntas: ¿Cuándo en la vida real estoy actuando en el papel de individuo, y cuándo como ministro de Dios? Si alguien me ataca, ¿no soy al mismo tiempo, padre de mis niños, pastor de una congregación, o —digámoslo así—, un funcionario de la ciudad? ¿No es por eso mismo que debo defenderme de cualquier ataque, por el bien de aquellos a quien represento? ¿Dejaría de ser un individuo delante de Jesús mientras estoy ejerciendo mis responsabilidades de ministerio o de oficio? Si esto fuera así, ¿debería de olvidar que como seguidor de Jesús estoy siempre solo delante de él, un individuo que al final sólo puede actuar y decidir por él mismo, y que por causa de actuar mansamente es que tengo la responsabilidad que se me ha encomendado, y que precisamente obedecer a Jesús en esto es parte importante de mi responsabilidad?

Además, hay otras preguntas: puesto que siempre sucede [—por ejemplo, en una guerra—], que las primeras víctimas son los más débiles e indefensos, ¿cómo se supone que tendría lugar el mandato de Jesús? ¿Acaso es válido reducirlo a una utopía impráctica? Diríamos en tal caso que Jesús no tomó en cuenta el pecado que existe en el mundo. Diríamos que este mandato de Jesús tiene cierto valor dentro de la iglesia, pero no cuando tenemos contacto con el mundo, en donde parecería ser un necio descuido que no toma en cuenta que vivimos en un mundo lleno de pecado y maldad. Sin embargo, Jesús nos diría: «Precisamente porque vives en un mundo de maldad es que este mandato debe ser obedecido, no resistas al malo». Ninguno de nosotros osaría en reprochar a Jesús ser ignorante del poder del maligno, ¿acaso tacharíamos de ingenuo a quien, desde el primer día de su vida, estuvo en batalla contra el diablo? Él llama maldad a la maldad, y es justamente por eso que Jesús habla a sus seguidores en estos términos. Pero entonces, ¿cómo es posible aplicar el mandato de Jesús?

Sería de hecho tan sólo un entusiasmo utópico si asumimos que lo dicho por Jesús a sus seguidores tuviera una aplicación general; es decir, que este concepto del que hablamos tuviera que funcionar como un principio ético general de sabiduría universal, en donde el mal sólo es vencido haciendo el bien. Si esto fuera así, entonces Jesús mismo estuviera estableciendo la fantasía de un mundo en donde las leyes nunca serían obedecidas. El principio de indefensión, como un principio de la vida secular, es de hecho para el mundo impío una destrucción del orden mundial, el orden que por la misericordia de Dios se ha preservado en mayor o menor medida. Pero Jesús no vino para establecer un programa ético mundial, un orden político, sino vino para vencer el mal mediante el sufrimiento; Él mismo venció el mal en la cruz, y se levantó triunfante y victorioso de esta derrota. No puede haber mayor prueba de que este mandamiento es para todos sus seguidores sino la cruz de Jesús. Su propia cruz es la justificación fehaciente. Por ello, quien encuentra allí, en la cruz de Jesús, la fe para vencer el mal, puede también obedecer su mandamiento. Ya que sólo cumpliendo el mandamiento es que podemos ser partícipes de la promesa. ¿Qué promesa? La promesa de la comunión de la cruz de Jesús y de la participación de su victoria.

La Pasión de Jesús fue el medio para vencer el mal; y así, el amor divino es demostrado. Esta es la única base de obediencia para el discípulo. Con este mandamiento, Jesús llama de nuevo a sus discípulos a ser partícipes de su sufrimiento. ¿Cómo podría ser evidente y creíble la predicación de la Pasión de Jesucristo en este mundo si sus discípulos escaparan de ella, si la rechazaran en sus propios cuerpos? Jesús mismo cumple la ley que Él establece aquí cuando muere en la cruz.[39] Y al mismo tiempo, por su misericordia, mantiene a sus discípulos en la comunión de sus sufrimientos. El sufrimiento de la cruz es la prueba máxima y verdadera de que el amor supera y derrota el mal. Sin embargo, el discípulo no sólo es llamado a disfrutar de esto, es decir, a disfrutar del triunfo de Cristo y de la bienaventuranza, sino que el llamado de Jesús es a participar de su cruz y a sufrir visiblemente con Él.

[39] Es una imprudencia perversa citar Juan 18:23 para afirmar que Jesús mismo no cumplió literalmente su mandamiento, y por tanto, el cristiano queda eximido del mandamiento. Lo único que prueba este versículo es que Jesús siempre llamó al mal por su nombre; sin embargo, se muestra indefenso hasta la cruz.

CAPÍTULO 13

EL ENEMIGO—LO «EXTRAORDINARIO»

«Oísteis que fue dicho: Amarás a tu prójimo, y aborrecerás a tu enemigo. Pero yo os digo: Amad a vuestros enemigos, bendecid a los que os maldicen, haced bien a los que os aborrecen, y orad por los que os ultrajan y os persiguen; para que seáis hijos de vuestro Padre que está en los cielos, que hace salir su sol sobre malos y buenos, y que hace llover sobre justos e injustos. Porque si amáis a los que os aman, ¿qué recompensa tendréis? ¿No hacen también lo mismo los publicanos? Y si saludáis a vuestros hermanos solamente, ¿qué hacéis de más? ¿No hacen también así los gentiles? Sed, pues, vosotros perfectos, como vuestro Padre que está en los cielos es perfecto» (Mateo 5:43-48).

Aquí, por primera vez en el Sermón del monte, Jesús resume todo lo que viene diciendo en cuanto al amor. Y lo ejemplifica con una máxima: el amor al enemigo. El amor por el hermano sería un mandamiento fácilmente mal interpretado, pero cuando dice «ama a tu enemigo», ahí se hace claro lo que Jesús intenta decir.

«Tu enemigo». No era éste un concepto carente de significado para los discípulos; ellos sabían bien lo que era tener un enemigo, lo vivían a diario. Y lo sabían, porque entre la multitud había quienes los maldecían por ser «destructores de la fe y transgresores de la ley»; quienes los odiaban y humillaban porque habían abandonado todo por seguir a Jesús. Otros, los insultaban y se burlaban de ellos por su debilidad y humildad. Eran perseguidos por quienes les consideraban una amenaza de revolución, un grupo al que había que destruir.

Por un lado, estaba el enemigo religioso, los representantes de la piedad popular, aquellos que no podían soportar las afirmaciones de Jesús. Este grupo estaba dotado de poder y reputación. Por otro lado, estaba el enemigo en quien pensaban todos los judíos, un enemigo político: Roma. Este enemigo era una fuerte opresión y fuente de resentimiento para todo ciudadano israelita. Al lado de estos dos grupos, los discípulos tenían que lidiar con toda la enemistad personal que suelen sufrir los que no siguen a la mayoría, aquellos que a diario les calumniaban, abusaban y amenazaban.

Sin duda alguna, no existe en el Antiguo Testamento ninguna cita que hable de odiar al enemigo. Es más, hay repetidas ocasiones que se habla de amarlo (Éxodo 23:4f; Proverbios 25:21f, Genesis 45:1ff; 1 Samuel 24:7; 2 Reyes 6:22, etc.)

Pero Jesús no habla aquí de una enemistad común, sino la enemistad que se presenta entre el pueblo de Dios y el mundo. Las guerras de Israel fueron las únicas «guerras santas» que existieron en la historia del mundo. Eran las guerras de Dios en contra de las naciones idólatras. No se trata del enemigo en esos términos, pues de otra manera estaría en desacuerdo con lo que Dios dictó en el Antiguo Testamento. Más bien Jesús utiliza la orden de Dios de odiar al enemigo —en la figura de las naciones idólatras, es decir, en alusión a Israel en su carácter político— como punto de partida para hablar de la victoria sobre los enemigos de la iglesia de Dios. Ahora los discípulos no vencerán al enemigo con guerras de fe, pues Dios establece, desde ahora en adelante, la promesa de victoria sobre éste mediante el amor.

La simple mención del amar al enemigo es, para el hombre natural, una ofensa intolerable, pues está encima de su poder, y viola todo su concepto del bien y el mal. Y más importante aún: el amor al enemigo, para el hombre que está bajo la ley, resulta ser una transgresión del mandamiento de Dios, es decir, el pueblo de Dios debe permanecer separado de su enemigo y condenarle, este es el requisito de la ley [vea p.ej. Salmos 139:21]. Sin embargo, Jesús toma en sus manos la ley de Dios y la expone. Utiliza esto para hablar del verdadero sentir de Dios: vencer al enemigo a través del amor al enemigo.

En el Nuevo Testamento nuestros enemigos son aquellos que nos son hostiles. Y Jesús descarta cualquier tipo de persona cuyo comportamiento justifique tenerle como enemigo. Pero si tenemos enemigos [—no por causa nuestra—] éstos deberán recibir lo que corresponde a un hermano: el amor del discípulo de Jesús. Las acciones del discípulo no son determinadas por las acciones de los hombres, sino por las acciones de Jesús en él. Por tanto, sólo tiene un curso de acción: la voluntad de Jesús.

Ahora bien, por enemigo debemos entender aquel que se aferra a ser nuestro enemigo, aquel que no es afectado por nuestro amor; que no nos perdona ni siquiera un poquito, aún nosotros le perdonemos todo; que nos odia si le amamos; quien, al servirle más, más crece su enfado. «En pago de mi amor me han sido adversarios; más yo oraba» (Salmos 109:4). No se trata de buscar reciprocidad en el amor, sino de brindarlo a quien lo necesita. Y ante esto: ¿Quién necesita más amor sino el que vive en odio, quien no tiene amor en su corazón? ¿Quién es más digno de nuestro amor que nuestro enemigo? ¿En dónde se glorifica y magnifica más el amor sino en medio de sus propios enemigos (los enemigos del amor)?

No hay diferencia entre nuestros enemigos sino en que el más hostil requiere más nuestro amor. Ya sea se trate de un enemigo político o de un enemigo religioso, no tiene nada que esperar del seguidor de Jesús sino un amor sin reservas. Por cierto, este amor no se restringe a si actuamos como individuos o como representantes de un ministerio o función pública. Después de todo somos los mismos. «Soy la misma persona, tratándose de lo que se trate».

¿En qué consiste ese amor?, alguien podría preguntarse, ¿cómo actúa? Jesús lo dice: Bendícele, hazle bien, ora por él, y todo sin poner condiciones y sin ninguna discriminación.

«Amad a vuestros enemigos». Mientras que en el mandamiento anterior tan sólo se ordena un pasivo sufrimiento del mal, aquí Jesús va mucho más allá. Es decir, no sólo tolerar el mal que el malo produce, no sólo no responder con represalias a sus ataques, sino mostrarle un cálido y activo amor. Es servir a nuestros enemigos en todo con un corazón puro y sin hipocresía. Ningún sacrificio que el que ama ofrezca a su enemigo podrá ser demasiado grande o precioso; pues si a nuestro amigo ofrecemos nuestras posesiones, nuestro honor y nuestra vida, lo mismo tocará para nuestro enemigo. ¿Estamos participando de la maldad? No, debido a la manera en que se ama, pues tal amor no tiene su raíz en la debilidad, sino en nuestra fortaleza; no es consecuencia del temor sino de la verdad; y si esto es así, ¿cómo se nos haría culpables del odio que nuestro enemigo nos manifiesta? Y esto se aplica aún a aquellos enemigos cuyo corazón está ahogado en odio.

Bendecid a los que os maldicen. Si nuestro enemigo nos maldice porque no puede soportar nuestra presencia, entonces es nuestro deber levantar las manos para bendecirlo y decir: «Tú, mi enemigo, bendito seas de Dios. Tu maldición no es lo que me lastima, sino tu pobreza, la que deseo sea abatida con las riquezas de Dios, con la bendición de Aquel contra quien tú luchas en vano. Estaría dispuesto a llevar tu maldición con tal de que tú seas bendecido».

Haced bien a los que os aborrecen. No se trata de que esto se quede tan sólo en palabras y pensamientos carentes de acciones.

Hacer el bien tiene que ver con todas las áreas de la vida cotidiana. «Si tu enemigo tuviere hambre, dale de comer; si tuviere sed, dale de beber» (Romanos 12:20). Tal y como un hermano ayuda con amor a su hermano en tiempos de dificultad, cura sus heridas y alivia su dolor, lo mismo corresponde al enemigo.

¿Dónde en el mundo hay angustias y heridas más profundas? ¿En dónde podemos encontrar dolores más agudos? ¡Con nuestros enemigos! [Es por eso que se cumple la palabra] «Más bienaventurado es dar que recibir» (Hechos 20:35).

Orad por los que os ultrajan y os persiguen. Aquí es donde está el límite, el extremo. En la oración nos pasamos totalmente del lado del enemigo. Estamos con él y a su favor, e intercedemos ante Dios por su bienestar. Jesús no nos promete que el enemigo a quien amamos, a quien bendecimos, y a quien hacemos el bien, no nos ofenderá ni nos perseguirá. Ciertamente lo hará, pero tampoco podrá lastimarnos ni vencernos, si damos el último paso hacia él mediante la oración intercesora. Ahora tomamos su miseria y su pobreza, su culpa y perdición y la echamos sobre nosotros mismos: esto es interceder ante Dios por nuestro enemigo. Hacemos en su nombre lo que él no puede hacer. Cualquier insulto que recibamos del enemigo lo único que provocará es que nos acerquemos más a Dios y a nuestro enemigo. Toda su persecución tan sólo servirá para acercar más a nuestro enemigo a la reconciliación con Dios, para hacer que el amor sea aún más invencible.

¿Cuándo el amor se vuelve invencible? Cuando nos enfocamos, no en lo que hace el enemigo, sino en lo que Jesús ya hizo. Amar al enemigo lleva al discípulo por el camino de la cruz y a la comunión con el Crucificado. Pero cuanto más seamos dirigidos por este camino, más podremos estar seguros de que nuestro amor permanece victorioso, de que realmente somos capaces de vencer el odio emanado del corazón del enemigo sobre nosotros. Y este amor no es nuestro, es el amor de Jesucristo, quien fue a la cruz por sus enemigos y oró por ellos estando pendiente de la cruz. Pero antes de estar en el camino de la cruz de Jesucristo, el discípulo también se da cuenta de que él mismo estuvo entre los enemigos de Jesús; y que ahora está en el camino de la cruz gracias a que cayó rendido, vencido por su amor. Este amor hace que el discípulo se vea a sí mismo en el enemigo, y que actúe con él como actuaría por un hermano. ¿Por qué? Porque él mismo vive por el amor de Aquel que actuó con él como con un hermano, que lo aceptó siendo su enemigo y lo atrajo a la comunión de sí mismo. El amor hace que el discípulo se dé cuenta que sus enemigos están incluidos en el amor de Dios, que ellos, como él, también están bajo la cruz de Jesucristo. Dios no nos preguntó si teníamos buenas o malas obras, pues incluso nuestras mejores obras son impías ante Él, sino que su amor buscó a quien lo necesitaba, buscó al enemigo, nos buscó a nosotros, y nos hizo dignos de Él. Dios es glorificado por su amor por el enemigo y los discípulos saben bien esto. Él participó de este amor mediante Jesucristo; porque Dios permite que su sol brille y su lluvia caiga sobre justos e injustos. Pero no sólo es su sol y lluvia terrenal sino también, «el Sol de justicia» [Malaquías 4:2], esto es, el mismo Jesucristo y la lluvia de la Palabra divina, lo que revela la gracia del Padre, que desde el cielo otorga sobre los pecadores. Las acciones de amor del Padre son perfectas y sin acepción de personas, y así son las acciones de amor de los hijos del Padre, del que está en el cielo, y tales fueron las acciones de amor de su Hijo encarnado.

«Los mandamientos de amar y de no vengarse son particularmente importantes en la batalla de Dios en la que nos encontramos, y en la que hemos estado de pie durante años. En ella están, por un lado, el odio, y por otro, el amor, y cada alma cristiana tiene que estar seriamente preparada para esa lucha. Se acerca el momento en que todo aquel que conozca al Dios vivo será objeto de odio y de ira por causa de la confesión de su fe. Hemos llegado al tiempo en que los cristianos seremos excluidos de la "sociedad humana" —como es llamada— y en que tengamos que andar de lugar en lugar, siendo atacados físicamente, maltratados y asesinados de acuerdo a distintas circunstancias. Se avecina una persecución general en contra de los cristianos, y esta es la razón de todo lo que acontece hoy en día. Nuestros oponentes, aquellos que pugnan por la aniquilación de la iglesia del Señor, no pueden vivir con nosotros porque en cada una de nuestras palabras, y en cada una de nuestras acciones, aunque no estén dirigidas directamente hacia ellos, piensan que condenamos sus propias palabras y acciones. No están lejos de la verdad. Al mismo tiempo, su condena no encuentra lo que espera, pues no contestamos a su agresividad. Desearían vernos parados en el mismo terreno con ellos, luchando y discutiendo, más no lo hacemos. Esto es frustrante: ¿cómo luchar una lucha en donde no hay un contrincante?

Se acerca el tiempo cuando no podremos darnos el lujo de orar individualmente, sino que tendremos que alzar nuestras manos como un cuerpo y orar en grupo, aunque seamos un rebaño relativamente pequeño entre los miles y miles que ya han caído; pues somos el grupo de aquellos que fielmente se mantiene confesando la crucifixión del Señor, su resurrección y su segunda venida.

¿Y qué oración, y qué confesión y qué alabanza es esta? Esta será una oración profunda por los perdidos que nos rodean, aquellos que nos miran con ojos llenos de odio, quienes, probablemente ya han alzado sus manos para matarnos. Es una oración por la paz de estas almas que están errantes y perturbadas; almas devastadas por las que oramos para que experimenten el mismo amor y gozo que nosotros. Una oración que penetrará profundamente en sus almas y que desgarrará sus corazones mucho más gravemente que cualquier odio que arraiguen en nuestra contra. La iglesia que realmente espera al Señor puede discernir los tiempos de su huida con Él, por ello, con todas las fuerzas de su vida en santidad ora esta oración de amor» (A.F.C. Vilmar, 1880).

¿Qué es esto de «amor imparcial» [amad tanto a los amigos como a los enemigos]? Es el amor que no está sesgado hacia aquellos que nos aman. Significa que el amor mostrado a nuestros hermanos, a nuestra gente, a nuestros amigos, incluso el dirigido a la comunidad cristiana fuera de nuestra denominación, es el mismo mostrado para con los paganos y gentiles. El amor que mostramos para los nuestros es algo natural, pero de ninguna manera es el amor cristiano, el que Cristo ordena. Jesús no está hablando del amor ordinario —del que tanto los paganos como los cristianos mostramos hacia quienes nos hacen bien—, no habla de un amor que no nos distingue en lo absoluto de los paganos. Pues si éste es el caso, si amamos así, estamos haciendo «lo mismo» que los paganos, lo mismo que hacen los que no conocen a Dios; ya que, el amor que se muestra hacia los de la misma sangre; hacia aquellos con los que tenemos una historia en común; o hacia los que contamos como amigos, es algo que tanto cristianos como no cristianos tenemos por habitual. Jesús no diserta sobre esta clase de amor; pues, casi cada persona conoce todo acerca de ese amor, y no es necesario enfatizar sobre aquello que es común. Las condiciones naturales son suficientes para imponer esta regla de amor, esta regla que tanto cristianos como no cristianos seguimos. Más bien, el punto es: ¿en qué se diferencia el discípulo del que no lo es? ¿qué significa «ser cristiano»? Es aquí entonces que llegamos a una palabra en la que bien podría resumirse todo el capítulo 5 de Mateo: el discípulo es «peculiar

—gr. *perissos*»,[40] es decir, es extraordinario, especial, no regular, inusual, distinguido; por lo tanto, su justicia *supera* la de los fariseos y los escribas; su justicia es *superior* «gr. *perisseuō*» [v. 20], está más allá, se extiende encima de ellos. Lo natural es «lo mismo» (v. 46) «gr. *autos*» (es idéntica) tanto para los cristianos como para los no cristianos. Sin embargo, cuando Jesús utiliza la palabra «gr. *perissos*» distingue a los suyos del resto, y pone en evidencia lo que es usual para todos: que no se piense que es extraordinario lo ordinario.

La vida del verdadero discípulo inicia con «*perissos*». Si alguno dice ser cristiano y carece de este ingrediente, simplemente se convierte en un cristiano aparente. El cristiano no se desenvuelve en las circunstancias naturales, sino en el terreno que va más allá de lo ordinario. El «*perissos*» jamás se fusiona con «*autos*», este es el error de una falsa ética protestante, la cual diluye el amor predicado por Cristo a un simple amor patriótico, lealtad por los amigos, amor por el trabajo, y en una palabra, lo inscrito en la ya mencionada *justitia civilis*, la ética del buen ciudadano. Sin embargo, no es esto de lo que Jesús habla. Más bien, Él se refiere a lo «extraordinario»; dice que el cristiano no puede compararse con el mundo, ya que éste está consciente de ser «*perissos*», peculiar.

¿Qué significa más específicamente esto de ser «*perissos*», es decir, extraordinario? Es la vida de los bienaventurados, de los discípulos; de la luz que brilla en lo alto, es la ciudad situada en la cima de un monte. Es el camino de abnegación, de pureza total, de verdad completa, del renunciamiento aberrante contra la violencia; y aquí, del amor imparcial por el enemigo. El amor por aquel que se niega a amar, y que no es amado por nadie: el amor por el enemigo religioso, el enemigo político y el personal. Se trata del camino de la cruz, pues todo esto tiene su cumplimiento únicamente en la cruz de Cristo.

¿Qué es «*perissos*»? Es el amor de Jesucristo, quien va a la cruz como un siervo sufriente y obediente. Es la cruz misma. La peculiaridad del cristiano es la cruz, la cual le diferencia del mundo y le

---

[40] Esta palabra griega está en la frase traducida por la RV (Mateo 5:47) «qué hacéis de más» «*tis poieō perissos*» [nota del editor].

lleva más allá de lo ordinario a fin de vencer sobre el mundo. Es la pasión en el amor del Crucificado, es lo extraordinario.

Sin duda alguna, lo extraordinario son las obras visibles por las que el Padre es alabado. No se pueden ocultar, la gente tiene que verlas. La congregación de los seguidores de Jesús es una comunidad de gente con una mejor justicia; es una iglesia que, a ojos de todos, ha dado un paso más adelante de entre la corriente del mundo: lo ha dejado todo para ganar la cruz de Cristo.

¿Qué es esto extraordinario? Es aquello, en cuya práctica, la conciencia del mundo es ofendida. Es lo propio de los seguidores del Maestro. Es una mejor justicia y es visible; no es un rigor religioso, ni una «simple excentricidad, dentro de los estilos existentes en el cristianismo», sino una obediencia simple, un sometimiento a la voluntad de Jesús. No es una filosofía sino una acción normal, una acción «especial» para el mundo, pero normal para quien vive la *passio* de Cristo día a día. Es un sufrimiento continuo en el camino de la pasión. Es ahí en donde el cristiano es «peculiar», en el cumplimiento de las palabras de Cristo. Si esto no fuera así, entonces el «*perissos*» se convierte en sólo palabras sin acciones, y la ley y los mandamientos no tienen vida, no son aplicables a la vida práctica. Pero nosotros sabemos que, en Cristo, tanto el Crucificado como su iglesia se han convertido en un evento «extraordinario». He aquí los perfectos, los que tienen un amor perfecto e imparcial, así como el Padre en el cielo. Así como el amor imparcial y perfecto del Padre nos dio al Hijo para padecer la cruz, el sufrimiento en la participación de esta Cruz es la perfección de los seguidores de Jesús. Estos perfectos no son otros sino los bienaventurados de Mateo 5.

CAPÍTULO 14

LA JUSTICIA OCULTA

«Guardaos de hacer vuestra justicia delante de los hombres, para ser vistos de ellos; de otra manera no tendréis recompensa de vuestro Padre que está en los cielos. Cuando, pues, des limosna, no hagáis tocar trompeta delante de ti, como hacen los hipócritas en las sinagogas y en las calles, para ser alabados por los hombres; de cierto os digo que ya tienen su recompensa. Más cuando tú des limosna, no sepa tu izquierda lo que hace tu derecha, para que sea tu limosna en secreto; y tu Padre que ve en lo secreto te recompensará en público» (Mateo 6:1-4).

En Mateo 5 Jesús habló de la visibilidad del discípulo ante el mundo y culmina con el término «*perissos*». Hasta aquí entendemos un cristiano como alguien que deja el mundo y lo trasciende, alguien que es visto como un sujeto extraordinario. Ahora Jesús parte de «*perissos*» para explicar las ambigüedades y los malentendidos que pudieran surgir de este término. Pues era muy peligroso que, debido a un mal entendimiento, los discípulos creyeran que podían construir un reino celestial dentro del terrenal, un nuevo orden mundial distinto que pisoteara el existente. Un nuevo reino en donde los discípulos buscaran la visibilidad mundial; un fanatismo por las cosas que provocan la reacción pública, es decir, un radicalismo sin compromiso con el mundo actual. Separados sí, pero a la vez indiferentes e inflexibles, como forzados a vivir en lo extraordinario sin dar siquiera un vistazo a la realidad del mundo.

Una vez más, era obvio que se despertaría a la confusión de que Jesús estaba predicando una nueva, libre e inspiradora forma de vida piadosa. Así, la carne —quien busca satisfacción, y si no es con la inmoralidad, se alegra al menos con la vida religiosa—, estaría lista para albergar su presunción en la búsqueda de una pobreza extraordinaria, una veracidad total, y un sufrimiento tales que, al ser vistos, destruirían por completo la fe interior, pues tal vida religiosa, pues tal piedad, se basa en lo que ven los ojos únicamente, en lo visible.

En esa vida, entonces, sería bastante difícil distinguir la frontera entre la mera vida piadosa y la obediencia a la palabra de Dios. Así, esto generaría que los discípulos estuvieran enfocados en la suprema causa de la vida extraordinaria y olvidaran la realidad del mundo. Por tanto, Jesús tenía que establecer la distancia entre ambas cosas.

Por otro lado, los furiosos adversarios del Maestro, cuando escucharon que Jesús hablaba de ser un «*perissos*» —de ser una persona extraordinaria—, estaban listos para acusarlo de ser un auténtico revolucionario. Imaginamos que dirían: «Mira, por fin nos ha expuesto su plan: quiere levantar a un puñado de fanáticos para vivir esa vida de la que habla, y así trastornar al mundo. Les enseña a sus discípulos la filosofía de dejar todo, para crear un nuevo orden mundial». Surgen también las siguientes preguntas: lo que dice Jesús, ¿todavía está en concordancia con la obediencia al Antiguo Testamento? ¿No es más bien lo que propone el perfecto ejemplo de la justicia propia? ¿Ignora nuestro Señor que sus demandas están destinadas al fracaso debido a la condición pecaminosa del mundo? ¿Pasa por alto los mandamientos de Dios respecto a erradicar el pecado? ¿No son estas demandas extraordinarias prueba de su arrogancia religiosa, la cual es raíz de todo fanatismo? La respuesta a todas estas preguntas es *no*. No es lo extraordinario la señal inequívoca de la obediencia y la humildad genuinas sino lo cotidiano, es decir, lo regular y lo oculto.

Si el discurso de Jesús hubiera estado centrado en que los discípulos regresaran a su pueblo y mostraran responsabilidad en su trabajo secular y en el cumplimiento de la ley, y esto en un orden superior a lo enseñado por los escribas y fariseos, Jesús hubiera quedado como un hombre piadoso, verdaderamente humilde y obediente, como uno que hubo dado un fuerte impulso a una piedad más seria, y a una obediencia más estricta. Estaría predicando básicamente lo mismo que los escribas, con la diferencia de un mayor énfasis, no sólo en la piedad y rectitud externas, sino en las intenciones del corazón mismo; y no sólo en las intenciones, sino en las acciones. Y esto es algo que a la gente les gustaría haber escuchado de labios de los escribas; y —al mismo tiempo— sería todo el significado de la «mejor justicia» que la gente necesita y que nadie puede resistir.

Sin embargo, la realidad era que todo estaba hecho pedazos. En lugar de que Jesús fuera reconocido como un maestro humilde de la ley, era más bien visto como un fanático arrogante.

Ciertamente, en todo momento la predicación de los fanáticos inspira —al menos en el terreno de los sentimientos—, a la nobleza del corazón. Pero ¿no sabían los maestros de la ley que, de este mismo corazón —en donde pueden gestarse las cosas buenas y nobles—, también emerge la voz de la carne? ¿Acaso ignorarían que la «carne piadosa» puede dominar y enseñorearse del hombre?

Es por eso que Jesús se torna contra los mejores y más devotos hombres de la tierra [los fariseos y los escribas] y sus esfuerzos propios los torna inútiles. Pues «lo extraordinario» que Jesús enseñaba era el trabajo espontáneo nacido de un corazón piadoso. Era en el ejercicio mismo de la voluntad humana a favor de una obediencia simple a los mandamientos de Dios. Era la prohibición de la justificación propia, la cual la ley nunca permite ni autoriza; era el rechazo de una santificación sin ley. Era un servicio libre, en lugar de la tarea impuesta que ellos estaban acostumbrados a aceptar. Por ello, estos religiosos veían en lo «extraordinario» de Jesús la destrucción del pueblo de Dios; veían la negación de la fe, la blasfemia de la ley, y finalmente una blasfemia contra Dios mismo. Esto tenía que ser castigado con la pena capital, la ley exigía que así fuera.

¿Qué dice Jesús a todos ellos? Él dice: «Guardaos de hacer vuestra justicia delante de los hombres, para ser vistos de ellos». El llamado a lo «extraordinario» (a ser peculiar) es el gran peligro del discipulado, pero es inevitable. Por lo tanto, tengan cuidado, —dice Jesús— presten atención, a que esta peculiaridad se haga visible. Al decir esto, Jesús detiene en seco el disfrute simple e irreflexivo por lo visible, y coloca un aguijón al término «*perissos*».

Jesús llama a sus discípulos a reflexionar sobre el asunto: debían de tener cuidado. Lo extraordinario nuestro no es para ser visto; es decir, lo que hacemos no debe hacerse teniendo como meta «ser extraordinario». Pues, quien es extraordinario no busca serlo, y quien se hace visible no se ve asimismo como visible. Esta «mejor justicia» que Jesús impone a los discípulos no debe ser en sí misma la meta perseguida. Aunque, desde luego, debe ser visible —pues es imposible que lo extraordinario pueda ocultarse—, el discípulo debe hacer todo lo posible porque no sea visible. Aunque la visibilidad del discípulo tiene una razón de existir, pues cuando Jesús llama a uno éste obedece públicamente, nunca el llamado de Jesucristo es la meta en sí, pues de otra manera, el discipulado —una vez más— se perdería de vista. Si esto ocurre, entonces sería tanto como sentarnos a descansar mientras Jesús sigue andando, y esto nos guiaría a situarnos exactamente en la condición anterior al llamado. Ante esto, debemos darnos cuenta de que ya no lo estamos siguiendo.

Tratemos de entenderlo: seguir a Jesús es algo que tiene que ser visible, pero —paradójicamente—, nos dice Jesús, «guardaos de ser vistos». Dice, «Así alumbre vuestra luz delante de los hombres...» (5:16), pero también: «¡Guardaos de ser vistos!». En este sentido los capítulos quinto y sexto se enfrentan duramente. Lo visible debía ser al mismo tiempo lo oculto.

Por tanto, la reflexión de la que Jesús está hablando es precisamente respecto a no caer en la tentación de reflexionar sobre nuestra peculiaridad. Debemos cuidar de no preocuparnos por nuestra justicia, es decir, debemos hacerla sin prestar atención a que la estamos haciendo. Pues de lo contrario, esta peculiaridad —lo extraordinario— ya no estaría dentro del discipulado, sino tan sólo en el terreno de nuestra propia voluntad y deseo.

¿Cómo se habría de conciliar esta contradicción? En primer lugar, nos preguntamos: ¿A quién debe ocultarse lo visible del discipulado? No ante las personas que necesitan ver la luz de Jesús en el discípulo brillando, no a ellas, sino ante nosotros mismos. El discípulo se oculta de sí mismo cuando hace su justicia. Por supuesto, él también ve lo extraordinario, pero a la vez, permanece oculto ante él mismo. Él sólo mira a Jesús, y así, no ve aquello como algo extraordinario, sino como algo natural y ordinario. Por tanto, lo visible realmente está oculto en el discípulo, es decir, en la obediencia a la palabra de Jesús. Ya que, si lo extraordinario es importante para él, actuará como un fanático, confiando en su propio poder, es decir, en la carne. No obstante, puesto que el discípulo de Jesús actúa tan sólo movido por la simple obediencia a su Señor, sólo puede ver lo extraordinario como un acto natural de obediencia, eso y nada más. Según la palabra de Jesús, no puede ser de otra manera, pues el discípulo es una luz que brilla, pero no por causa suya, sino por el hecho de que sigue a Jesús. Por él mismo, no puede hacer nada absolutamente, él sólo puede mirar al Señor. Y es precisamente debido a que el cristiano es *necesariamente* extraordinario que lo extraordinario [para él] se vuelve regular y oculto. Pues de otra manera no es un seguidor de Cristo Jesús, sino simplemente uno que se opone a su voluntad.

En segundo lugar, nos preguntamos: ¿De qué manera lo visible y lo oculto pueden tomarse como un todo en el discipulado? ¿Cómo lo visible y lo oculto pueden estar en la misma persona? Sólo tenemos que recurrir a lo dicho en el capítulo quinto. Ahí, lo extraordinario y lo visible es —al mismo tiempo— la cruz de Cristo, bajo la cual están los discípulos. La cruz es a la vez lo necesario y lo oculto, pero también, lo visible y lo extraordinario.

En tercer lugar, nos preguntamos: ¿Cómo se resuelve la paradoja del capítulo quinto y sexto? El concepto mismo del discipulado lo resuelve. Éste es el único vínculo con Jesucristo, en donde el seguidor tan sólo ve a su Maestro y lo sigue. Si el discípulo deja de mirar a su Maestro para mirar lo peculiar de la vida cristiana —lo extraordinario—, el discípulo deja de serlo: se pierde su enfoque.

El seguidor tan sólo hace la voluntad del Señor y le obedece con sencillez, haciendo lo extraordinario a sabiendas de que no existe otra opción; por lo tanto, ese hacer es para él algo ordinario dentro del discipulado.

Lo único requerido para el seguidor de Jesús al hacer lo extraordinario es asegurarse de que esto es hecho sin premeditación, sin reflexión ninguna, sino únicamente por obediencia y en amor. *Si haces el bien…* «no sepa tu izquierda lo que hace tu derecha». No debes estar consciente de esa buena obra, es decir, *no debes darte cuenta* de que lo haces, pues de otra manera esto no será por obediencia a Cristo. Nuestro bien debe ser hecho tan sólo por causa de Cristo, por causa del discipulado, y en ingenuidad total. La verdadera obra de amor es una obra oculta para nosotros. ¡Ten cuidado de no darte cuenta! Esa es la única manera de hacer la obra que genuinamente es de Dios. Si queremos darnos cuenta de nuestro bien o nuestra obra, ya no es amor. Incluso el amor extraordinario mostrado por el enemigo debe permanecer oculto para el discípulo. Ya no ve al enemigo como un enemigo si lo ama.

Esta ceguera o, mejor dicho, esta visión iluminada por Cristo, es su certeza. La promesa de Dios depende de esta vida oculta, de esta vida escondida. Ya que lo que ahora está oculto un día será manifiesto.

No hay nada oculto que no haya de ser revelado. Esto se aplica a Dios mismo, ante quien ya se ha revelado todo cuanto está oculto para el hombre. La esfera pública es la recompensa del secreto que Dios ordena guardar. La pregunta es sólo dónde y de quién recibe esta recompensa pública.

Si quien hace la obra anhela publicidad ante los hombres, ya tiene su recompensa. No importa si busca publicidad en la forma burda, la de estar frente a un público; o la forma sutil de una promoción ante sí mismo. En cualquier ocasión en donde nuestra mano izquierda sepa lo que hace la derecha, cuando estamos conscientes y apercibidos de nuestra propia bondad escondida; en el caso en donde queremos saber qué tanto bien estamos haciendo, allí estamos desvaneciendo la recompensa que Dios quería reservar para nosotros. En estos casos somos nosotros mismos los que revelamos aquello que Dios quería que permaneciese oculto ante nosotros. No esperamos a que Dios nos lo muestre. Por ello, tenemos nuestra recompensa aquí, en la tierra. No obstante, quienes persistan en esconderse de sí mismos hasta el fin, recibirán la recompensa de Dios, quien revelará todo el bien que ellos hicieron ante ellos mismos y ante todos. Pero, ¿quién puede vivir de tal manera que haga lo extraordinario en secreto? ¿Cómo es posible esto de que la mano izquierda no sepa lo que hace la derecha? ¿Qué clase de amor es este, que sea tan inconsciente de sí mismo que pueda mantenerse así hasta el día del juicio? Está claro que, puesto que se trata de un amor oculto, no es una virtud que pueda percibirse como un hábito humano. «¡Ten cuidado» —nos dice con esto— «de no confundir el verdadero amor con una virtud amorosa, con una "cualidad" humana!» El genuino amor es aquel que se olvida de sí mismo en todo el sentido de la palabra. Es un amor que sólo puede surgir cuando hemos muerto al viejo hombre con todas sus virtudes y cualidades. Es el amor que sólo es posible cuando el viejo Adán muere y el discípulo permanece unido a Cristo. En la frase: «no sepa tu izquierda lo que hace tu derecha» se proclama la muerte del viejo hombre.

Así, una vez más, ¿quién puede ser capaz de vivir de tal manera que una los capítulos quinto y sexto del evangelio de Mateo? Nadie, sino aquel que ha muerto al viejo hombre y ha encontrado una nueva vida en Cristo, en el discipulado. El amor, como un sencillo acto de obediencia, sólo es posible en la muerte del viejo hombre de aquel que ahora tan sólo existe para la justicia de Cristo y para sus hermanos. Ahora ya no vive él, sino que Cristo vive en él. El amor de Cristo, el crucificado, es lo que ha hecho posible la muerte del viejo hombre, y ha dado lugar a ese Cristo de ahí en delante. Ahora solo vive para amar a Cristo y a sus hermanos.

CAPÍTULO 15

LA ORACIÓN OCULTA

«Y cuando ores, no seas como los hipócritas; porque ellos aman el orar en las sinagogas y en las esquinas de las calles, para ser vistos de los hombres; de cierto os digo que ya tienen su recompensa. Mas tú, cuando ores, entra en tu aposento, y cerrada la puerta, ora a tu Padre que está en secreto; y tu Padre que ve en lo secreto te recompensará en público. Y orando, no uséis vanas repeticiones, como los gentiles, que piensan que por su palabrería serán oídos. No os hagáis, pues, semejantes a ellos; porque vuestro Padre sabe de qué cosas tenéis necesidad, antes que vosotros le pidáis» (Mateo 6:5-8).

Jesús enseña a sus discípulos a orar. ¿Qué significa eso? Que la oración no es algo natural precisamente. Aunque la oración sea una necesidad natural del corazón humano, esto no significa que la oración sea un derecho que el hombre tiene ante Dios. Incluso cuando la oración se practica con gran disciplina esta puede ser infructuosa y sin promesa. A los discípulos se les permite orar porque Jesús, quien conoce al Padre, les da permiso. Les promete que Dios los escuchará. Así, los discípulos oran individualmente porque están en comunión con Jesús, en su discipulado. Es decir, el que está unido a Jesús, en su discipulado, tiene acceso al Padre a través de Él. Por lo tanto, toda oración correcta es una oración en donde Jesús es el mediador. Dios no escuchará una oración directa a Él, sin el Hijo. Dicho esto, el prerrequisito de la oración es la fe: estar perfectamente unidos a Cristo. Él es el único mediador en nuestra oración. Oramos por su palabra, así que nuestra oración está siempre vinculada a su Palabra.

Oramos a Dios en quien creemos por medio de Cristo. Y Él ya sabe lo que necesitamos antes de pedir, por lo tanto, nuestra oración no es meramente una invocación de Dios, un mero presentarnos ante Él para intentar ser oídos, no, tenemos una gran confianza, una certeza gozosa. No es la fórmula, ni el número de palabras lo que atrapa el corazón paternal de Dios, sino la fe, la certeza de que él ya conoce y ha escuchado aun antes de pedir.

La oración correcta no es un trabajo, un ejercicio, una actitud piadosa, sino la petición del niño al corazón del Padre. Por ello no es para dar cuentas ni ante Dios, ni ante nosotros, ni ante otros. Si Dios no supiera lo que necesitamos entonces tendríamos que reflexionar sobre cómo expresamos nuestras peticiones ante Él, qué debemos decir, o si se lo decimos o no. Así, la fe en la oración excluye toda reflexión o argumentación.

La oración es lo más íntimo de nosotros. Es lo opuesto a lo público en todo sentido. El que ora ya no se conoce a sí mismo, sino a Dios, a quien clama. Puesto que la oración no funciona en el mundo, sino que está dirigida únicamente a Dios, es la acción menos manifiesta que existe.

Por supuesto, aun la oración puede ser distorsionada en un acto notorio, es decir, en donde lo oculto es sacado a la luz. Esto puede suceder en la oración pública, la cual —aunque es raro en nuestros días— puede ser reducida a una mera mención de frases vacías. No obstante, no hay diferencia, y es mucho más pernicioso que yo mismo me convierta en un espectador de mi propia oración. Si oro para mí mismo, ya sea que disfrute de este estado como un espectador satisfecho o que esté enloquecido o avergonzado de mí mismo. Si esto es así, el público de la calle es sólo una forma más ingenua de publicidad que la que yo mismo hago ante mí mismo. También puedo tener un bonito espectáculo para mí mismo en mi pequeña habitación. Podemos torcer las palabras de Jesús hasta ese punto. La publicidad que busco consiste entonces en el hecho de que soy a la vez el que ora y el que oye. Me escucho a mí mismo, me escucho y respondo a mi propia oración, porque no quiero esperar a que Dios me escuche, y porque no quiero que un día Dios me pida que yo escuche la respuesta a mi oración, me respondo a mí mismo. Así, me conformo con lo que pienso es una oración piadosa y esto me satisface. He escuchado mi propia oración y esta satisfacción es mi recompensa. Sin embargo, puesto que me he escuchado a mí mismo, Dios no me escuchará. Porque he procurado la recompensa del público, Dios no me dará más recompensa. ¿De qué está hablando Jesús al decir que no ore delante de mí mismo, sino que ore en un cuarto secreto? ¿Cómo puedo callar tan firmemente que ningún oyente destruya lo oculto de mi oración y me robe la recompensa de la oración oculta? ¿Cómo puedo protegerme de mí mismo, de mi propio reflejo? ¿Cómo mato ese reflejo con mi reflexión? He dicho «mato», y es ahí en donde está la clave: debo asesinar mi propia voluntad, es decir, cualquier forma que quiera adoptar para imponerme: una esfera en donde sólo sea la voluntad de Jesús la que impere y reine, y toda mi voluntad se entregue a Él, en su comunión; en el discipulado mi voluntad muere. Entonces puedo orar para que se haga su voluntad. Entonces puedo orar para que se haga la voluntad de Aquel que sabe lo que yo necesito aun antes de que se lo pida. Sólo así mi oración es segura, fuerte y pura, tan sólo si proviene de la voluntad de Jesús. Entonces orar es realmente pedir. El niño le pide al padre que conoce. Pues la esencia de la oración no es la adoración que rendimos a Dios en general, sino más bien, la esencia de la oración cristiana es pedir. Esto corresponde a la actitud del hombre ante Dios, que con la mano extendida le pide a quien sabe tiene un corazón paternal.

Aunque la oración correcta es algo oculto, ciertamente no excluye a la oración en grupo, por muy evidentes que sean sus peligros.

Al final, ni la calle ni el clóset, ni las oraciones cortas ni las largas; ya sea la letanía que se hace en una iglesia, o el suspiro del que no sabe orar; ni del individuo ni de la comunidad. Lo único que importa es esto: nuestro Padre celestial sabe lo que necesitamos. Esto hace a Dios el único objeto de nuestra oración, y nos libera del falso sentido de confianza en que la oración es un trabajo que debe ser remunerado.

«Vosotros, pues, oraréis así: Padre nuestro que estás en los cielos, santificado sea tu nombre. Venga tu reino. Hágase tu voluntad, como en el cielo, así también en la tierra. El pan nuestro de cada día, dánoslo hoy. Y perdónanos nuestras deudas, como también nosotros perdonamos a nuestros deudores. Y no nos metas en tentación, mas líbranos del mal; porque tuyo es el reino, y el poder, y la gloria, por todos los siglos. Amén. Porque si perdonáis a los hombres sus ofensas, os perdonará también a vosotros vuestro Padre celestial; mas si no perdonáis a los hombres sus ofensas, tampoco vuestro Padre os perdonará vuestras ofensas» (Mateo 6:9-15). Jesús no sólo les dice a sus discípulos *cómo* orar, sino también *qué* orar. El padrenuestro no sólo es un ejemplo de *una* oración dada a los discípulos sino es la manera que Cristo nos ordena orar. Con esta oración, de seguro serán escuchados por Dios. La oración del Señor es la oración por excelencia, la quintaesencia, lo más puro de la oración genuina. Todas las oraciones de los discípulos tienen en ella su esencia y su límite. Jesús no deja a sus discípulos en la oscuridad, sino los conduce con el padrenuestro a la perfecta claridad de la oración.

Padre nuestro, que estás en los cielos. Juntos, los discípulos llaman a Dios *Padre celestial*, quien ya sabe todo lo que sus queridos hijos necesitan. Todos ellos son hechos hermanos por el llamado de Jesús, este llamado les une. En Jesús han reconocido la bondad del padre. En el nombre del Hijo de Dios, ellos pueden llamar a Dios su propio Padre. Ellos están en la tierra y su Padre está en el cielo. Él los mira y ellos levantan los ojos hacia él.

Santificado sea tu nombre. Uno de los nombres de Dios es Padre, este es el nombre que se reveló a los seguidores de Jesucristo, y Él debe ser considerado santo entre los discípulos, porque todo el evangelio está contenido en este nombre. Dios no permitirá que su santo evangelio sea oscurecido ni corrompido por la falsa doctrina o la vida profana. Oramos que Dios siga manifestando su santo nombre a sus discípulos en Jesucristo. Que Él conduzca a todos los predicadores a la proclamación del evangelio salvífico. Él derrotará a los tentadores y convertirá a los que son enemigos de su santo nombre.

Venga tu reino. En Jesucristo, los seguidores han experimentado la aurora del reino de Dios en la tierra. Aquí Satanás es vencido, y el poder del mundo, del pecado y de la muerte son rotos. Hoy todavía el reino de Dios está sufriendo y luchando, y la pequeña comunidad de sus discípulos participa en tales cosas. Están bajo la jurisdicción del reino de Dios en nueva justicia, pero en medio de persecución. Dios quiere hacer crecer el reino de Jesucristo en la tierra, es decir, el avance de su iglesia, y quiere pronto poner fin a los reinos de este mundo y hacer realidad su reino con poder y gloria.

Hágase tu voluntad, como en el cielo, así también en la tierra. En la comunión con Jesucristo, los seguidores han rendido su voluntad totalmente a la voluntad de Dios. Ellos oran para que la voluntad de Dios se haga en todo el mundo. Ninguna criatura debería resistirse a su voluntad; no obstante, debido a que la voluntad del diablo sigue viva y éste quiere arrancarlos de la comunidad de Jesús, por tanto, también oran para que la voluntad de Dios en ellos se vuelva cada vez más poderosa y rompa toda resistencia. Pero al final, todo el mundo se someterá a la voluntad de Dios, y lo adorará con gratitud, ya sea en tribulación o en gozo.

El cielo y la tierra deben estar sujetos a Dios, no obstante, aun así, por causa del nombre de Dios, por su reino y por la voluntad de Dios, los discípulos de Jesús deben orar que estos sean sujetos. Es verdad que Dios no necesita esta oración, pero a través de esta oración Dios hace a los discípulos partícipes de los bienes celestiales por los que ellos están pidiendo. Además, con esa oración, se les permite apresurar el final de los tiempos.

El pan nuestro de cada día, dánoslo hoy. Mientras los discípulos estén en la tierra, no deben avergonzarse de pedir a su Padre celestial los bienes de la vida corporal. Quien creó a los hombres en la tierra quiere también conservar y proteger sus cuerpos. Él no quiere que su creación sea despreciada. Es un pan común el que piden los discípulos y nadie debería tenerlo solo. También piden que Dios dé el pan diario a todos sus hijos en toda la tierra, porque todos son sus hermanos en la carne. Los discípulos saben que el pan que crece de la tierra desciende desde arriba y es únicamente un don de Dios. Por eso no simplemente toman el pan, sino que lo piden. Porque el pan es de Dios, y por eso nos viene de Él nuevo cada día. Los discípulos no piden suministros para almacenarlos sino el don cotidiano de Dios, y al comer del pan pueden continuar sus vidas en comunión con Jesús, alabando la misericordia de Dios en Él. En esta petición se pone a prueba la fe de los discípulos en la obra viva de Dios en la tierra.

Y perdónanos nuestras deudas, como también nosotros perdonamos a nuestros deudores. El reconocimiento de su culpabilidad es la queja diaria de los discípulos. Aquellos a quienes se les permite vivir en la comunidad si viven en santidad, pecan diariamente: incredulidad, pereza en la oración, falta de disciplina en el cuerpo; pecan a través de todo tipo de complacencia, envidia, odio y ambición. Por lo tanto, ellos necesitan pedir perdón diariamente. Pero Dios responderá a su petición sólo si se perdonan mutuamente sus ofensas fraternal y voluntariamente. Así que llevan juntos su culpa ante Dios y piden juntos la gracia. No sólo se trata de que Dios perdone mi culpa sino de que Él perdone *nuestra* culpa.

Y no nos metas en tentación. Las tentaciones que tienen los seguidores son múltiples. Satanás los ataca por todos lados y quiere derribarlos. La falta de seguridad y la duda procedente de una vida sin Dios les desafían. Los discípulos, quienes conocen sus propias debilidades, no desafían las tentaciones para probar el poder de su fe. Más bien, le piden a Dios que no pruebe su débil fe y los proteja a la hora de la tentación.

Líbranos del mal. Finalmente, los discípulos deben pedir por la liberación del mal y por la herencia del reino de los cielos. Piden un fin bendecido y la salvación de la iglesia en los últimos tiempos de este mundo.

Porque tuyo es el reino… Todos los días, los discípulos reciben en Jesucristo la certeza de su comunión y la respuesta a todas sus oraciones. En Él, el nombre de Dios es santificado, en Él viene el reino de Dios, en Él la voluntad de Dios es hecha. Por causa de Jesús la vida corporal de los discípulos será preservada, por su causa recibirán el perdón de sus trasgresiones, en su poder, serán preservados de las tentaciones y salvos para vida eterna. Suyo es el reino y el poder y la gloria por siempre en comunión con el Padre. Los discípulos están seguros de esto.

Finalmente, resume la oración y dice una vez más que todo depende de recibir el perdón, y que este perdón les es otorgado cuando muestran hermandad con los pecadores.

CAPÍTULO 16

EL EJERCICIO PIADOSO OCULTO

«Cuando ayunéis, no seáis austeros, como los hipócritas; porque ellos demudan sus rostros para demostrar a los hombres que ayunan; de cierto os digo que ya tienen su recompensa. Pero tú, cuando ayunes, unge tu cabeza y lava tu rostro, para no mostrar a los hombres que ayunas, sino a tu Padre que está en secreto; y tu Padre que ve en lo secreto te recompensará en público» (Mateo 6:16-18).

Jesús asume que los seguidores tienen el ejercicio piadoso del ayuno habitual. La vida de los seguidores del Señor incluye un ejercicio estricto de abstinencia, y tal ejercicio tiene el único propósito de hacer que el discípulo tenga un camino más alegre y esté más presto al trabajo que se le ha encomendado. Así, la voluntad egoísta y perezosa, la cual no puede conducir al servicio, es disciplinada: la carne es humillada, castigada y se mantiene a raya. También, en la práctica de la abstinencia, es donde sentimos claramente nuestra separación del mundo, pues nuestra vida cristiana es exactamente eso. Una vida que carezca de una práctica ascética, y que permita para sí todos los deseos de la carne —siempre y cuando estén «permitidos» bajo la *justitia civilis*— dificultarán en gran medida el servicio a Cristo. A una carne saciada no le gusta orar y jamás puede doblegarse.

De este modo, el discípulo requiere de una estricta disciplina externa. No como si esto fuera suficiente para romper la voluntad de la carne, como si la muerte diaria del viejo hombre fuera posible con algo más que la fe en Jesús; sino que solo el creyente, el discípulo, cuya voluntad ya está rota, cuyo viejo hombre ha muerto con Jesucristo mismo, sabe que ese viejo hombre se quiere levantar de nuevo a causa de su rebelión y orgullo constantes. Él sabe que su pereza y su falta de disciplina proveen combustible para el orgullo, el cual necesita ser diariamente conquistado. Así, el ejercicio diario y la disciplina son necesarios, pues «el espíritu a la verdad está dispuesto, pero la carne es débil» [Mateo 26:41]. Por tanto, nos dice: «Velad y orad». El espíritu reconoce el camino del discipulado y está dispuesto a recorrerlo, pero la carne es demasiado temerosa, el camino es demasiado arduo para ella, demasiado incierto, demasiado laborioso, por ello, trata de silenciar al espíritu. Por su lado, el espíritu afirma el mandamiento de Jesús de amar incondicionalmente al enemigo, pero la carne y la sangre son demasiado fuertes: no se pueden contener para actuar. Por esta razón, la carne debe aprender en la práctica diaria —y en la extraordinaria—, que no tiene ningún derecho ni ninguna autoridad. La práctica diaria y ordenada de la oración, así como la meditación diaria de la Palabra de Dios ayuda aquí, así como todo tipo de ejercicio de disciplina física y abstinencia.

La resistencia de la carne a esta humillación diaria primero se presenta franca, de frente; luego, se esconde detrás de las mismas palabras del Espíritu, es decir, en nombre de la libertad que tenemos en el evangelio.

No obstante, en donde exista la idea de que deba llamársele legalismo a la mortificación propia, a la disciplina, al ejercicio, al ascetismo y al orden en la oración —aun usando las Escrituras—, en nombre de la «libertad cristiana», es evidente una seria contradicción a la palabra de Jesús. En tal caso se pierde totalmente la noción de lo que significa ser extranjero en el mundo, y sobre la alegría y verdadera libertad que la práctica correcta del discipulado ofrece.

Cada vez que el cristiano se dé cuenta de que está fallando en su servicio cristiano, que su disposición está decayendo, que siente culpa de vivir como extranjero, que su gozo está marchito, que no tiene poder para orar, significa que necesita un ataque más fuerte en contra de la carne, es decir, necesita practicar más la oración y el ayuno (Lucas 2:37, 4:2; Marcos 9:29; 1 Corintios 7:5). La objeción de que el cristiano debe refugiarse únicamente en la fe, y dejar fuera el ascetismo, no tiene fundamento; es inclusive despiadado pensar que estas prácticas no brinden ninguna ayuda para someter la carne, pues, ¿de qué se trata entonces la vida de fe sino de una lucha sin tregua y multiforme del Espíritu contra la carne? ¿Cómo alguien puede tener una vida de fe cuando ora perezosamente, se cansa al leer las Escrituras, o cuando, por causa del dormir o el comer o el deseo sexual le es robado el gozo de Dios una y otra vez?

El ascetismo es un sufrimiento que nosotros decidimos sufrir voluntariamente, es una *passio activa*, antes que *passio pasiva*, y por ello tiene un más alto grado de peligrosidad en sí. Por ello, el ascetismo es constantemente amenazado por el deseo aparentemente piadoso —pero impío— de igualarse a Jesucristo a través del sufrimiento. Siempre ha existido esto: la pretensión de que el ascetismo sustituya el sufrimiento de Cristo, de que él mismo haga la obra de Cristo, en otras palabras, que sea él (el ascetismo) quien por sí solo mate la carne. De esta manera, el ascetismo asume la seriedad de la amarga y totalmente concluida obra redentora de Cristo. Esta idea tiene en sí una dureza terrible: el sacrificio voluntario del cuerpo, que sólo puede servir para un mejor servicio y una humillación más profunda sobre el fundamento del sufrimiento insustituible de Cristo —el cual es el único sufrimiento que pudo lograr nuestra salvación— se convierte en una terrible distorsión, y así, el sufrimiento del Señor es totalmente malentendido. Por lo tanto, quiere (anhela) ser visto: es un reproche vivo e implacable, una demanda hacia los semejantes. Un ascetismo como este se convierte en un *falso* camino de salvación, y la publicidad que logremos de ello será toda nuestra recompensa.

Unge tu cabeza y lava tu rostro. El ayuno podría aprovecharse como ocasión para la sutileza de un disfrute o gloria personal; por eso, aunque ungirse la cabeza y lavarse el rostro pueda malinterpretarse como un mero disfraz, el punto de Jesús con esto es que sus discípulos —al hacer tales ejercicios voluntarios—, permanezcan humildes: que no los tengan como motivo de reproche o los hagan ley, sino simplemente que estén agradecidos de que se les permita hacerlos como parte del servicio brindado a su Señor. Aquí el punto no es que el rostro feliz sea el prototipo de un rostro cristiano, sino se trata de ocultar la actividad cristiana, es decir, de mostrar una verdadera humildad; la cual no se conoce a sí misma, tal y como el ojo no se ve a sí mismo, sino sólo es visto por otro. Tal secreto algún día será revelado, pero no por el discípulo sino por Dios.

CAPÍTULO 17

LA SIMPLICIDAD DE UNA VIDA SIN PREOCUPACIONES

«No os hagáis tesoros en la tierra, donde la polilla y el orín corrompen, y donde ladrones minan y hurtan; sino haceos tesoros en el cielo, donde ni la polilla ni el orín corrompen, y donde ladrones no minan ni hurtan. Porque donde esté vuestro tesoro, allí estará también vuestro corazón. La lámpara del cuerpo es el ojo; así que, si tu ojo es bueno, todo tu cuerpo estará lleno de luz; pero si tu ojo es maligno, todo tu cuerpo estará en tinieblas. Así que, si la luz que en ti hay es tinieblas, ¿cuántas no serán las mismas tinieblas? Ninguno puede servir a dos señores; porque o aborrecerá al uno y amará al otro, o estimará al uno y menospreciará al otro. No podéis servir a Dios y a las riquezas» (Mateo 6:19-24).

La vida del discípulo se demuestra en que nada se interpone entre él y Cristo: ni la ley, ni la piedad personal, ni el mundo. El discípulo únicamente ve a Cristo, y solamente a Él. No ve a Cristo y a la ley, o a Cristo y a la piedad personal, o a Cristo y al mundo conjuntamente. El discípulo no entra en lo absoluto en esta reflexión, sino que lo único que hace es imitar a Cristo en todo. Así su ojo es simple: se basa enteramente en la luz que viene de Cristo y no hay oscuridad en tal ojo, es decir, no existe ambigüedad en él.

El ojo debe ser simple, claro y puro para que el cuerpo permanezca en luz. También el pie y la mano no recibirán luz de otro lugar que no sea del ojo. Así también, si el ojo está nublado, el pie tropezará y la mano fallará. Todo el resto del cuerpo está ligado al ojo. Si el ojo está enceguecido también el cuerpo está en completa oscuridad. Por este motivo, el seguidor está en luz sólo mientras mira a Cristo con la simpleza de un niño, y no mira otras cosas. El corazón del discípulo debe estar solamente en Cristo. Si el ojo ve algo distinto a lo real, todo el resto del cuerpo es engañado. Si el corazón está unido a la apariencia del mundo, si está unido a la criatura en lugar de estar unido al Creador, entonces el discípulo se pierde.

Algo está claro: los bienes de este mundo tratan de apartar de Jesús el corazón del discípulo. Por tanto, las preguntas claves son: ¿dónde está el corazón del discípulo? ¿Está inclinado a los bienes del mundo, o bien, a Cristo *y* a los bienes del mundo? O ¿está centrado únicamente en Cristo? La luz del cuerpo es el ojo y la luz del seguidor es el corazón. Si el ojo está en tinieblas, ¡qué tantas tinieblas habrá también en el cuerpo! Si el corazón está en tinieblas, ¡en qué tinieblas tan densas ha de estar el discípulo! El corazón se oscurece en la medida en que está unido a los bienes de este mundo, y aunque el llamado de Jesús sea insistente, éste rebota y no encuentra entrada en el hombre. El corazón está cerrado, pertenece a otro. Tal y como ninguna luz penetra en el cuerpo cuando el ojo es malo, así también la palabra de Jesús no penetra en el discípulo cuando su corazón se cierra. La palabra está ahogada, como la semilla entre los espinos [Mateo 13:7], «por los afanes y las riquezas y los placeres de la vida» (Lucas 8:14). La simplicidad del ojo y del corazón corresponden a esa vida secreta en donde no conocemos más que la palabra y el llamado de Cristo, y donde estamos en total comunión con Él. ¿Cómo el seguidor puede ser simple en su manejo de los bienes de esta tierra? Jesús no evita el uso de los bienes terrenales. Jesús fue humano, comió y bebió tal y como lo hacían sus discípulos. De este modo, purificó también el uso de los bienes de esta tierra, y estos bienes —los que son necesarios para la nutrición y cuidado de cuerpo— deben ser consumidos con gratitud.

Somos como peregrinos todos los días
Libres, sin impedimentos y con manos vacías;
Recoger, almacenar y negociar el viaje arruina
Y quien cargue pesadas cargas muere y marchita.
Por eso viajamos con poco
y satisfechos, viajamos solos,
Nada más llevamos lo necesario
Lo necesario, lo necesario de la vida
(*Kommt, Kinder, lasst uns gehen,* Gerhard Tersteegen)
[Vengan niños, vamos].

Los bienes nos son otorgados porque son necesarios, pero no para ser almacenados. Israel recibió el maná diariamente en el desierto, y no hubo necesidad de que se preocupara por la comida y la bebida, pero si este maná se guardaba para el día siguiente se pudría; así también el discípulo de Jesús recibirá de Dios su pan diariamente, pero si lo acumula como si fuese un tesoro duradero, se pudrirá, y no solo éste, sino el discípulo mismo. ¿Por qué? Porque el corazón depende del tesoro y los bienes acumulados se interponen entre Dios y el discípulo, pues en donde está nuestro amor, ahí está también nuestra confianza, seguridad y consuelo: ese es nuestro Dios. De esta manera los bienes se convierten en idolatría.[41] Pero, ¿dónde está la frontera entre los bienes que debo usar y el tesoro que no debo acumular? Si invertimos la frase y decimos: «A lo que está unido tu corazón ahí está tu tesoro», entonces la respuesta ya está dada. Puede ser un tesoro muy discreto, el tamaño no importa, es el corazón lo que importa: tú. Pero si seguimos preguntando, cómo sé dónde está mi corazón, la respuesta es simple y clara: todo aquello que te impide amar a Dios sobre todas las cosas y que se interpone entre tú y tu obediencia a Jesús ese es tu tesoro al que

[41] No es casualidad que en los listados de pecados paulinos aparezcan siempre juntas la fornicación y la avaricia y a ambas se les llame idolatría.

está apegado tu corazón. No obstante, puesto que el corazón del hombre está unido a su tesoro, el hombre también debe tener un tesoro de acuerdo a la voluntad de Jesús.[42] No en la tierra, donde se pudre en sí mismo, sino en el cielo, en donde permanece. «Los tesoros» en el cielo de los que habla Jesús son obviamente su único tesoro y son Jesús mismo, Jesús es «estos tesoros acumulados» por los discípulos. El discípulo tiene una gran promesa: al seguir a Jesús adquirirá tesoros celestiales que no perecerán, que le están esperando y con quienes un día él se unirá. ¿Qué tesoros pueden ser esos, sino lo extraordinario, lo que está oculto en la vida de los discípulos? ¿Qué tesoros pueden ser sino los frutos de la pasión de Cristo, los cuales son llevados en la vida de los que le siguen? Si el discípulo tiene su corazón completamente en Dios, entonces le queda claro que no puede servir a dos señores. No se puede, y si alguien lo intenta jamás tendrá éxito. Es imposible tener éxito. Alguno podría ufanarse de entender y demostrar —con su sabiduría y experiencia cristiana— precisamente cómo servir a ambos amos, a las riquezas y a Dios, y que da a cada uno su debido derecho. ¿Por qué no podemos nosotros, como hijos de Dios, ser hijos felices en este mundo, aquellos que se regocijan con lo bueno que han recibido de Dios, quienes son receptores de sus bendiciones? Dios y el mundo, Dios y las riquezas están en contraposición, y lo están porque las riquezas llegan a nuestro corazón y sólo ganando nuestro corazón son lo que son. Sin nuestro corazón los bienes [las riquezas] y el mundo no son nada. Tan sólo pueden vivir si se anidan en el corazón, ¡pero si van a parar allí estarán en contra de Dios! Y sólo podemos dar nuestro corazón —nuestro amor pleno— a uno de los dos: sólo podemos adherirnos completamente a uno de ambos. Lo que se opone a este amor —según la palabra de Jesús— se convierte en odio, sólo hay amor u odio. Si no amamos a Dios, entonces lo odiamos. No hay términos medios. Dios es así, y es lo que lo hace ser Dios, tan sólo puede ser o amado u odiado, sólo hay lo

[42] Debe notarse que Jesús no priva al corazón humano de lo que necesita: el tesoro, el honor y la gloria. No obstante, le da objetos superiores: la gloria de Dios (Juan 5:44), la gloria de la cruz (Gálatas 6:14), el tesoro del cielo.

uno o lo otro: o amamos a Dios o amamos los bienes del mundo. Si amamos al mundo, odiamos a Dios, si amamos a Dios, odiamos al mundo. No importa si te quedas en las buenas intenciones o si lo haces con plena conciencia. Ciertamente no lo querrás, probablemente no sabes lo que estás haciendo, y más aún, no quieres que esto sea así, no obstante, la palabra sigue estando ahí: «No podéis servir a dos señores» al mismo tiempo. Quieres amar a Dios y a los bienes, por lo que siempre te parecerá increíble pensar que estás odiando a Dios. Lo amas sí, como dices; sin embargo, a la vez amas los bienes, así, en realidad este amor por Dios es odio, pues cuando el ojo ya no es simple, el corazón ya no está en comunión con Jesús. Nos guste o no, simplemente no puede ser de otra manera. Si sigues a Jesús no puedes servir a dos amos.

«Por tanto os digo: No os afanéis por vuestra vida, qué habéis de comer o qué habéis de beber; ni por vuestro cuerpo, qué habéis de vestir. ¿No es la vida más que el alimento, y el cuerpo más que el vestido? Mirad las aves del cielo, que no siembran, ni siegan, ni recogen en graneros; y vuestro Padre celestial las alimenta. ¿No valéis vosotros mucho más que ellas? ¿Y quién de vosotros podrá, por mucho que se afane, añadir a su estatura un codo? Y por el vestido, ¿por qué os afanáis? Considerad los lirios de campo, cómo crecen: no trabajan ni hilan; pero os digo, que ni aun Salomón con toda su gloria se vistió así como uno de ellos. Y si la hierba del campo que hoy es, y mañana se echa en el horno, Dios la viste así, ¿no hará mucho más a vosotros, hombres de poca fe? No os afanéis, pues, diciendo: ¿Qué comeremos, o qué beberemos, o qué vestiremos? Porque los gentiles buscan todas estas cosas; pero vuestro Padre celestial sabe que tenéis necesidad de estas cosas. Mas buscad primeramente el reino de Dios y su justicia, y todas estas cosas os serán añadidas. Así que, no os afanéis por el día de mañana, porque el día de mañana traerá su afán. Basta a cada día su propio mal» (Mateo 6:25-34). ¡No te preocupes! Aparentemente los bienes terrenales brindan al corazón humano seguridad y desahogo; no obstante, son ellos precisamente la causa de su dolor, y el corazón que se aferra a ellos recibe juntamente su carga asfixiante. El cuidado crea tesoros, y los tesoros traen consigo preocupación. Por esto, al querer asegurar nuestras vidas mediante los bienes, y pensado estar libres de la preocupación, los cuidamos, pero en realidad, se cumple exactamente lo contrario: los grilletes que nos atan a los bienes están hechos de un solo material: de preocupación.

El mal uso de los bienes consiste en esto, en que representen nuestra seguridad para el día de mañana. La preocupación siempre se concentra en el mañana. Sin embargo, en el sentido más estricto, los bienes están destinados para usarse en el presente. Por esto, se crea una paradoja: que aquello que aseguramos para el mañana se convierte en nuestra inseguridad hoy. Jesús dijo: «Basta a cada día su propio mal», por ello, quien pone el mañana enteramente en las manos de Dios, y recibe hoy la totalidad de lo que necesita para vivir, es quien realmente vive seguro. La provisión día a día me libera del mañana, mientras que el pensamiento del mañana me lleva a una ansiedad infinita. «No os afanéis por el día de mañana», esto no es una terrible burla para los pobres y miserables, aquellos con los que Jesús acaba de hablar, todos aquellos que —humanamente hablando— se morirán de hambre mañana si no se preocupan hoy. Tampoco es una ley intolerable que la gente rechazará y desatestará, es, más bien, el evangelio, las buenas noticias de la libertad de los hijos de Dios, quienes tienen un Padre celestial que les ha dado a su amado Hijo. Y si nos dio a su Hijo, «¿Cómo no nos dará también con él todas las demás cosas?» [Romanos 8:32]. «No os afanéis por el día de mañana»: esto no debe entenderse como una mera sabiduría de la vida, ni como una ley; sino esto debe entenderse —únicamente— como el evangelio de Jesucristo.

Sólo el seguidor, quien ha reconocido a Jesús, recibe esta palabra: la promesa del amor del Padre de Jesucristo y la libertad de la esclavitud de las cosas materiales. No es el cuidado [de lo material] lo que libera a los discípulos de esa esclavitud, sino la fe en Jesucristo. Ahora ellos saben que su preocupación «no podrá…» (v.27). Cristo quita de nuestro control el mañana, es decir, el siguiente día, y aún, la siguiente hora. Es inútil pretender que podemos controlar el futuro —aun el futuro inmediato—, pues no podemos gobernar las condiciones del mundo. Sólo Dios debe preocuparse por éste, pues Él es quien gobierna el mundo. Es inútil preocuparnos porque somos totalmente impotentes, no obtenemos nada de eso, y, además, estamos midiendo nuestras fuerzas con las de Dios mismo al hacerlo.

Por tanto, el seguidor sabe que no sólo no puede y no debe preocuparse, sino que no *necesita* preocuparse. No es la preocupación, ni aún el trabajo lo que genera el pan de cada día, sino Dios el Padre. Las aves y los lirios no trabajan ni hilan, sin embargo, ellos reciben alimento y vestido, reciben el pan diario sin preocupaciones. Ellos sólo necesitan los bienes del mundo para la vida diaria. No los recogen en graneros, sino sólo viven para alabar a su Creador. No comen por su diligencia, ni por su trabajo, ni por su preocupación, sino simplemente abren su boca y reciben de Dios lo que necesitan. Así es como las aves y los lirios se convierten en ejemplos para el seguidor de Jesús. Jesús disuelve la conexión entre el trabajo y la comida, —que se piensa es indispensable— sin considerar a Dios. Él no alaba el pan de cada día como recompensa al trabajo, sino que habla de la vida sencilla y sin preocupaciones en que viven los que siguen a Jesús, pues ellos todo lo reciben de Dios.

«Ahora bien, ningún animal trabaja por su alimento, pero a cada uno le es asignado algo que hacer, luego busca y encuentra su propio sustento. Los pajarillos vuelan y cantan, hacen nidos y crían polluelos, ese es su trabajo, pero no se alimentan de eso. Los bueyes aran, los caballos transportan al hombre y sirven en la batalla; las ovejas dan lana, queso y leche, ese es su trabajo; pero no se alimentan de eso; sino que la tierra produce hierba y la nutre de las bendiciones de Dios. También el hombre necesita trabajar y ocuparse en algo, no obstante, al mismo tiempo sabe que algo más que su labor le brinda el alimento: la rica bendición divina. Esto, aunque parezca ser simplemente producto del trabajo, ya que, sin su trabajo, Dios no le dará nada. De la misma manera, aunque el ave no siembra ni cosecha, ésta debe volar y buscar el alimento, de otra manera morirá de hambre. No obstante, encontrar la comida no es la obra que le sustenta, sino la bondad de Dios, pues su Creador ha dispuesto la comida en lugares donde las aves podrán encontrarla. Ya que, si Dios no pone la comida ahí, ninguna de ellas la encontrará, aunque la busquen y busquen hasta la muerte» (Lutero).

Y si el Creador mantiene a los pajarillos y a los lirios, ¿no alimentará a sus hijos, quienes a diario le piden? ¿Acaso no les dará —Aquel que posee todos los bienes de la tierra, quien además puede distribuirlo a su placer—, todo lo que necesiten para su vida terrenal? «Dios me dé a mí, tanto necesite para vivir, se lo da a las aves en el tejado, ¿no me lo dará también a mí?»[43]

La preocupación es algo de los gentiles —es decir, los no creyentes—, quienes confían en su fuerza y trabajo, pero no en Dios. Los gentiles se preocupan porque no reconocen que el Padre sabe que necesitamos todo eso. Por tanto, quieren obtener por ellos mismos lo que no esperan recibir de Dios. Sin embargo, para los discípulos, se aplica lo que sigue: «Mas buscad primeramente el reino de Dios y su justicia, y todas estas cosas os serán añadidas». Esto deja claro que la procuración de la comida y el vestido no significa —ni está incluido— en el «buscar el reino de Dios» (como a algunos les gustaría entenderlo), es decir, que el trabajo por nuestra familia o por nosotros mismos no implica estar buscando el reino de Dios, ni tampoco nuestra búsqueda del pan diario, ni de la morada terrenal: ninguna de estas cosas se coloca en el contexto de la búsqueda del reino de Dios.

El reino de Dios y su justicia son dones bastante distintos a los que recibimos del mundo material. No es otra cosa que la justicia de Mateo 5 y 6, la justicia de la cruz de Cristo y del discipulado bajo la cruz. La comunión con Jesús y la obediencia a su mandamiento es lo primero, y todo lo demás vendrá después. Ambas cosas no se pueden combinar sino una sucede a la otra. Antes de preocuparnos por las cosas de esta vida, de la comida, del vestido; antes del trabajo y la familia, está la búsqueda de la justicia de Cristo. Aquí se da un resumen más preciso de lo que hemos estado diciendo. Además, esta palabra de Jesús aquí —*no os afanéis*— tan sólo tiene dos vertientes posibles: o es una carga imposible de llevar y una aniquilación (por cierto, imposible) del pobre y del desdichado de entre la existencia humana o es el Evangelio mismo, aquello

---

[43] Esta es la estrofa final del poema «Canta a diario» de Matthias Claudius (1740-1815).

que realmente hace feliz y completamente libre al hombre. Jesús no habla de lo que el hombre debe (pero no puede hacer), sino de lo que Dios nos ha dado y que nos promete. Si Cristo nos ha sido dado y si somos llamados a su discipulado, entonces realmente todo lo demás nos ha sido dado con Él también. Todo lo demás nos será dado como añadidura. Todos aquellos que, al imitar a Jesús, se enfocan en la justicia que de Él procede, están en sus manos, es decir, bajo la protección de Jesús y la de su Padre. Nada puede dañar a aquellos que están en comunión con el Padre; ni pueden dudar que el Padre sustentará a sus hijos y no los dejará morir de hambre. Dios les ayudará en el momento adecuado. Él sabe lo que necesitamos. Todo lo demás está en el control del Señor.

Todo aquel que ha caminado largo tiempo en el discipulado puede testificar con gozo del cuidado del Señor; y si Él le preguntara: «¿Alguna vez te ha faltado algo?» con gozo responderá: «¡Nunca!, Señor, ¡nunca!» Y, ¿cómo podría faltarle algo a quien aun en el hambre, la desnudez, la persecución y el peligro está en comunión con Jesús? ¿Tendrá seguridad estando con Jesucristo?

CAPÍTULO 18

EL DISCÍPULO Y LOS INCRÉDULOS

«No juzguéis, para que no seáis juzgados. Porque con el juicio con que juzgáis, seréis juzgados, y con la medida con que medís, os será medido. ¿Y por qué miras la paja que está en el ojo de tu hermano, y no echas de ver la viga que está en tu propio ojo? ¿O cómo dirás a tu hermano: Déjame sacar la paja de tu ojo, y he aquí la viga en el ojo tuyo? ¡Hipócrita! saca primero la viga de tu propio ojo, y entonces verás bien para sacar la paja del ojo de tu hermano. No deis lo santo a los perros, ni echéis vuestras perlas delante de los cerdos, no sea que las pisoteen, y se vuelvan y os despedacen. Pedid, y se os dará; buscad, y hallaréis; llamad, y se os abrirá. Porque todo aquel que pide, recibe; y el que busca, halla; y al que llama, se le abrirá. ¿Qué hombre hay de vosotros, que si su hijo le pide pan, le dará una piedra? ¿O si le pide un pescado, le dará una serpiente? Pues si vosotros, siendo malos, sabéis dar buenas dádivas a vuestros hijos, ¿cuánto más vuestro Padre que está en los cielos dará buenas cosas a los que le pidan? Así que, todas

las cosas que queráis que los hombres hagan con vosotros, así también haced vosotros con ellos; porque esto es la ley y los profetas» (Mateo 7:1-12).

Es necesario conectar estos versículos a los capítulos cinco y seis y luego a la gran conclusión del sermón del monte. El capítulo cinco trata de lo extraordinario del discipulado (gr. «*perissos*»); y el capítulo 6 de la justicia oculta y simple de los discípulos (gr. «*haplous*»). En ambos capítulos, los discípulos fueron sacados de la comunidad a la que pertenecían y unidos sólo a Jesús. La división se hizo evidente y clara: un parteaguas entre antes y ahora —en el discipulado—. No obstante, esto trae consigo la pregunta de cuál es exactamente la relación de los discípulos con quienes les rodean. ¿Se les ha concedido un derecho especial por causa de esta segregación para tener poderes, normas y dones que les confieran mayor autoridad sobre los demás? Parece obvio que los discípulos de Jesús —ahora separados de su entorno— tuvieran un juicio agudo e incisivo para descalificar a toda persona que no adoptara esa vida superior. Inclusive, este pensamiento pudiera haberles parecido lógico: que esa era la voluntad de Jesús. Es decir, que Jesús quería que ellos caminaran por la vida como jueces, como críticos divisorios en sus tratos diarios con los demás. Por tanto, Jesús debe aclarar el malentendido con prontitud, pues éste, ponía el discipulado seriamente en peligro.

Los discípulos no deben juzgar, pues si lo hacen, ellos mismos caen en el juicio de Dios; pues la misma espada con que juzgan al hermano caerá sobre ellos, y la incisión con la que se separan del otro —por considerarse más justos que él— les separa del mismo Jesús.

¿Por qué es eso? El seguidor vive enteramente de su vínculo con Jesucristo. Él mantiene su justicia tan sólo mediante esta conexión y nunca fuera de ella; por lo tanto, nunca podrá convertirse en el estándar (la vara) cuyo uso pueda autorizarse para medir a los otros cuando le plazca. Lo que lo convierte en un discípulo no es la tenencia de un nuevo estándar de vida, sino que ahora, está completamente ligado a Jesucristo, quien es el Mediador y el Hijo de Dios mismo. Por ello, su propia justicia está oculta en Él, en la comunión con Jesús. Ya no puede verse a sí mismo, ni puede juzgarse a sí mismo, sino tan sólo ver a Jesús a solas, y ser visto, juzgado y perdonado por Él. Así también, entre el discípulo y los demás no hay una vara de vida justa, sino una vez más, sólo Jesucristo mismo; el discípulo siempre ve a la otra persona tan sólo como alguien que también depende de Jesús. Él sólo se encuentra con el otro porque ambos acuden a Jesús. Fue Jesús quien lo condujo al otro y ambos lo siguen. Por ello, el encuentro del discípulo con el otro nunca es el encuentro libre entre dos seres humanos, quienes cada cual sostiene distintos puntos de vista, distintas normas y juicios que puede usar el uno contra el otro. Más bien, el discípulo puede encontrarse con el otro sólo en cuanto a lo que respecta a su dependencia de Jesús.

Así, es Jesús quien, con su amor, su gracia y juicio tiene que luchar con la justicia propia del incrédulo. El discípulo por su parte, no toma una posición desde la cual el otro es atacado, sino que lo encamina a la verdad del amor de Jesús con la oferta sin condiciones de ayudarle a pertenecer a la comunidad de los que le siguen.

Cuando juzgamos nos sentamos a observar al prójimo en la distancia y reflexionamos respecto a él. No obstante, el amor no deja ni espacio ni tiempo para ello; porque el que ama no es quien contempla a quien ama en el sentido de ser un espectador de su conducta, más bien, el prójimo le es un reclamo viviente de su amor y servicio.

Pero surge una pregunta: ¿no es obligado condenar a otro, (cuando veo su mal), precisamente por causa del amor que le tengo y por su propio bien? Aquí podemos reconocer cuán fácil será caer en esta argucia. Un amor malentendido por el pecador es increíblemente cercano al amor por el pecado. No obstante, necesitamos entender una verdad preciosa: el amor de Cristo por el pecador es, en sí mismo, la expresión más aguda de repugnancia y condena del pecado.

Es precisamente el amor incondicional —que a los discípulos de Jesús se les ordena tener, si es que desean permanecer en el discipulado— el que jamás podrá ser alcanzado bajo su propia discreción y condiciones juiciosas, es decir, bajo la condena radical del pecado.

Si los discípulos juzgan, establecen con ello normas para el bien y el mal. Sin embargo, Cristo Jesús no es la norma que pueden aplicar a otros. Pues Él es quien me juzga a mí y revela que el bien que tengo [en mi justicia] es absolutamente malo. Por tanto, no tengo permiso de aplicar a otros lo que no puedo aplicar a mí mismo.

Si juzgo, lo único que hago es confirmar al otro en su propia maldad, ya que, puesto que él también se juzga a sí mismo de acuerdo a su propia concepción del bien y el mal, y puesto que no se da cuenta de su propia malicia, entonces se justifica a sí mismo. Así, si juzgo su maldad, sin querer, estoy afirmando la bondad del individuo (pues éste se justifica a sí mismo), y esta bondad nunca será la bondad de Jesucristo, por tanto, lo único que estoy haciendo es retirándolo del juicio del Señor y colocándolo bajo el juicio humano. Y al hacer esto traigo sobre mí el juicio de Dios también, puesto que ya no vivo por la gracia de Jesucristo, sino por el conocimiento del bien y del mal. Para toda persona Dios es la clase de Dios que cree.

En este sentido, el juzgar es una reflexión ilícita sobre otro que destruye el amor simple. No se me prohíbe tener mis propios pensamientos y percepciones de otra persona, siempre y cuando no llegue a la reflexión, es decir, la evaluación deliberada de ellos. Así estos pensamientos y percepciones únicamente son útiles para tener ocasión para el perdón y el amor que Jesús me ordena dar. Al frenar o moderar mi juicio sobre el otro, no significa *tout comprendre c'est tout pardoneer*,[44] es decir, esto no confiere que la otra persona pueda justificarse de alguna manera. Pues no se trata de que yo estoy en lo correcto, ni que el otro lo está, sino tan sólo es una proclamación de que Dios es el único quien juzga y quien otorga gracia.

Juzgar a otros nos hace ciegos, no obstante, el amor nos hace ver. Al juzgar nos hacemos ciegos a nuestro propio mal y a la gracia que está disponible para el otro. En cambio, en el amor de Cristo, el discípulo sabe que Jesús sufrió por toda culpa y pecado concebibles: el amor reconoce que todo pecado es perdonado bajo la cruz.

---

[44] Entender todo significa perdonar todo (Voltaire).

El amor ve al otro bajo la cruz, y ver así es ver la realidad. Si al juzgar realmente estuviera buscando la destrucción del mal, buscaría el mal que realmente me amenaza, es decir, el que hay en mí mismo. Pero cuando busco el mal en el otro, se hace evidente que también busco mi propio derecho de emitir tales juicios, que quiero permanecer impune en mi maldad juzgando al otro. Por tanto, el requisito previo —por decirlo así— para juzgar a otros es presuponer —y esto es lo más peligroso— que la palabra de Dios se aplica a mí de manera diferente que al prójimo. Así, en este autoengaño, hago valer un derecho especial diciendo que el perdón es para mí, mientras que el juicio pertenece al otro. No obstante, los discípulos de Jesús no tienen derecho propio de proclamarse en contra del otro, so pretexto de un falso y arrogante derecho: esto está totalmente prohibido por el Señor, el único derecho que les ha sido concedido es el privilegio de la comunidad con Jesús.

Pero no sólo la palabra de juicio está prohibida para el discípulo sino aun la proclamación de la palabra de salvación y el perdón de pecados tiene su límite. Es decir, el discípulo no tiene ni el poder y ni el derecho de imponer el evangelio a todos en el momento que quiera. Todo intento de imponer el evangelio por la fuerza, y andar detrás de la gente y hacer proselitismo a fin de que —por esfuerzos propios— les alcancemos para el reino de Dios, es inútil y peligroso. Es inútil, porque los cerdos no pueden reconocer las perlas que son arrojadas a ellos; y es peligroso, porque no sólo aquel —al que se quiere servir— es hecho pecador por profanar el santo mensaje del perdón de Dios, sino que el predicador mismo es puesto en peligro de sufrir daño por la furia enceguecida de estos hombres de corazón que caminan en tinieblas. El despilfarro de la gracia barata es una molestia para el mundo. Así, finalmente se vuelve violenta contra aquellos que quieren imponerle algo que éste no desea. En tanto, para los discípulos, esto significa una seria limitación de su ministerio, y corresponde a la instrucción de Mateo capítulo diez de sacudir el polvo de sus pies en contra del lugar en donde no reciban su palabra de paz. Cuando los discípulos no reconocen que existe límites para su actividad y en su celo no respetan ninguna resistencia, confunden la palabra del Evangelio con una idea de victoria en todo lugar y con toda persona. Esta idea crea fanáticos que no quieren reconocer que exista resistencia real; y esta idea es fuerte. Sin embargo, la palabra de Dios, en su nobleza, puede ser despreciada y rechazada por la gente. Hay corazones testarudos que cierran las puertas a la Palabra, y la Palabra simplemente reconoce esa resistencia y la sufre. Es duro aceptarlo, pero es verdad: para una mera ideología nada hay imposible, sin embargo, el evangelio reconoce las imposibilidades. Así, los proclamadores de la Palabra son más débiles que los propagandistas de una idea. Sin embargo, en esta debilidad están libres de la inquietud enfermiza que caracteriza a los fanáticos (aunque sufren con la Palabra). A los discípulos se les permite retirarse y huir, siempre y cuando lo hagan con la Palabra, en tanto su debilidad sea porque no quisieron aceptar su mensaje, pues de otra manera abandonarán la Palabra en su huida. Ellos no son más que servidores y herramientas en uso de la Palabra y no pretenden ser más fuertes que ella. Si quisieran imponer la Palabra en el mundo por todos los medios y bajo toda circunstancia, harían de la Palabra viva de Dios una mera ideología más, y así el mundo se defendería con justicia y apelaría a su derecho de dejar de escuchar. Sin embargo, el siervo de Cristo no es aquel que huye por su propia voluntad, sino que permanece en el sitio mientras la Palabra esté ahí. Cuando se mueve, él se mueve. Si el discípulo ignora esta debilidad —la debilidad de la Palabra entre la gente del sitio en donde ministra— entonces también ignora el misterio de la humildad de Dios. Esta Palabra débil, que los pecadores refutan, es la misma Palabra fuerte y misericordiosa que convierte al pecador desde lo profundo de su corazón. Su poder está encubierto en la debilidad; ya que, si la Palabra llegara con un poder desenfrenado, entonces significaría que el día del juicio ha llegado. Es una gran tarea para los discípulos reconocer los límites de su misión, porque si usan la Palabra inapropiadamente, ésta se volverá contra ellos.

¿Qué deben hacer los discípulos ante aquellos que cierran su corazón a la Palabra, es decir, en donde no tienen éxito? Ellos deberían reconocer que no tienen derecho ni poder en lo absoluto sobre otros, que no tienen acceso directo a ellos; y que la única forma que les queda es a través de Él, aquel en cuyas manos ellos están y también todo el mundo.

De eso se trata todo esto: los discípulos son llevados a la oración. Se les dice que no existe otro camino que conduzca al prójimo que el camino de la oración al Dios vivo. El juicio y el perdón permanece en las manos de Dios. Él cierra y Él abre. No obstante, los discípulos pedirán, buscarán y llamarán y Él los escuchará. Era necesario que los discípulos supieran que su preocupación e inquietud por los demás debe guiarlos a orar. Esta promesa es el mayor poder que ellos tienen. Esto distingue la forma en que los gentiles buscan, de la forma en que *los discípulos* buscan: los discípulos saben lo que están buscando. Sólo los que ya conocen a Dios pueden buscarlo, pues, ¿cómo podría alguien buscar lo que no conoce primero? ¿Cómo podría alguien encontrar si no sabe lo que está buscando? Así, pues, los discípulos buscan a Dios, a Quien han encontrado en la promesa que Jesucristo les dio.

En resumen, ha quedado claro hasta aquí que el discípulo no tiene ningún derecho ni ningún poder propios, él vive enteramente del poder que le otorga su comunión con Jesucristo. Él da una regla sencilla al discípulo, por la cual, incluso el más simple podrá comprobar si sus relaciones son las correctas o no. Tan sólo basta con invertir el orden entre él y el otro. Tan sólo tiene que ponerse en lugar del otro: «Así que, todas las cosas que queráis que los hombres hagan con vosotros, así también haced vosotros con ellos». En ese mismo momento, el discípulo pierde cualquier derecho especial con respecto a su relación con el prójimo, y no tienen excusa para condenarlo. Ahora ellos deben ser tan estrictos contra el mal como lo serían con su propio mal y tan indulgentes tal y como lo serían con ellos mismos. Porque nuestra maldad no es «mejor maldad» en comparación con la que se encuentra en otro. Y puesto que hay sólo un juicio, una sola ley y una sola gracia, el discípulo siempre verá al prójimo tan sólo como aquel a quien se le perdonan sus pecados y que vive de ahora en adelante únicamente por el amor de Dios. «Porque esto es la ley y los profetas», es decir, no habrá un mandamiento más elevado que este: amar a Dios sobre todas las cosas y al prójimo como a ti mismo.

CAPÍTULO 19

LA GRAN SEPARACIÓN

«Entrad por la puerta estrecha; porque ancha es la puerta, y espacioso el camino que lleva a la perdición, y muchos son los que entran por ella; porque estrecha es la puerta, y angosto el camino que lleva a la vida, y pocos son los que la hallan. Guardaos de los falsos profetas, que vienen a vosotros con vestidos de ovejas, pero por dentro son lobos rapaces. Por sus frutos los conoceréis. ¿Acaso se recogen uvas de los espinos, o higos de los abrojos? Así, todo buen árbol da buenos frutos, pero el árbol malo da frutos malos. No puede el buen árbol dar malos frutos, ni el árbol malo dar buenos frutos. Todo árbol que no da buen fruto, es cortado y echado en el fuego. Así que, por sus frutos los conoceréis. No todo el que me dice: Señor, Señor, entrará en el reino de los cielos, sino el que hace la voluntad de mi Padre que está en los cielos. Muchos me dirán en aquel día: Señor, Señor, ¿no profetizamos en tu nombre, y en tu nombre echamos fuera demonios, y en tu nombre hicimos muchos milagros? Y entonces les declararé: Nunca os conocí; apartaos de mí, hacedores de maldad» (Mateo 7:13-23).

La iglesia de Jesucristo no puede separarse arbitrariamente de la comunidad de aquellos que no escuchan el llamado de Jesús, sino es sólo llamada a seguir a su Maestro por causa de la promesa y del mandamiento que Él les ha dado. Eso debe ser suficiente para ella. Todo el juicio hacia otros y separación de ellos debe ser dejado a Quien eligió a la iglesia de acuerdo a su propósito, no por obras ni por mérito alguno sino tan sólo por su gracia. No es la iglesia la que separa, sino que esta separación debe ser dirigida y ordenada por el que le ha llamado.

Es un rebaño pequeño; los discípulos se separan de un gran número de personas. Los discípulos son pocos y siempre serán pocos. Esta palabra de Jesús corta cualquier falsa esperanza de su efectividad. Por ello, nunca un seguidor de Jesús pondrá su confianza en el número: «Pocos son los que…», pero los otros son muchos y siempre serán muchos, pero ellos van a la muerte, a la perdición. ¿Cuál puede ser el consuelo de los discípulos de Jesús entonces? Tan sólo este: que Jesús les promete vida eterna, una comunión eterna con Él.

El camino de los seguidores es angosto. Es fácil salirse de él, es fácil perderse, incluso si ya lo hemos andado muchos años. Luego es difícil de encontrarlo. El camino es verdaderamente angosto y el peligro está a ambos lados: vivir como alguien extraordinario, por un lado, pero no estar consciente de ello por el otro. Testificar y confesar la verdad de Jesús y, sin embargo, amar al enemigo de esa verdad, a los enemigos de la Palabra y a los nuestros, con el amor incondicional de Jesucristo, ese es el camino angosto. Creer en la promesa de Jesús de que sus discípulos poseerán la tierra, mostrándose indefensos frente al enemigo y sufriendo injusticias sin responder con la misma moneda, ese es el camino estrecho. Ver a las personas en sus debilidades y cometiendo injusticias y nunca juzgarles y tener que entregarles el mensaje de vida —sin «echar las perlas a los cerdos»—, ese es el camino angosto.

El camino es bastante difícil, y en cualquier momento podemos estar en peligro de extraviarnos. Si veo este camino como uno por el que estoy ordenado a caminar y voy caminando con miedo a caer, éste será realmente imposible; pero si voy viendo a Jesucristo paso a paso, lo veo solo a Él y lo voy siguiendo minuto a minuto, entonces seré preservado del mal. Si miro el peligro que existe en todas mis acciones, y si voy observando el camino en lugar de ver a Aquel que va delante de mí, entonces mi pie comenzará a deslizarse. Él mismo es el camino. Él es el camino angosto y la puerta estrecha y lo único que importa es encontrarlo a Él. Si sabemos esto entonces podremos caminar el camino angosto —a través de la puerta estrecha de la cruz de Cristo— que lleva hacia la vida: este es el único camino seguro hacia la vida eterna. ¿Cómo podría ser un camino espacioso el camino que transitó el Hijo de Dios sobre esta tierra, el cual, nosotros debemos caminar también, como ciudadanos de dos mundos: ciudadanos de aquí —en donde vivimos en constante peligro—; y ciudadanos de arriba (del reino de los cielos)? El camino angosto es el único camino correcto.

Versículos 15-20. La explicación de la separación entre la Iglesia y el mundo con esto se completa. Ahora, Jesús se vuelve hacia la iglesia misma, juzgando y separando. En medio de los propios discípulos la separación tiene que presentarse una y otra vez, a fin de que ninguno piense que basta con haber escapado del mundo; es decir, que piense que ahora está protegido al pertenecer a la comunidad de cristianos y con ello, automáticamente, permanezca marchando en el camino angosto sin peligro alguno. Los falsos profetas vendrán y traerán confusión —nos dice Cristo—, y estos propiciarán mayor perdición entre los discípulos que fueron llamados. Puede haber a mi lado uno que externamente parezca ser parte de los que permanecen en el discipulado (que siguen a Jesús). Puede ser un profeta, un predicador, uno que parece cristiano en su palabra y obra; sin embargo, de él no sabemos toda la verdad: es un lobo furioso, su palabra es mentira y su obra engaño. Él sabe bien cómo mantener el secreto, y en lo oculto hace su trabajo siniestro. Está entre nosotros, no porque la fe en Jesucristo lo haya llevado a nosotros, sino porque el diablo lo impele a hacer daño a la iglesia. Tal vez espera que su habilidad intelectual o su poder de persuasión le traiga poder e influencia, dinero y gloria. Él busca lo del mundo, mas no al Señor Jesucristo. Oculta su oscura intención bajo el disfraz del cristianismo y sabe que los cristianos son personas crédulas.

Se fía que no será expuesto al esconderse bajo su vestidura inocente. ¡Él también sabe que a los cristianos les está prohibido juzgar y se los recordará en el momento adecuado! Desde luego, nadie pude ver el corazón del prójimo. Así que, logra seducir a muchos a desviarse del camino. Tal vez él mismo no se dé cuenta de todo esto, quizás el diablo ha oscurecido su entendimiento acerca de él mismo, y piensa que lo que hace es totalmente correcto, e inclusive recibe ánimo para seguir haciéndolo.

Jesús está diciendo esto y tales palabras podrían estar causando gran temor entre sus discípulos. ¿Quién conoce el corazón del otro? ¿Quién podría asegurar que aquel que está a nuestro lado —que se esconde bajo la apariencia cristiana— no es en lo íntimo una sarta de mentiras? Desde luego, estas palabras podrían generar una profunda desconfianza; una mirada de sospecha y ser motivo de censura interna; una observación dudosa y un espíritu de juicio ansioso. Estas palabras podrían producir una condena carente de amor, sobre todo respecto al hermano que cae en pecado. Sin embargo, el Señor libera a los suyos de esta desconfianza; una desconfianza que destrozaría su iglesia. Empieza a decir que el árbol malo da malos frutos. Es decir, a su debido tiempo se dará a conocer. No tenemos que mirar el corazón de nadie, sino simplemente esperar hasta que el árbol dé su fruto. El fruto que se produce a su tiempo es lo que distingue al árbol y sus malas intenciones no podrán permanecer ocultas por mucho tiempo.

No se habla aquí de hacer una distinción entre las palabras y las obras, más bien, se trata de una distinción entre la apariencia y la realidad. Jesús nos dice que una persona no puede vivir en apariencia por mucho tiempo; el momento de dar fruto, el momento en que se haga la distinción llegará. Tarde o temprano se sabrá quién es realmente. Realmente no está en la voluntad del árbol producir su fruto, no es que quiera o no darlo: el fruto vendrá por sí solo. Por tanto, simplemente será importante distinguir un árbol de otro, pues la época en que cada árbol tiene que dar su fruto lo rebelará todo. Cuando se llega el tiempo de tomar decisiones se revelará si una persona es del mundo o pertenece a la comunidad de los seguidores de Jesús. Esto será no sólo en las decisiones grandes, sino aún en las pequeñas, las cotidianas, por seguro será revelado si la persona es buena o mala; y así, la realidad será evidente mientras que la apariencia se desvanecerá.

Por lo tanto, Jesús requiere que los discípulos distingan claramente entre las apariencias y la realidad en el tiempo preciso, entre ellos y quienes se hacen pasar por ellos. Pero es necesario esperar, y esta espera anula toda exploración curiosa del otro, pero requiere veracidad y determinación para reconocer la decisión que Dios está tomando. En cualquier momento, la distinción entre los cristianos y los hipócritas vendrá, o bien, nosotros mismos podemos ser revelados como hipócritas. Entonces, los discípulos son llamados a una comunión más sólida con Jesús, a un discipulado más fiel, en tanto que el árbol malo será cortado y echado al fuego; y aunque tenga mucho follaje y tenga la apariencia de ser muy saludable, Dios lo cortará.

Versículo 21. La separación que tiene como raíz el llamado de Jesús va más allá. Pasando por la separación entre el mundo y la comunidad de seguidores, luego por los falsos cristianos de los verdaderos, ahora la separación se da entre los discípulos profesantes. Pablo dice: «nadie puede llamar a Jesús Señor, sino por el Espíritu Santo» (1 Corintios 12:3). Nadie puede entregar su vida a Jesús —llamándolo Señor— por su propia razón, poder o decisión. Pero aquí, sin embargo, se contempla esta posibilidad, que se llame a Jesús Señor sin el Espíritu Santo, es decir, sin haber oído el llamado de Jesús. Esto es aún más incomprensible partiendo de que en aquellos tiempos —cuando se escribió esta palabra— llamar a Jesús Señor no traía ninguna ganancia terrenal, sino todo lo contrario: grandes peligros y dificultades.

No todo el que me dice: Señor, Señor. ¡¿Qué es lo que está diciendo Jesús?!, ¿no es precisamente la confesión de Él como Señor lo que nos da la entrada al cielo? Sin embargo, nos dice que no todos los que hagan esta confesión entrarán; por tanto, la separación es también sobre la iglesia que confiesa. La confesión por sí sola no nos da derecho a que Jesús nos reconozca como suyos. Es decir, nadie puede basarse en el hecho de que alguna vez confesó a Jesús como su Señor para creer que por ello es salvo; ni tampoco significa algo ante Dios que pertenezcamos a la membresía de la iglesia que profesa verdaderamente a Jesús. No seremos salvos únicamente por nuestra confesión. Si creemos así, entonces estamos cometiendo el pecado de Israel, quien pensaba que por el hecho de ser llamada por Dios —cuyo llamado fue precisamente por pura gracia— era suficiente para tener derechos especiales ante Dios. Esto, por supuesto, será un pecado contra Dios, quien nos ha llamado por pura gracia. Consecuentemente, en aquel día, Dios ni siquiera nos preguntará si hemos sido evangélicos, sino más bien, si hemos hecho su voluntad. Él preguntará a todos esto, y esto nos incluye a nosotros. Lo que se considerará, por tanto, no es el reclamo de privilegios por causa de un llamado, sino en la elección de Dios basada en la gracia. «Gr. *pas ho legon*» y «gr. *all ho poin*» —decir y hacer— esto no significa simplemente la diferencia entre la palabra y la acción. Más bien nos habla de dos tipos diferentes de comportamiento humano ante Dios. «Gr. *ho legon kyrie*» —«el que dice "Señor, Señor"»— es el hombre que reclama derechos por su trabajo; mientras que el «gr. *ho poion*» [el que hace] es el hombre que obedece con humildad, es decir, que construye sobre la base de la gracia de Dios. Es entonces aquí, que esta palabra —Señor, Señor— tiene correlación con la arrogancia, mientras el que humildemente hace la voluntad de Dios, su correlación es con la gracia: cuando reconoce que sin el Señor no puede hacer nada y obedece y sirve con humildad. El que profesa *Señor, Señor*, profesa esto sin el Espíritu Santo, y crea la vanidad de su propio derecho, basándose en que un día fue llamado por Jesús a seguirle. No obstante, el que hace la voluntad de Dios es quien, además de ser llamado, es perdonado, obedece y sigue hasta el final. Él entiende su llamado no como un derecho, sino simplemente que fue pecador, fue perdonado y ahora vive para hacer la voluntad de Dios: su único deseo es obedecer. Es así como la gracia de Jesús exime al hacedor, el que obra correctamente: en humildad, en fe y reconociendo siempre que fue llamado por gracia.

Versículo 22. Los confesores y los hacedores son dos grupos distintos, y en este versículo esta separación es llevada al extremo, es decir, habla de los casos más severos que han existido respecto a esta verdad. Se refiere ahora no sólo a los que confiesan, sino también —y con esto vuelve a separar— a los «hacedores» mismos. Ellos han hecho obras en el nombre de Jesús, ellos saben que el mero pronunciamiento de Jesús como Señor no justifica y fueron e hicieron grande el nombre de Jesús entre el pueblo con sus hechos. Ahora, [—en el día final—], se presentan ante Jesús y apelan a sus acciones. Aquí Jesús revela la posibilidad de una fe promovida por el demonio, que realiza obras maravillosas, las cuales, son tan similares a las obras de los verdaderos discípulos de Jesús, que es casi imposible distinguirlas; obras de caridad, milagros, hasta, tal vez, una especie de santificación personal... Sin embargo, quienes realizan tales obras niegan a Jesús y a su discipulado. Esto no es otra cosa que lo que dice Pablo en el capítulo trece de 1 Corintios, en donde también habla de esta posibilidad: tener profecía, todo el conocimiento, incluso toda la fe (una que traslada los montes), etc., pero sin amor, es decir, sin Cristo, sin el Espíritu Santo. Inclusive, Pablo contempla la posibilidad de aquellas obras que también se hacen por amor cristiano: la entrega de los bienes, el estar dispuesto al martirio, etc., podrían realizarse sin amor. En otras palabras, en la realización de estas cosas el discipulado está ausente. O dicho de otro modo, quien realizó tales obras fue el confesor de Cristo y no Cristo mismo (tal debe ser en el discipulado). Esta es la posibilidad más profunda e incomprensible de la sutileza satánica dentro de la comunidad cristiana. La última separación, la cual ocurrirá —por supuesto— hasta el último día y tal separación será definitiva.

Dado todo esto, los discípulos necesitan que Jesús responda una pregunta urgente: ¿cuál es el criterio de Jesús para ser aceptado o no? ¿Quién se queda y quién no? La respuesta está reservada para la última expresión de Cristo en esta sección: «Nunca os conocí». Así que eso es; este es el secreto guardado desde el comienzo del sermón del monte hasta el final. Todo se resume a si somos o no reconocidos por Jesús. Esa es la pregunta importante. Si existe una separación entre el mundo y la iglesia, luego dentro de la iglesia, y luego en el día del juicio final, ¿en qué podemos tener seguridad entonces? Si no son seguras ni la confesión ni la obediencia misma entonces tan sólo nos queda una sola palabra: *Te he conocido*. Esta es la palabra eterna, su eterno llamamiento. Aquí se cierra el círculo: se reúne la última con la primera palabra del sermón del monte, todo se trata del discipulado. Es la palabra que lo decidirá todo: el llamado al discipulado permanece de principio a fin. El que no se aferre de esta palabra en todo el camino y deje ir todo lo demás sufrirá las consecuencias el día del juicio. Esta palabra es *su gracia*.

CAPÍTULO 20

LA CONCLUSIÓN

«Cualquiera, pues, que me oye estas palabras, y las hace, le compararé a un hombre prudente, que edificó su casa sobre la roca. Descendió lluvia, y vinieron ríos, y soplaron vientos, y golpearon contra aquella casa; y no cayó, porque estaba fundada sobre la roca. Pero cualquiera que me oye estas palabras y no las hace, le compararé a un hombre insensato, que edificó su casa sobre la arena; y descendió lluvia, y vinieron ríos, y soplaron vientos, y dieron con ímpetu contra aquella casa; y cayó, y fue grande su ruina. Y cuando terminó Jesús estas palabras, la gente se admiraba de su doctrina; porque les enseñaba como quien tiene autoridad, y no como los escribas» (Mateo 7:24-29).

Hemos escuchado el sermón del monte, y quizá lo hayamos entendido. Pero, ¿quién lo escuchó en verdad? Jesús dedica estas últimas palabras para dar la respuesta a esta pregunta. Jesús no deja que sus oyentes se retiren para que vayan y hagan lo que les gustó de su discurso, o bien para darles oportunidad de que busquen lo que les parezca valioso de éste y comprueben lo que resulte ser «realmente práctico». No les da manga ancha para que abusen de sus palabras con manos mezquinas, sino que Él ha hablado para que sus palabras sean poderosas en ellos. Humanamente, hay innumerables formas de entender e interpretar el sermón del monte. En cambio, Jesús solo conoce una sola posibilidad: ir y obedecer. No interpretar y aplicar sino simplemente obedecer. Esta es la única forma posible de escuchar la palabra de Jesús.

Esta es la palabra que debo aplicar a mí mismo: «Te he conocido», ésta es de donde deriva todo lo demás y me pone en acción, en obediencia. Me pone a edificar mi casa sobre la roca. La única respuesta que Jesús espera desde la eternidad a esta palabra es la acción: Jesús ha hablado —esa fue su labor—, ahora la nuestra es obedecer. Sólo poniendo en práctica la palabra de Jesús ésta mantiene su honor, su fuerza y su poder entre nosotros. Ahora, la tormenta puede desatarse sobre nuestra casa; no obstante, nuestra unidad con Jesús (creada por su palabra), hará que se mantenga en pie.

No hay —además de poner en práctica la palabra— otra cosa por hacer con ella. Cualquier otra cosa que se haga con las palabras de Jesús no funcionará; además, esto sería negar injustamente al Señor. Todas las preguntas, problemáticas e interpretaciones del sermón del monte salen sobrando. El joven rico y el escriba de Lucas 10 están a la vista. Y no importa cuánto alguien crea a esta palabra, ni tampoco qué tanto la reconozca como algo fundamental, pues a esto también Jesús le llama *no hacer nada*.

No obstante, la palabra *no quiero hacer nada* no es una roca sobre la cual pueda construir mi casa. No hay unión con Jesús aquí: —Él no me ha conocido—. Por tanto, cuando la tormenta llegue, la palabra se pierde rápidamente, y así entiendo que realmente nunca creí. No tuve la palabra de Cristo, sino una palabra que escondí pero que nunca hice mía: me mantuve meditando en ella, pero no la puse en práctica. Ahora mi casa experimentará una gran caída porque no está descansando sobre la palabra de Cristo.

«La gente se admiraba...» ¿Qué había pasado? El Hijo de Dios había hablado. Él había tomado el juicio del mundo en sus manos. Y sus discípulos se pusieron de su lado.

PARTE 3

LOS MENSAJEROS

Mateo 9:35-10:42

CAPÍTULO 21

LA COSECHA

«Recorría Jesús todas las ciudades y aldeas, enseñando en las sinagogas de ellos, y predicando el evangelio del reino, y sanando toda enfermedad y toda dolencia en el pueblo. Y al ver las multitudes, tuvo compasión de ellas; porque estaban desamparadas y dispersas como ovejas que no tienen pastor. Entonces dijo a sus discípulos: A la verdad la mies es mucha, mas los obreros pocos. Rogad, pues, al Señor de la mies, que envíe obreros a su mies» (Mateo 9:35-38).

La mirada misericordiosa del Salvador recae sobre su pueblo, sobre el pueblo de Dios. No podía ser suficiente para Él que tan sólo unos pocos hubieran escuchado su llamado y lo hubieran seguido. No podía pensar en simplemente —a la manera de los grandes maestros religiosos— crear una élite con sus discípulos, aislarse de la gente e impartirles las enseñanzas de un conocimiento superior y de una manera más perfecta de vivir. Jesús vino, trabajó y sufrió por el bien de todo su pueblo. Y los discípulos, que quieren tenerlo tan sólo para ellos mismos, que quieren evitar el hostigamiento de los niños que le fueron traídos, y de algunos pobres mendigos en el camino (Marcos 10:48), deben reconocer que Jesús no permite que su ministerio sea exclusivamente para ellos. Su predicación del reino de Dios y su poder salvador pertenecen a los pobres y a todos los enfermos que encontrara en su pueblo.

La visión de Jesús, que pudo haber despertado aversión, enojo o desprecio en sus discípulos, llenó el corazón de Jesús de profunda compasión y tristeza. El querido pueblo de Dios yacía maltratado en el suelo, y la culpa no era de los romanos, sino de los que se suponía debían servirles: los siervos de la Palabra. ¡No había pastores! Eran un rebaño que no era conducido a aguas dulces, y cuya sed permanecía insatisfecha. Eran ovejas cuyos pastores, en lugar de protegerles del lobo, les habían herido, maltratado y atemorizado con sus varas. Así fue como Jesús encontró al pueblo de Dios. Muchas preguntas, pero ninguna respuesta; necesidad, pero sin ayuda; miedo en sus conciencias, pero sin liberación; lágrimas, pero ningún consuelo; pecado, pero ningún perdón. ¿Dónde estaba el buen pastor que su pueblo urgía? ¿De qué ayudaba que hubiera escribas que condujeran a la gente a las sinagogas con gran empeño, que los celosos de la ley condenaran severamente a los pecadores sin ayudarles? ¿De qué servían los predicadores e intérpretes de la ley más ortodoxos de la palabra de Dios? Ninguno de ellos ayudaba. No había misericordia, sino tan sólo personas en miseria, maltratadas y abusadas. Por eso, ¿De qué servían los escribas, los eruditos de las Escrituras y los predicadores cuando faltan pastores en la iglesia?

¡El rebaño del Señor necesita pastores! «Apacienta mis corderos», este es el último mandamiento de Jesús a Pedro. El buen pastor lucha por su rebaño contra el lobo, el buen pastor no huye, sino que da su vida por las ovejas. Conoce a todas sus ovejas por su nombre y las ama. Conoce sus necesidades y sus debilidades. Él sana a la que está herida, da agua a la que está sedienta, levanta a la que está caída. Alimenta con bondad y no con dureza. Las guía en la dirección correcta. Busca a la oveja perdida y la regresa al rebaño. No obstante, los malos pastores gobiernan por la fuerza, olvidan al rebaño y buscan su propia causa.

Jesús buscó algún buen pastor para su rebaño y no lo halló. Eso tocó su corazón. Su divina misericordia se vuelve para abrazar a esta multitud errada que le rodea. Humanamente hablando este es un cuadro sin esperanza. Pero no así para Jesús: Él ve aquí —en donde se podría observar gente maltratada y miserable—, un campo listo para la siega. «La mies es mucha», está lista para ser llevada a los graneros. Ha llegado la hora de que estos pobres y miserables sean llevados al reino de Dios. Jesús ve la promesa de Dios lista para cumplirse en tanto los escribas y celosos de la ley tan sólo pueden ver un campo pisoteado, quemado y quebrado. ¡Jesús ve una gran cosecha! Él ve un trigo maduro y ondulante. Tan sólo su misericordia puede ver eso. Ahora, ¡no hay tiempo que perder, la cosecha no debe retrasarse!

Sin embargo, hay un problema: «los obreros son pocos». ¿No es sorprendente? Son muy pocos aquellos que tienen la mirada misericordiosa de Jesús, que tienen suficiente amor para mirar con sus ojos.

Jesús está buscando ayuda: ¿quién podrá ser parte de esta gran obra? Él no puede hacerlo solo, ¿quiénes le ayudarán? Tan sólo Dios los conoce y debe enviarlos a su Hijo para ayudarle. ¿Quién estaría dispuesto a ofrecerse voluntariamente como ayudante de Jesús? Incluso los discípulos que están presentes con Él ahora son insuficientes para el trabajo; por tanto, ellos mismos deben pedir que el Señor de la mies envíe obreros, pues el tiempo se ha cumplido.

CAPÍTULO 22

LOS APÓSTOLES

«Entonces llamando a sus doce discípulos, les dio autoridad sobre los espíritus inmundos, para que los echasen fuera, y para sanar toda enfermedad y toda dolencia» (Mateo 10:1-4).

La oración es contestada. El Padre ha revelado su voluntad a su Hijo, y Jesucristo llama a sus doce discípulos y los envía a la mies. Los convierte en «apóstoles»: sus mensajeros y colaboradores.

Les dio poder y este poder es clave. Los apóstoles no sólo reciben una palabra o una enseñanza, sino un poder efectivo. ¿Cómo podrían hacer ellos este trabajo sin este poder? Debe ser un poder mayor que el que gobierna la tierra, un poder mayor al del diablo. Los discípulos saben que el diablo tiene poder, aunque también saben que es estratagema del diablo ocultar ese poder; e, inclusive, que pretende que la gente crea que él no existe en lo absoluto. Es precisamente esta astucia suprema la que debe ser contrarrestada: el diablo debe ser exhibido y vencido con el poder de Cristo.

Así, pues, los apóstoles se apartan del mismo Jesucristo. Él quiere que le ayuden a hacer su trabajo, por tanto, no les niega el don más alto para esta misión: participar de su poder en contra de los espíritus malos, sobre el diablo, quien se ha apoderado de la humanidad. En esta misión los apóstoles se asemejan a Cristo. Ellos hacen las obras de Cristo.

Los nombres de estos primeros mensajeros son preservados hasta hoy. Así como hubo doce tribus que conformaron el pueblo de Dios —Israel—, así hay doce mensajeros para realizar la obra de Cristo en él. Habrá doce tronos listos para ellos en el reino de Dios, y ellos juzgarán a Israel (Mateo 19:18). Habrá doce puertas en la Nueva Jerusalén, en la que habitará el pueblo santo y sobre ella se leerán los nombres de las tribus. La muralla de la ciudad tiene doce cimientos y ahí estarán escritos los nombres de los apóstoles del Cordero (Apocalipsis 21:12, 14).

Es sólo el llamado de Jesús lo que une a estos doce. Simón, el hombre-roca; Mateo, el publicano; Simón el Zelote, el campeón de la ley y la justicia en contra de la opresión gentil; Juan, a quien Jesús amó, el mismo que recostaba su cabeza sobre el pecho del Maestro, y los otros, de quienes no sabemos nada excepto sus nombres; y finalmente Judas Iscariote, quien lo traicionó. Nada en el mundo podría haber conectado a estos hombres para realizar una misma tarea sino el llamado de Jesús. Aquí, se superaron todas las diferencias entre ellos y se estableció un nuevo y firme compañerismo. El hecho de que Judas también saliera a hacer la obra de Cristo sigue siendo un misterio oscuro y una terrible advertencia.

CAPÍTULO 23

EL TRABAJO

«A estos doce envió Jesús, y les dio instrucciones, diciendo: Por camino de gentiles no vayáis, y en ciudad de samaritanos no entréis, sino id antes a las ovejas perdidas de la casa de Israel. Y yendo, predicad, diciendo: El reino de los cielos se ha acercado. Sanad enfermos, limpiad leprosos, resucitad muertos, echad fuera demonios; de gracia recibisteis, dad de gracia. No os proveáis de oro, ni plata, ni cobre en vuestros cintos; ni de alforja para el camino, ni de dos túnicas, ni de calzado, ni de bordón; porque el obrero es digno de su alimento» (Mateo 10:5, 6, 7-10).

Como asistentes de Jesús, los discípulos tienen garantía de eficacia tan sólo bajo el claro mandato de su Señor. No son libres de elegir qué o cómo hacer el trabajo, ellos están sometidos completamente a la voluntad de Jesús. ¡Bienaventurados aquellos que son liberados de su propia discreción y calculo y tan sólo tienen que seguir órdenes! La primera palabra impone al mensajero una limitación que debió ser extraña y difícil para ellos: no debían elegir el campo de trabajo. No sería en donde les fuera más atractivo, sino en donde fueran enviados: eso es decisivo. Esto deja muy claro que no deben hacer su propio trabajo, sino el de Dios. ¿No sería una buena idea ir directamente a los gentiles y a los samaritanos, estando ellos tan necesitados de las Buenas Nuevas? Aunque esto pueda ser cierto, no por ello deben hacerlo así, pues es necesario primero cumplir la orden del Señor. Las obras de Dios no pueden hacerse sin una orden de Él primero, pues de lo contrario, se hacen sin promesa. Pero, ¿no es una misión —la cual activa una promesa— predicar el evangelio en todo el mundo? No obstante, tanto la misión y la promesa tienen lugar cuando Dios nos da la orden primero. Pero, ¿no es precisamente el amor de Cristo lo que nos impulsa a proclamar el evangelio sin límites? El amor de Cristo es una cosa distinta a la exuberancia y el entusiasmo nacido del propio corazón, pues el amor genuino de Cristo es lo único que puede estar presente en la misión que Él específicamente ha dado.

No es nuestro gran amor por nuestros hermanos lo que les da la salvación, no es nuestro amor por las misiones lo que los salva, sino que la salvación que ellos necesitan seguirá únicamente a los que cumplen con una misión dada por Dios. Sólo la orden nos muestra el lugar en donde se encuentra también la promesa. Si no fuera así, entonces Cristo nos dejara predicar aquí y allá y dejaría el asunto del lugar a nuestra propia voluntad. De esta manera los apóstoles están atados a la palabra, a la comisión. Donde está la palabra de Cristo, ahí está la comisión y sólo allí deben ir los apóstoles.

Por camino de gentiles no vayáis, y en ciudad de samaritanos no entréis, sino id antes a las ovejas perdidas de la casa de Israel. Nosotros, los gentiles, estuvimos excluidos de recibir las Buenas Nuevas. Fue necesario que primero Israel tuviera que escuchar y rechazar el mensaje de Cristo, y así fuera creada una iglesia de cristianos gentiles bajo una nueva comisión de Jesucristo. Sólo el Resucitado da la orden de la misión. Así, la limitación de la misión, la cual los discípulos no podían comprender, se convirtió en una obra de gracia por el Espíritu Santo para los gentiles. Esa es la forma en que Dios opera, su sabiduría. Lo único que es nuestro es hacer la tarea.

«Y yendo, predicad, diciendo: El reino de los cielos se ha acercado. Sanad enfermos, limpiad leprosos, resucitad muertos, echad fuera

demonios; de gracia recibisteis, dad de gracia» *(Mateo 10:7, 8).* El mensaje y la eficacia de los mensajeros no es distinta a la de Jesucristo mismo: ellos ahora participan de su poder. Jesús ordena la proclamación del inicio del reino de los cielos y ordena las señales que confirman este mensaje; les manda sanar a los enfermos, a limpiar a los leprosos; a resucitar a los muertos; a expulsar a los demonios.

La proclamación se convierte en una serie de eventos y los eventos dan testimonio de la proclamación: el reino de Dios, Jesucristo, el perdón de pecados, la justificación del pecador por la fe, todo esto no es otra cosa que la aniquilación del poder del diablo; la sanidad divina, la resurrección de muertos... La palabra del Dios todopoderoso es acción, acontecimientos, milagros. Es el caminar de Jesucristo por esta tierra con sus doce discípulos, ese es su trabajo. La gracia real con la que están dotados los discípulos es la Palabra creativa y redentora de Dios.

«No os proveáis de oro, ni plata, ni cobre en vuestros cintos; ni de alforja para el camino, ni de dos túnicas, ni de calzado, ni de bordón; porque el obrero es digno de su alimento» *(Mateo 10:9, 10).* Debido a que tanto la misión como el poder de los mensajeros residen únicamente en las palabras de Jesús, a ellos no se les está permitido llevar nada que —de alguna manera— oscurezca los motivos de su misión. Por tanto, en verdadera pobreza, los mensajeros deben testificar de la riqueza de su Señor. Lo que han recibido de Jesús no son posesiones materiales, con las cuales podrían comerciar y obtener más bienes. *De gracia recibisteis.* Ser mensajero de Jesús no otorga privilegios personales, ni posición de honor o poder. Esto es verdad, incluso cuando el mensajero itinerante de Jesús se convierte en el pastor oficial de una congregación. Los derechos de un graduado universitario o de estatus social no significan nada cuando nos convertimos en mensajeros de Jesús. ¡«De gracia recibisteis»! Aquí cabe preguntarnos: ¿Fue únicamente el llamado de Jesús lo que nos hizo ponernos a su servicio o fue algo más? Que quede claro que la misión consiste en distribuir riqueza y no desear nada para uno mismo, ni posesiones, ni respeto, ni reconocimiento, ¡ni siquiera gratitud! ¿Por qué tendríamos derecho de reclamar algo de eso? Más

bien, cualquier gloria que caiga sobre nosotros será un robo, pues toda la gloria pertenece al Señor que nos envió.

La pobreza de los mensajeros de Jesús es la prueba de su libertad. Si hay una ligera discrepancia entre los relatos de Marcos y Lucas en cuanto a lo que Jesús permitió que llevasen los discípulos, esto no es suficiente para tomar conclusiones determinantes, pues el punto central aquí es que Jesús ordenó a sus discípulos esta pobreza a fin de que dependieran de su Palabra. No es bueno pasar por alto que este es un *mandamiento* de Jesús. Sí, la disciplina que Jesús les mandó está estipulada en detalle, les dio una lista inclusive. No dijo que fueran como mendigos, con ropas raídas, ni que fueran un parásito para otras personas. Sino deberían llevar la vestidura de un siervo. No obstante, deberían seguir. No llevarían más de lo que les era necesario para llegar al lugar y ahí encontrarían amigos que les albergasen y les darían el alimento necesario.

Su confianza no debe estar en los hombres, sino en el que los envió, y en el Padre celestial, quien cuidará de ellos. Al hacerlo así, harán creíble el mensaje que proclaman: el inicio del reino de Dios en la tierra. Con la misma libertad con que hacen su ministerio, así deben buscar refugio y comida. No como quienes mendigan el pan, sino como obreros que son dignos de su alimento. «Obreros», así llama el Señor a sus mensajeros, y si se dan a la pereza, no serán merecedores de este pan. Pero, ¿de qué se trata exactamente este trabajo? ¿No es la lucha contra los poderes de Satanás? Ciertamente lo es, es una lucha por los corazones de los hombres, una renuncia a la gloria personal, a los bienes y placeres del mundo, con tal de poner la vida en servicio de los pobres, abusados y miserables de la tierra. Dios mismo trabajó duro y se fatigó por el bien de los hombres (Isaías 43:24), el alma de Jesús trabajó hasta la muerte en la cruz para nuestra salvación (Isaías 53:11). De esta manera, los mensajeros participan de esta obra, en el anuncio del evangelio, en la lucha contra el diablo y en la oración intercesora. Cualquiera que no haga este trabajo no ha entendido todavía en lo que consiste el ministerio fiel de un siervo de Jesús. Sin pena alguna ellos pueden recibir la recompensa diaria a su labor; y también no deben avergonzarse de continuar haciéndose tan pobres como sea posible, todo por el bien de su ministerio.

«Mas en cualquier ciudad o aldea donde entréis, informaos quién en ella sea digno, y posad allí hasta que salgáis. Y al entrar en la casa, saludadla. Y si la casa fuere digna, vuestra paz vendrá sobre ella; mas si no fuere digna, vuestra paz se volverá a vosotros. Y si alguno no os recibiere, ni oyere vuestras palabras, salid de aquella casa o ciudad, y sacudid el polvo de vuestros pies. De cierto os digo que en el día del juicio, será más tolerable el castigo para la tierra de Sodoma y de Gomorra, que para aquella ciudad» (Mateo 10:11-15).

El trabajo de la iglesia tomará como punto de partida los hogares «dignos» de acoger a los mensajeros de Jesús. Dios todavía tiene —en todas partes— una iglesia que ora y espera en Dios. Ahí los discípulos serán aceptados humilde y voluntariamente en el nombre del Señor. Su trabajo se llevará a cabo en oración, con el soporte de ese pequeño rebaño, el de la casa de paz, quien representa a toda la futura iglesia. Para evitar discordias entre los hermanos que pueden hospedar, y las codicias por parte de los apóstoles, el Señor ordena que sus siervos permanezcan en el mismo hogar mientras estén en esa ciudad. Los mensajeros deben llegar a la ciudad e inmediatamente entrar en una casa que les reciba. El tiempo es precioso y reducido. Muchos están esperando su mensaje. El Señor les da, inclusive el saludo, la primera palabra que deban decir: «Paz sea a esta casa» (Lucas 10:5). No se trata de un mero formulismo, sino que esta palabra trae el poder de la paz de Dios sobre «la casa que fuere digna» (Mateo 10:13). La proclamación de los mensajeros es breve y clara. Anuncian el amanecer del reino de Dios, y llaman a los pecadores al arrepentimiento y la fe. Vienen en la autoridad de Jesús de Nazaret, entregan un mandato y lanzan una oferta con el respaldo de la más alta jerarquía. Y esto es todo. Debido a que todo es bastante simple y claro, no debe sufrir ningún retraso. No hay necesidad de mayor preparación, tampoco es necesario discutir, ni hacer propaganda. El Rey está a la puerta[45] —y puede venir en cualquier momento—, ¿querrás subyugarte y

[45] Probablemente en alusión a Santiago 5:9 [nota del editor].

recibirlo con humildad, o quieres que te mate y destruya con su ira? Quien quiera escuchar, bien. De otra manera, el mensajero no se puede detener, ha de pasar al siguiente pueblo. No obstante, para quien no quiera escuchar, ha perdido su oportunidad, y el tiempo de la gracia ha pasado de largo y con esto ellos pronuncian su propia condena: «Hoy…, Si oyereis hoy su voz, No endurezcáis vuestros corazones» (Hebreos 4:7). Esta es la predicación evangélica. ¿Por qué tiene que ser hoy? ¿Es esto apresurar a la gente? ¡Nada de eso! no hay nada más despiadado que sugerir a los hombres que tienen tiempo para arrepentirse. Por el otro lado, no hay una demostración más grande de misericordia que urjamos a que todos entren al reino de Dios. No hay una noticia que cause más gozo que esta: que el reino de Dios se ha acercado y que es urgente aprovecharlo. El mensajero no puede estar repitiendo el mensaje una y otra vez a todos en su propio idioma. El mensaje de Dios es bastante claro, aunque el mensajero no tiene idea de quien le oirá y quien no. Sólo Dios conoce «los que son dignos», estos son los que escucharán la Palabra. Pero, ¡ay de la ciudad que no escuche a los mensajeros de Jesús, y ay de la casa que no los reciba! Habrá para ellos un juicio terrible, pues aun Sodoma y Gomorra, ciudades de fornicación y depravación, recibirán un juicio más clemente que el de las ciudades de Israel que rechacen la palabra de Jesús. El vicio y el pecado pueden ser perdonados mediante la palabra de Jesús, pero el que rechaza la palabra de salvación, habrá desechado su última oportunidad. No hay mayor pecado que desechar el evangelio. Aquí, al mensajero no le queda más remedio que abandonar el lugar. Se va porque la Palabra no puede quedarse ahí. Con temor y asombro al mismo tiempo, debe reconocer el poder y la debilidad de la Palabra divina. Puesto que los discípulos no pueden forzar —pues esto va en contra de la Palabra— o abaratar la gracia de Dios —ir más allá de la Palabra—, deben irse. Pues no se trata de una misión heroica, ni de la aplicación fanática de la idea de «una buena causa», sino ellos permanecerán tan sólo en donde permanece la Palabra de Dios. Si se desecha, ellos también se van con ella. No obstante, sacudirán el polvo de sus pies en señal de maldición contra ese lugar, manifestando con ello que no tiene parte con éste en lo absoluto. Pero la paz que ellos trajeron a ese lugar se volverá a ellos. «Este es un consuelo para ustedes, siervos de Dios; ustedes, quienes piensan que no han hecho nada. No deben ofenderse; lo que otros no quieren se convertirá en su mayor bendición. Esto es lo que les dice el Señor: Lo que ellos han rechazado, es reservado para ustedes.»[46]

[46] Bengel, J. A., Lewis, C. T., & Vincent, M. R. (1860). *John Albert Bengel's Gnomon of the New Testament: Pointing out from the natural force of the words, the simplicity, depth, harmony and saving power of its divine thoughts*. Philadelphia: Perkinpine & Higgins.

CAPÍTULO 24

EL SUFRIMIENTO DE LOS MENSAJEROS

«He aquí, yo os envío como a ovejas en medio de lobos; sed, pues, prudentes como serpientes, y sencillos como palomas. Y guardaos de los hombres, porque os entregarán a los concilios, y en sus sinagogas os azotarán; y aun ante gobernadores y reyes seréis llevados por causa de mí, para testimonio a ellos y a los gentiles. Mas cuando os entreguen, no os preocupéis por cómo o qué hablaréis; porque en aquella hora os será dado lo que habéis de hablar. Porque no sois vosotros los que habláis, sino el Espíritu de vuestro Padre que habla en vosotros. El hermano entregará a la muerte al hermano, y el padre al hijo; y los hijos se levantarán contra los padres, y los harán morir. Y seréis aborrecidos de todos por causa de mi nombre; mas el que perseverare hasta el fin, éste será salvo. Cuando os persigan en esta ciudad, huid a la otra; porque de cierto os digo, que no acabaréis de recorrer todas las ciudades de Israel, antes que venga el Hijo del Hombre. El discípulo no es más que su maestro, ni el siervo más que su señor. Bástale al discípulo ser como su maestro, y al siervo como su señor. Si al padre de familia llamaron Beelzebú, ¿cuánto más a los de su casa? (Mateo 10:16-25).

Ni el fracaso ni las enemistades deben ser motivos para pensar que el mensajero no ha sido enviado por Jesús. Más bien, como un fuerte apoyo y consuelo, Jesús repite: «He aquí yo os envío». No es un camino que ellos han elegido ni una empresa que realizan por ellos mismos.

No es un viaje en sí mismo, ni es una empresa en sí misma; es una misión. Por eso el Señor les promete que permanecerá con ellos, aunque parezcan ovejas en medio de lobos: indefensos, impotentes, asustados y en gran peligro. No les pasará nada que no sea del conocimiento de Jesús. Por tanto, «sed, pues, prudentes como serpientes y sencillos como palomas». ¡Cuántas veces los siervos de Jesús han hecho mal uso de esta frase! ¡Qué difícil es para el mensajero entenderla correctamente y apegarse al discipulado! ¿Quién puede distinguir entre la sabiduría espiritual y la astucia secular? Por otro lado, es muy tentador renunciar a la «prudencia» de que nos habla Jesús y comportarnos tan sólo como inocentes palomas, incurriendo así en desobediencia. ¿Cómo podemos saber cuándo evitar el sufrimiento innecesario y cuándo ser valientes para sufrir? ¿Quién puede mostrarnos los límites ocultos de estos dos conceptos? Después de todo, si somos simples y no prudentes pecamos así, o si somos prudentes, pero no simples, de igual modo. Porque ningún corazón humano se conoce a sí mismo, y porque Jesús nunca llamó a sus discípulos a vivir en incertidumbre, sino más bien, con la más alta certeza, esta amonestación de Jesús no puede ser otra cosa que permanecer con la Palabra. Dondequiera que esté la Palabra, allí debe estar el discípulo, esa es la sabiduría correcta y la inocencia correcta. Si la Palabra debe retirarse, porque se ha manifestado el rechazo a ella, el discípulo debe retirarse con la Palabra. Si la palabra permanece en una pelea abierta, entonces el discípulo debe permanecer allí. El discípulo debe actuar con sabiduría e inocencia al mismo tiempo. Sin embargo, el discípulo no puede andar en un camino de «sabiduría» sin haber recibido antes el mandato de Jesús. Ninguna decisión, aunque se trate de justificar con una supuesta «sabiduría espiritual», puede ser correcta sino está apegada a la Palabra. Sólo la verdad de la Palabra enseña al discípulo a ser sabio. Pero nunca este «ser sabio» le dará permiso a quebrantar en lo más mínimo algún mandamiento ni a pervertir la verdad por causa de cualquier perspectiva o esperanza humana. Por tanto, la sabiduría de Dios jamás será producto del juicio humano, sino únicamente de la verdad de la palabra de Dios. Sólo es posible ser sabio al permanecer en la verdad de Dios, y sólo así lograremos que la fidelidad y la promesa de Dios sean cumplidas. Es la garantía del discípulo: que si se mantiene apegado sólo a la Palabra entonces siempre andará por el camino de la sabiduría de lo alto.

De la Palabra los mensajeros también obtendrán el conocimiento para tratar correctamente con la gente: «guardaos de los hombres». Esto no es temer a los hombres, ni mostrarles malicia o desconfianza, ni mucho menos odio —por un lado—; pero tampoco confianza imprudente, o aquella fe que muestra credibilidad a todos los hombres —por el otro—. Más bien, los discípulos deben entender la relación que existe del hombre con la Palabra y de la Palabra con el hombre. Si ellos entienden esto sobriamente, entonces podrán soportar lo que Jesús les predice aquí: que su camino entre la gente será un camino de sufrimiento. No obstante, un poder sobrenatural reside en este sufrimiento: mientras que el criminal sufre su castigo en secreto, el sufrimiento de los discípulos les llevará delante de príncipes y reyes, «seréis llevados por causa de mí, para testimonio a ellos y a los gentiles». El mensaje será llevado mediante el sufrimiento. Debido a que este es el plan de Dios y la voluntad de Jesús, incluso a la hora de compadecer ante los juicios y tronos, les será dado poder para expresar una buena confesión y rendir un testimonio sin temor. El Espíritu Santo mismo les apoyará. Los hará insuperables. Él les dará una sabiduría que «no podrán resistir ni contradecir todos los que se opongan» (Lucas 21:15). Debido a que los discípulos permanecen en el sufrimiento de la Palabra, por tanto, la Palabra también permanecerá con ellos. Buscar el martirio por nosotros mismos no tiene esa promesa, sin embargo, el sufrimiento por permanecer con la Palabra la asegura.

El odio contra los mensajeros y portadores de Jesús permanecerá hasta el final. Ellos serán acusados de ser quienes traen división a las familias y a las ciudades. Jesús y sus discípulos serán acusados de ser destructores de la familia, y seductores del pueblo; por ser un enjambre de locos y rebeldes que alteran la paz. En este punto existirá la tentación de apostatar, pero el fin está cerca; por ello será necesario permanecer fiel y perseverar hasta el fin. Quien permanezca hasta el fin con Jesús y su Palabra este será bienaventurado.

Jesús prometió a sus discípulos que regresaría y ellos continuarán creyendo en esta promesa hasta el fin. Puede haber preguntas de cómo será esto exactamente —y no es bueno buscar explicaciones humanas—; sin embargo, algo es seguro, claro e importante: el regreso de Jesús es inminente y será repentino. Por eso, debemos creer esta verdad como la más segura, aun antes de creer que habremos de terminar nuestro trabajo en el Señor aquí, o de que un día moriremos. En todo esto, sin embargo, los mensajeros de Jesús no pueden recibir mayor consuelo que la certeza de que serán como su Señor en cuanto a sus sufrimientos.

Tal el Maestro tal el discípulo; como es el Señor, así el siervo. Si a Jesús llamaron diablo, ¡cuánto más a los siervos de su casa! Así que Jesús les dice que estará con ellos y que serán en todo iguales a su Cristo.

CAPÍTULO 25

LA DECISIÓN

«Así que, no los temáis; porque nada hay encubierto, que no haya de ser manifestado; ni oculto, que no haya de saberse. Lo que os digo en tinieblas, decidlo en la luz; y lo que oís al oído, proclamadlo desde las azoteas. Y no temáis a los que matan el cuerpo, mas el alma no pueden matar; temed más bien a aquel que puede destruir el alma y el cuerpo en el infierno. ¿No se venden dos pajarillos por un cuarto? Con todo, ni uno de ellos cae a tierra sin vuestro Padre. Pues aun vuestros cabellos están todos contados. Así que, no temáis; más valéis vosotros que muchos pajarillos. A cualquiera, pues, que me confiese delante de los hombres, yo también le confesaré delante de mi Padre que está en los cielos. Y a cualquiera que me niegue delante de los hombres, yo también le negaré delante de mi Padre que está en los cielos. No penséis que he venido a traer paz a la tierra; no he venido para traer paz, sino espada. Porque he venido para poner en disensión al hombre contra su padre, a la hija contra su madre, y a la nuera contra su suegra; y los enemigos del hombre serán los de su casa. El que ama a padre o madre

más que a mí, no es digno de mí; el que ama a hijo o hija más que a mí, no es digno de mí; y el que no toma su cruz y sigue en pos de mí, no es digno de mí. El que halla su vida, la perderá; y el que pierde su vida por causa de mí, la hallará» (Mateo 10:26-39).

El mensajero se queda con la Palabra y la Palabra se queda con el mensajero ahora y para siempre. Jesús anima a sus mensajeros exclamando: «¡No temáis!». Lo que les suceda ahora —en secreto—, no permanecerá oculto, sino que se manifestará ante Dios y ante los hombres. El maltrato perpetuado, que se mantuvo más escondido —Dios dice— saldrá a la luz. Él juzgará a los perseguidores y glorificará a los mensajeros. No obstante, por el otro lado, el testimonio de los mensajeros no debe permanecer en la oscuridad, sino convertirse en un testimonio público, pues el evangelio no es una ideología secreta, sino una proclamación pública. Y aunque aún hoy en día este evangelio tenga que esconderse [debido a la persecución], en los últimos días llenará el mundo entero tanto para ser aceptado (para salvación) o rechazado (para condenación). Tenemos así la revelación del apóstol Juan, quien profetiza: «Vi volar por en medio del cielo a otro ángel, que tenía el evangelio eterno para predicarlo a los moradores de la tierra, a toda nación, tribu, lengua y pueblo» (Apocalipsis 14:6). Por tanto, «no temáis».

No teman a los hombres. Los seres humanos no pueden dañar a los discípulos de Jesús, pues su poder cesa con la muerte corporal. Por lo tanto, el temor a la muerte física debe ser vencida con el temor de Dios. No es el juicio de los hombres, sino el juicio de Dios; no es la ruina del cuerpo, sino la destrucción eterna del cuerpo y del alma lo que pone en juego el discípulo cuando teme a los hombres. Quien teme a los hombres no teme a Dios y el que teme a Dios ya no teme a los hombres. Vale la pena que los predicadores del evangelio recuerden esta frase cada día.

El poder que es dado a los hombres por un poco de tiempo en esta tierra no es sin el conocimiento y la voluntad de Dios. Si caemos en manos de los hombres, si quedamos bajo el poder humano y éste es usado para causarnos sufrimiento e incluso la muerte, podemos estar seguros que esto proviene de Dios. Aquel que no deja caer al suelo ni a un sólo gorrión sin su voluntad y conocimiento, tampoco dejará que nada suceda a los suyos, a menos que sea para su bien, y para el bien de la causa que defienden. Estamos en las manos de Dios, y por ello no debemos tener ningún temor.

El tiempo aquí es corto, la eternidad es larga. Es hora de tomar una decisión. Aquellos que son fieles a la Palabra y mantienen su confesión de Jesucristo, Él estará de su lado a la hora del juicio. Él los defenderá y enfrentará a sus acusadores. Todo el mundo será testigo cuando Jesús pronuncie nuestro nombre delante de su Padre celestial. Quien haya permanecido con Jesús en su vida terrenal se mantendrá con Él por la eternidad. Sin embargo, quien se avergüence aquí del Señor y de su Nombre; quien lo niegue, también Jesús se avergonzará de él en la eternidad. El Señor lo negará. Esta última separación debió haberse producido en la tierra, de hecho.

La paz de Jesucristo es la cruz, pero también la cruz es la espada de Dios en esta tierra. La cruz crea división. El hijo contra el padre, la hija contra la madre, los enemigos del hombre serán los de su casa, y todo por causa del reino de Dios y de su paz, ¡esa es la obra de Cristo en la tierra! ¿No es sorprendente que Aquel que trajo el amor de Dios al mundo, sea acusado de ser el causante de que la humanidad se odie? Puesto que Jesucristo es a la vez el Creador de toda la vida humana y el que la condena, tiene todo el derecho de hablar de un amor superior al que se tiene por el padre, por la madre, por el hijo y por la hija. Tan sólo Él tiene el derecho de reclamar tanto un título de amor y sacrificio que sana a la humanidad, como el título de enemigo de ella. Sin embargo, aquí cabe la pregunta: ¿Quién realmente lleva la espada a los hogares, el diablo o Cristo (el Príncipe de paz)? El amor que Dios tiene por el hombre y el amor que el hombre tiene por su familia son cosas demasiado distintas. El amor de Dios por el hombre significa la cruz y el discipulado, pero también en Él, vida y resurrección. «El que pierda su vida por causa de mí, la hallará». Esta es una promesa que prueba que Él tiene el poder sobre la muerte: Él es el Hijo de Dios, quien va a la cruz y luego resucita, es quien hace que los suyos experimenten lo mismo.

CAPÍTULO 26

EL FRUTO

«El que a vosotros recibe, a mí me recibe; y el que me recibe a mí, recibe al que me envió. El que recibe a un profeta por cuanto es profeta, recompensa de profeta recibirá; y el que recibe a justo por cuanto es justo, recompensa de justo recibirá. Y cualquiera que dé a uno de estos pequeñitos un vaso de agua fría solamente, por cuanto es discípulo, de cierto os digo que no perderá su recompensa» (Mateo 10:40-42).

Los portadores de la palabra de Jesús reciben aquí la última promesa correspondiente a su trabajo. Se han convertido en colaboradores y ayudantes de Cristo, deben ser como Cristo en todas las cosas, inclusive ante las personas a las que irán a ministrar. Con ellos, está Jesucristo mismo, quien también entra con ellos a toda casa que les reciba. Son portadores de su presencia. Ellos traen al hombre el don más precioso: Jesucristo, y con Él a Dios el Padre, lo que se traduce en salvación, vida y felicidad. Esta es la recompensa y el fruto de su trabajo y sufrimiento.

Todo servicio que se les brinde a ellos será hecho a Jesucristo mismo, y esto es una gracia otorgada tanto a la iglesia como a los mensajeros. La congregación voluntariamente hará bien a los mensajeros, los honrará y les servirá, ya que con ellos viene el Señor. Los discípulos, por su parte, pueden estar seguros de que, cuando entran a una casa, su llegada no es en vano, pues ellos traen consigo un regalo incomparable.

Es una ley en el reino de Dios que cada uno participe voluntariamente con el don que ha recibido de Dios. El que recibe al profeta, sabiendo lo que está haciendo, compartirá su causa, su don y su recompensa; el que recibe a un hombre justo recibirá la recompensa de un hombre justo, puesto ha participado en su justicia. No obstante, quien dé tan sólo un vaso de agua al mensajero de Jesucristo, al más pequeño de ellos, al que carece de toda fama, al más pobre de todos, ha servido a Jesucristo mismo, y la recompensa de Jesucristo le será otorgada.

Por lo tanto, se les ordena a los mensajeros que su pensamiento no se dirija a su propio camino, a su propio sufrimiento o a su propia recompensa, sino a la meta de su trabajo: la salvación de la iglesia.

PARTE 4

LA IGLESIA DE JESUCRISTO Y EL DISCIPULADO

CAPÍTULO 27

CUESTIONES PRELIMINARES

Jesús y su Palabra estuvieron físicamente presentes con sus primeros discípulos. Pero este Jesús murió y resucitó, ¿cómo entonces su llamamiento nos llega a nosotros? Jesús ya no pasa por delante de mí, como sucedió con Leví, el recaudador de impuestos para decirme: «¡Sígueme!» Incluso si estuviera dispuesto —desde el fondo de mi corazón— a escuchar, a ir con él y seguirle, ¿quién me autoriza a hacerlo? Lo que fue tan palpable para ellos, para mí se vuelve en una decisión cuestionable e incontrolable. ¿Qué me da derecho, por ejemplo, a hacer mío el llamamiento que recibió Leví? Si lo medito, Jesús habló a otros de manera distinta. A Lázaro, —por mencionar un caso— amó, perdonó su pecado, sanó y resucitó, ¿acaso le amó menos que a sus discípulos?, pero a él no lo llamó a que le siguiera; no le llamó a dejar su familia, su profesión y trabajo a fin de andar con él. Por ello me pregunto: ¿Quién soy yo para ofrecerme a hacer algo inusual, digamos, algo extraordinario? ¿Quién me dice —y quien dice a los demás— que no estoy actuando influido bajo mi propio poder y entusiasmo? ¡Eso no sería discipulado! —podríamos preguntarnos—.

Todas estas preguntas son realmente penosas ante la presencia viva de Cristo hoy. Estas preguntas necias se niegan a considerar que Jesucristo no está muerto, sino que está vivo hoy, y que todavía nos habla a través del testimonio de las Escrituras. Él está presente para nosotros hoy, físicamente y con su Palabra. Si queremos escuchar su llamado a seguirlo debemos escucharlo en donde Él mismo está: en la iglesia, a través de su Palabra y el sacramento. La predicación y el sacramento de la iglesia es el lugar en donde Jesucristo está presente. Si quieres escuchar el llamado de Jesús no es necesario una revelación personal, tan sólo escucha la predicación y recibe el sacramento, es decir, ¡escucha el evangelio del Señor crucificado y resucitado! Allí está Él, vivo y completo, tal y como se encontró con sus discípulos. Sí, aquí está Él, transfigurado, vencedor y vivo. Nadie más que Él mismo puede llamarnos al discipulado. Sin embargo, el discipulado nunca se trata de la decisión de hacer esto o aquello, sino siempre de aceptar o rechazar a Jesucristo. Por esto nuestra situación es tan clara como la de cualquier otro discípulo que fue llamado a seguir el evangelio. El discipulado de los primeros discípulos fue, después de todo, el mismo camino de obediencia y de reconocimiento de Aquel que los llamó. Ellos le reconocieron como el Mesías (el Cristo). Pero, para ellos —y como con nosotros hoy—, su identidad como *el Mesías* estuvo escondida. El llamado en sí puede ser tomado en distintas maneras. La persona que llama es lo único que importa y nosotros tan sólo podemos reconocerlo como Cristo por la fe. Esto se aplica idénticamente tanto a los primeros discípulos como a nosotros. Ellos vieron a un Rabino y Hacedor de milagros y creyeron en Él; nosotros oímos la Palabra y también creemos. Pero, qué del llamado de los primeros discípulos, ¿no debería este ser reconocido como un llamamiento privilegiado? Es decir, partiendo de que ellos recibieron un llamamiento inequívoco, de la propia boca del Maestro diciéndoles qué hacer. ¿No es esto un punto crucial para la obediencia cristiana? Así, aparenta que el mismo Cristo habló a ellos en distinta manera que a nosotros y que ellos son privilegiados y en ventaja sobre nosotros. Sin embargo, si esto fuera así no habría esperanza para ninguno de nosotros, afortunadamente estos razonamientos son totalmente falsos. Cristo no nos habla a nosotros en distinta manera que a ellos. Tampoco es verdad que los primeros discípulos primero le reconocieron como Cristo y luego recibieron su mandamiento. Más bien, ellos *primero* creyeron a su Palabra y obedecieron a su mandato y *luego* le reconocieron como el Mesías. No había para ellos otra manera de conocerle como Cristo, excepto mediante su Palabra, tan sólo eso. Por tanto, tenía que ser al revés: era necesario conocer y obedecer su voluntad primero, y esto era indispensable para el reconocimiento de Jesús como el Mesías. Así a medida que iban conociendo la persona de Jesús, iban también teniendo más certeza de la decisión que habían seguido, es decir, la decisión de obedecer su mandato. No existe otra forma de conocerlo. Si Cristo es el Señor en mi vida, entonces su Palabra se convierte en experiencia viva dentro de mí; así por seguro no puedo conocerle sino es mediante su Palabra y su mandamiento. Hay algunos que objetan que ese es precisamente el problema, y dicen: «Nos gustaría conocer a Cristo y tener fe en Él, pero Él necesita llamarnos primero, necesitamos estar seguros de su voluntad». Sin embargo, este «conocer a Cristo» del que ellos hablan es un concepto mal enfocado. Conocer a Cristo no es otra cosa que reconocerlo en su Palabra como el Señor y el Salvador de mi vida, y este conocimiento incluye escuchar su voz llamándome a seguirle.

Ahora bien, si decimos finalmente que el mandamiento dado a los discípulos era simple y claro, mientras que nosotros tenemos que decidir cuál de sus palabras deberíamos aplicar a nuestro caso, entonces nuevamente estamos entendiendo mal, no sólo la situación de los discípulos sino la nuestra también. El mandamiento de Jesús siempre consiste en un corazón lleno de fe, y exige amor hacia Dios y hacia el prójimo, un amor de todo nuestro corazón y de toda nuestra mente. Así el mandamiento está lejos de ser ambiguo, la orden es bastante clara; por ello, cualquier intento de cumplir el mandato de Jesús sin tomar en cuenta esto, caería en una mala interpretación de la palabra de Jesús y en desobediencia. Por otro lado, no carecemos de los medios para entender la voluntad de Dios en cada caso específico. ¡Claro que no! Más bien, cada vez que escuchamos la predicación de su Palabra estamos recibiendo sus instrucciones, dando por entendido que el cumplimiento de ésta será tan sólo por la fe en Jesucristo. Así lo que Jesús dio a sus discípulos ha sido preservado hasta nosotros en todos los aspectos; inclusive, más presente aún, ya que Él ascendió al cielo, ha sido glorificado y nos ha enviado al Espíritu Santo.

Por tanto, ha quedado claro que no podemos seguir imaginando que los relatos distintos de distintos llamamientos afecten en algo al nuestro, ya que no se trata de que nuestro llamado sea igual al de otro protagonista del Nuevo Testamento sino de que el nuestro es aquí y ahora. Su Palabra es la misma y permanece, tanto en su vida terrenal como ahora; ya sea haya sido dirigida a alguno de sus apóstoles o al paralítico [de Marcos capítulo dos]. Así como en aquel entonces, hoy su llamado a entrar a su reino es por gracia, y no debo preguntarme si mi llamado se parece al de alguno de sus apóstoles o al del paralítico. No puedo compararme con ninguno de ellos. Más bien, me queda tan sólo escuchar y obedecer la palabra y voluntad de Cristo, tal y como la reciba en cualquiera de los testimonios dados en las Escrituras. Las Escrituras no nos presentan una serie de patrones de los cuales podamos elegir el que nos convenga, sino predican —en cada situación— de Aquel que llama: Jesucristo. Se trata de escucharlo a Él, pues Él es el mismo en todos los relatos.

Por todo esto, cuando se hace la pregunta de en dónde escucharemos el llamado de Jesús al discipulado, la respuesta sigue siendo la misma: escucha la Palabra y recibe el sacramento. Al escuchar la predicación le escuchamos a Él mismo, ése es su llamado.

CAPÍTULO 28

EL BAUTISMO

El concepto del discipulado es expresado casi en su totalidad en los evangelios sinópticos, es decir, de la relación que existe entre Jesús y sus discípulos; sin embargo, en los escritos de Pablo, este concepto —que tiene su eje en el Jesús que anduvo aquí en la tierra— pasa a un segundo término y el Apóstol se concentra en el discipulado de un Cristo glorificado y resucitado, y en su obra con nosotros. Esto cambia el concepto, lo hace único, y le hace necesitar una nueva terminología: la proclamación del Señor que vivió, murió y resucito. Por otro lado —bajo la inspiración de Dios— esta terminología debe confirmar los sinópticos y los sinópticos los nuevos escritos de Pablo, y no que ninguno de estos escritos tome primacía, ya que: «No somos ni de Pablo, ni de Apolos, ni de Cristo» [1 Corintios 1:12], sino que nuestra fe está anclada en el testimonio que se da de Cristo en todas las Escrituras. Si decimos que el testimonio que da Pablo de Cristo es más afín a nosotros que el testimonio de los sinópticos —porque este último muestra a un Jesucristo que no conocimos en carne y hueso— estaríamos rompiendo la unidad de las Escrituras. Es verdad que algunos —mayormente los que pertenecen la iglesia reformada— podrán estar de acuerdo que la revelación fue progresiva, sin embargo, este tipo de pensamiento es muy peligroso. Contestemos una pregunta: ¿cómo podemos estar seguros de que aún hoy tenemos la presencia de Cristo (tan real como fue para Pablo)? ¿Quién nos asegura esto? ¿Acaso no es la propia Escritura? ¿O se trata de una presencia que cada uno juzga a su manera (sin conexión directa con ella)? ¡No! De ninguna manera, ya que, si la presencia que tenemos de Cristo tiene su fundamento en las Escrituras, entonces no podemos dejar fuera ninguna de sus partes. Así, el Jesucristo del que dan testimonio los sinópticos es el mismo paulino, y el Cristo sinóptico no está ni más lejos ni más cerca de nosotros que el Cristo paulino. El Cristo que está presente con nosotros es Aquel de quien toda la Escritura da testimonio. Él es el que fue encarnado, crucificado, transfigurado, y Él nos conoce mediante su Palabra. Por tanto, la distinta terminología en que tanto los sinópticos como Pablo transmiten este testimonio no demerita en lo absoluto la unidad de las Escrituras.[47]

El llamado y el ingreso al discipulado del que se habla en los sinópticos tiene su equivalencia en el bautismo del que habla Pablo. El bautismo no es una oferta que el hombre hace hacia Dios sino —por el contrario— es la oferta que Jesucristo hace al hombre. Una oferta que está fundada únicamente en la voluntad de Jesucristo, como un mero acto de gracia. La expresión *bautismo* es una expresión pasiva que significa *ser bautizado*, es decir, es un *sufrir* el llamado de Cristo, pues en el bautismo, el hombre se convierte en propiedad del Señor. Así, el nombre de Jesucristo se escribe por encima del nombre de quien fue bautizado, éste se convierte en participante de este Nombre —pues está bautizado en el nombre de Jesucristo, *dentro* de ese Nombre («gr. *eis*» Romanos 6:3, Gálatas 3:27; Mateo 28:19)—; por tanto, es arrebatado del gobierno del mundo y ahora le pertenece a Cristo Jesús.

Así que el bautismo significa un rompimiento. Cristo interviene en el reino de Satanás, arrebata lo suyo y crea su iglesia. El pasado y el futuro son destrozados. Lo viejo ha muerto y lo futuro es vuelto totalmente otro. La ruptura no ocurre porque una persona rompe sus cadenas, ni porque tiene un deseo insaciable por un nuevo orden de vida, sino porque Cristo mismo rompe con su vida pasada. En el bautismo, la obra de Cristo se efectúa en mi vida. Me quita de las cosas del mundo y Cristo se vuelve el intermediario entre estas cosas y yo. Ahora Él es el Señor. El que es bautizado ya no pertenece al mundo, ya no le sirve, ya no está sujeto a él.

La ruptura con el mundo es perfecta. Él exige la muerte del hombre, pero también la produce (incluso Jesús llamó a su muerte *bautismo* y lo prometió a sus discípulos, Marcos 10:39, Lucas 12:50).

---

[47] Las declaraciones de la naturaleza y relaciones del ser o existir (ontología) muchas veces se confrontan con el testimonio de las Escrituras y traen confusión. Así, la declaración *Cristo ha resucitado,* partiendo de las explicaciones ontológicas destruyen la unidad de las Escrituras, pues nos dan la idea de un Cristo distinto al Jesús de los evangelios sinópticos. Así, el hecho de que Jesús haya resucitado y que esté presente con nosotros se toma como una declaración independiente que deja atrás cualquier otra declaración en las Escrituras. Se convierte en un principio teológico. Este mismo es análogo al perfeccionismo, el cual, bajo una estricta declaración ontológica se convierte en un fanático mal entendimiento de la santificación, pues, por ejemplo, la declaración *El que está en Dios no peca* se convierte en el punto ontológico de partida, elimina cualquier otra declaración de las Escrituras sobre el tema de la santificación y se convierte en una verdad independiente y experiencial. No obstante, la declaración de las Escrituras tiene un carácter bastante opuesto al punto de vista ontológico, ya que la frase *Cristo ha resucitado y está presente,* se entiende, no como un clímax o conclusión que elimina todo lo anterior, sino que nosotros la aceptamos por el simple hecho de que es el testimonio de las Escrituras, y es verdad tan sólo porque las Escrituras lo declaran así. Es una materia de fe. No existe otra manera de tener acceso a esta verdad sino es mediante la Palabra de Dios; y esta frase está presente de la misma manera en los escritos de Pablo como en los sinópticos, es decir, es por el testimonio de las Escrituras solamente. Esto, por supuesto, no niega que el testimonio de Pablo tenga una distinción de los sinópticos en cuanto a objeto y terminología, pero ambos se entienden estrictamente en el contexto total de las Escrituras. Por tanto, no se trata de un conocimiento o visión *a priori* [descubrimiento de la causa que produce un efecto] del canon bíblico, sino que cada parte de éste debe probar la exactitud de la frase antes mencionada. En lo sucesivo se probará cómo el testimonio de Pablo, aun y la nueva terminología que adopta, amplía aún más el tema del discipulado.

En el bautismo el hombre muere junto con su vida pasada (su viejo mundo). También, esta muerte debe entenderse en el sentido más estricto como un evento de sufrimiento. El hombre por tanto, no debe hacer el intento imposible de producir esta muerte por medio de todo tipo de renuncia y sacrificios propios, pues tal muerte no sería la que Cristo demanda. El viejo hombre no puede suicidarse ni puede querer su propia muerte. No, sino que el hombre únicamente puede morir *en* Cristo, por medio de Cristo y con Cristo. Cristo mismo es su muerte: a precio de la comunión con Él, y sólo por ella es que el hombre muere. Se efectúa así su muerte en el momento que inicia su comunión con Cristo en la gracia bautismal.[48] Esta muerte es la gracia que el hombre jamás podría crear para sí mismo. El viejo hombre y su pecado son juzgados y condenados, pero de entre sus cenizas se levanta el nuevo, muerto al mundo y al pecado. Así que esta muerte no es un acto de rechazo de un Creador airado; sino, más bien, el acto misericordioso de un Creador, que en su maravillosa gracia, acepta plenamente a sus creaturas: la muerte bautismal es la muerte otorgada por gracia en consecuencia a la muerte de Cristo. Es decir, efectuada por el poder y comunión de la cruz de Cristo. Quien se convierte en propiedad de Cristo debe vivir bajo su cruz. Debe sufrir con Él y morir, pues la comunión de Jesucristo es otorgada únicamente a los que mueren por gracia en el bautismo. Eso es lo que hace la cruz de Cristo bajo la cual el mismo Cristo coloca a todos sus seguidores. No obstante, mientras que la cruz y la muerte de Cristo fueron duras y pesadas, nuestro yugo (el sufrimiento de la cruz con Él) es gentil y fácil mediante nuestra comunión con Él. Así, la cruz de Cristo es nuestra única muerte, la cual es otorgada por gracia en el bautismo. Y luego, nuestra cruz —a la que somos llamados—, es la muerte diaria mediante el poder de la muerte de Cristo, la cual se efectuó una vez por todas en su obra completa y consumada. Por tanto, el bautismo se convierte en la participación que tenemos de la cruz de Jesucristo (Romanos 6:3ff; Colosenses 2:12).

---

[48] Adolf Schlatter (1852-1938) también se refiere al bautismo como martirio cuando explica 1 Corintios 15:29.

La muerte en el bautismo es la justificación del pecado. El pecador debe morir para liberarse de su pecado. *El que ha muerto ha sido justificado del pecado* (Romanos 6:7; Colosenses 2:20). El pecado ya no tiene derecho sobre los que han muerto, sus demandas son satisfechas con la muerte y así es como finalmente se extingue.

Así, la justificación del pecado «gr. *apo*» se efectúa únicamente mediante la muerte. El perdón del pecado no significa pasar por alto y olvidar, sino significa la muerte real del pecador y su separación del «gr. *apo*» pecado. Pero que la muerte del pecador obra justificación y no condenación tiene su única explicación en que este acto fue consumado en la comunión de la muerte de Cristo. El bautismo en la muerte de Cristo crea el perdón de pecados y la justificación, crea la separación completa del pecado.

La comunión [o participación] de la cruz a la cual Jesús llamó a sus discípulos a participar representa para ellos los dones de la justificación, la muerte y el perdón de pecados. Así, aquellos que siguen a Jesús participando de su cruz reciben exactamente los mismos dones como creyentes mediante el bautismo, tal y como el Señor reveló a Pablo, y quien, asimismo, lo enseñó a la iglesia.

Aunque el bautismo pareciera ser —a primera vista— algo pasivo [pues el candidato tan sólo se coloca a sí mismo para ser bautizado], nunca debe entenderse como un proceso mecánico, pues este bautismo está íntimamente en conexión con el Espíritu (Mateo 3:11; Hechos 10:47; Juan 3:5; 1 Corintios 6:11, 12, 13). El don del bautismo es el Espíritu Santo; sin embargo, el Espíritu Santo es el mismo Cristo quien vive en los corazones de los creyentes (2 Corintios 3:17; Romanos 8:9-11:14ff; Efesios 3:16ff). Los bautizados son la casa donde mora el Espíritu Santo «gr. *ekei,* [p. ej en 2 Corintios 3:17]». El Espíritu Santo nos concede la presencia permanente de Jesucristo y su comunión. Él nos da el conocimiento correcto de su ser (1 Corintios 2:19) y de su voluntad; nos enseña y nos recuerda todo lo que Cristo nos ha dicho (Juan 14:26); nos guía a toda la verdad (Juan 16:13); mediante Él tenemos conocimiento de Cristo y podemos saber lo que Dios nos ha otorgado (1 Corintios 2:12; Efesios 1:9). El Espíritu Santo no crea en nosotros incertidumbre sino claridad, y es por eso que podemos caminar en el Espíritu (Gálatas 5:16, 18, 25; Romanos 8:1, 4) y dar pasos firmes. El grado de certeza que los discípulos tenían de su comunión con Jesús cuando gozaban de su presencia corporal no menguó después que el dejó esta tierra. La misión del Espíritu Santo en los corazones de los creyentes es preservar la certeza de la presencia de Jesús, fortalecerla y consolidarla: todo en la comunión íntima con el Espíritu (Romanos 8:16; Juan 16:12s).

Cuando Jesús llamó a sus discípulos a seguirle exigió un acto visible de obediencia: seguir a Jesús fue un acto público; así, el bautismo es también un acto público, porque en él tiene lugar la incorporación del creyente a la iglesia de Jesucristo (Gálatas 3:27f; 1 Corintios 12:13). El creyente ha hecho una decisión en su corazón de seguir a Cristo y esta ruptura con el mundo ya no puede ocultarse, debe hacerse visible mediante su participación en el servicio de adoración y en la vida de la iglesia. El cristiano que se aferra a la iglesia da un paso fuera del mundo, fuera de su trabajo, fuera de su familia y ahora está visiblemente en la comunidad de los seguidores de Jesucristo. Da este paso solo. Pero encuentra de nuevo lo que dejó: hermanos, hermanas, casas, campos. La persona que ha sido bautizada ahora vive en la iglesia visible de Jesucristo. Lo que esto significa debe ser explicado en dos secciones adicionales sobre «el cuerpo de Cristo» y sobre «la iglesia visible». El bautismo y su don es algo que se recibe sólo una vez. Uno no puede ser bautizado dos veces con el mismo bautismo de Cristo.[49] El carácter de irrepetible y singular de este acto de gracia de Dios es referido en la carta de Hebreos en un lugar oscuro en la Palabra de Dios; en éste, se niega la posibilidad de una segunda penitencia para los bautizados y los convertidos (Hebreos 6:4ss). El que es bautizado tiene parte en la muerte de Cristo. Él recibió su sentencia de muerte por esta muerte y murió. Como Cristo murió una vez por todas (Romanos 6:10), y como este sacrificio no puede jamás repetirse, el que es bautizado con Cristo sufre su muerte de una vez por todas. Ahora él murió. La muerte diaria del cristiano es sólo la consecuencia de

---

[49] El bautismo de Juan, sin embargo, debe ser renovado por el bautismo de Cristo (Hechos 19:5).

esta única muerte bautismal, tal como un árbol cuya raíz ha sido cortada muere. De ahora en adelante, la ley que está vigente para los bautizados es la siguiente: «Consideraos muertos al pecado» (Romanos 6:11). Desde el momento del bautismo sólo pueden concebirse a sí mismos como muertos, pues saben que este es el requisito para su salvación y lo consideran un acto ya consumado. El bautizado vive, no porque está repitiendo constantemente esta muerte, sino que renueva su fe en la muerte de Cristo, y lo ve tan sólo como un acto de gracia. El bautizado sabe que su vida depende de la muerte que ha experimentado juntamente con Cristo.

Ahora bien, debido al carácter único de este bautismo, se puede percibir luz suficiente para entender el bautismo de los infantes.[50] La duda estriba, no en si el bautismo infantil es realmente un bautismo, sino que, si sabemos que el bautismo es algo único e irrepetible entonces el bautismo infantil —por su propio carácter— encuentra ciertos límites naturales. Ciertamente no es una señal de un cristianismo saludable la práctica de posponer el bautismo a la edad muy adulta o inclusive hasta los lechos de muerte —como se practicaba en los segundo y tercer siglos—, sin embargo, al mismo tiempo esto muestra con claridad que el día de hoy hemos perdido la verdadera visión de la naturaleza de la gracia bautismal. En cuanto al bautismo infantil este podría ser administrado sólo en la medida en que podemos garantizar que existe una fe firme, la cual está fundada en la muerte de Cristo —efectuada una vez por todas— como el acto indispensable para la salvación. Es decir, lo que únicamente es posible dentro de una iglesia viva [consciente]. Sin esta conciencia de vida, y de entrada a esta comunidad, el bautismo de infantes se convierte en un abuso del sacramento, y al mismo tiempo es una imprudencia digna de reprensión al tratar de manipular la salvación de los niños. Ya que, el bautismo sigue siendo irrepetible.

---

[50] A los pasajes citados para dar sustento a la práctica del bautismo de infantes en el Nuevo Testamento tal vez debamos añadir el de 1 Juan 2:12ff. El uso de las tres categorías dadas ahí: padres, jóvenes y niños, parecería justificar el bautismo infantil partiendo de que la palabra «niños» se utilice no en un sentido general para la iglesia sino en una forma estrictamente literal.

De la misma forma, el llamado de Jesús tiene la naturaleza de único e irrepetible: pues todo aquel que lo sigue tiene que morir a su vida pasada. Es por ello que Jesús exigió que los discípulos dejaran todo lo que tenían. Ellos tenían que entender que esta decisión era irrevocable, sin embargo, al mismo tiempo, tenían que entender que el don recibido del Señor habría que cuidarlo bien: «pero si la sal se desvaneciere, ¿con qué será salada?» [Mateo 5:13]. No hay expresión más clara en cuanto a la finalidad del don de Jesús que esta. Sí, les quitó la vida, pero les dio una vida plena, una vida completa y perfecta: les dio el don de la cruz. Ese fue el don del bautismo que los primeros discípulos de Jesús recibieron.

CAPÍTULO 29

EL CUERPO DE CRISTO

Los primeros discípulos vivieron en la presencia física de Jesús y en su compañerismo. ¿Qué significa esto y en qué sentido esta comunión continúa con nosotros hoy? El apóstol Pablo nos dice que a través del bautismo nos hemos convertido en miembros del cuerpo de Cristo. Esta frase, tan extraña e incomprensible para nosotros requiere de una explicación más a fondo.

Nos dice que después de la muerte y resurrección del Señor, los bautizados pueden seguir viviendo en la presencia corporal y la comunión de Jesús. Que lejos de que su partida física fuese una pérdida nos es un don.

Los primeros discípulos gozaron de la presencia física de Jesús antes de su muerte, no obstante, en aquel tiempo, no tuvieron una comunión mayor con Cristo que la que nosotros tenemos hoy; es más, la comunión que nosotros tenemos (y que ellos tuvieron luego de su resurrección y ascensión) es más fuerte, más plena y de mayor certeza, pues nosotros vivimos ahora en la comunión de la presencia física del Señor en su cuerpo transfigurado. Ante este hecho, nuestra fe está consciente de la magnitud de este privilegio. El cuerpo de Jesucristo es el fundamento y la certeza de nuestra fe; sólo en él participamos de nuestra salvación: este es nuestra nueva vida; pues tan sólo en el cuerpo de Jesucristo nosotros somos aceptados por Dios por la eternidad.

Desde la caída de Adán, Dios ha enviado su Palabra a la humanidad pecadora con el fin de buscarla y atraerla a Él mismo. Para esto es que la Palabra de Dios fue enviada: para restaurar a una humanidad perdida. La Palabra de Dios vino como una promesa, pero también como una ley. Se hizo débil y humilde para nuestro bien. Pero la gente rechazó la Palabra y de esta manera rechazaron a Dios también. Quisieron comprar a Dios con sacrificios y buenas obras en lugar de aceptar su Palabra, imaginando que esto les sería válido y les dejaría vivir a su modo.

Fue en esta circunstancia que el mayor acontecimiento tuvo lugar: el Hijo de Dios se hizo hombre. La Palabra se hizo carne. Quien estuvo desde la eternidad en la gloria del Padre, quien llevó la imagen de Dios, quien fue en el principio mediador de la creación para que el mundo creado pudiera ser conocido tan sólo a través de Él y en Él, quien era el mismo Dios (1 Corintios 8:6; 2 Corintios 8:9; Filipenses 2:6ss; Efesios 1:4; Colosenses 1:16; Juan 1:1ss; Hebreos 1:1ss) acepta a la humanidad y viene a esta tierra. Adopta la naturaleza humana, «la carne pecaminosa» —como también es llamada—, y la forma humana (Romanos 8:3; Gálatas 4:4; Filipenses 2:6ss). Dios ahora atrae a la humanidad, no sólo mediante la Palabra hablada —como lo fue en el A.T.—, sino mediante el cuerpo de Jesús. En su misericordia, Dios envía a su Hijo para que Él atraiga al Padre, mediante su cuerpo de carne, a toda la humanidad. El Hijo de Dios acepta en persona (corporalmente) a toda la humanidad, aquella que odiaba a Dios y que en su orgullo había rechazado a la Palabra incorpórea, la Palabra invisible de Dios. Así, ahora, en el cuerpo de Jesucristo, ella es verdaderamente aceptada por su divina misericordia.

Al contemplar semejante milagro, el de la encarnación, los Padres de la iglesia sostuvieron apasionadamente que, mientras es totalmente cierto que Dios había tomado una forma humana, era incorrecto decir que Él había elegido a un individuo perfecto para unirse con la humanidad. Dios se hizo hombre, es decir, Dios aceptó toda la naturaleza humana, aun y lo enferma, pecaminosa y apóstata que era. Sin embargo, esto no significa que Dios aceptó a la humanidad por la perfección del ser humano Jesús, sino más bien, porque Él era Dios encarnado. De la correcta compresión de esto depende el mensaje de salvación, es por ello que se requiere una distinción de ambos conceptos. Así, el cuerpo de Jesucristo, en el cual somos aceptados —junto con toda la humanidad— es la causa de nuestra salvación.

Cristo, con todo y ser sin pecado llevó una carne pecaminosa (2 Corintios 5:21; Hebreos 4:15). En su cuerpo humano el llevó a toda la humanidad; «Ciertamente llevó él nuestras enfermedades, y sufrió nuestros dolores», tan sólo porque Jesús llevó en su propio cuerpo las enfermedades y dolores de la raza humana fue que pudo sanarlas. (Mateo 8:15-17). «Mas él herido fue por nuestras rebeliones, molido por nuestros pecados» [Isaías 53:5]. Él cargó nuestro pecado, y por eso pudo perdonar nuestro pecado, porque en su cuerpo, nuestra carne pecaminosa fue «aceptada». Esta es la razón por la que Jesús aceptó a los pecadores (Lucas 15:2), porque Él los llevó sobre su propio cuerpo. En Jesús se cumple el «año aceptable (gr. *dektos*)[51] del Señor».

De esta manera el Hijo de Dios encarnado era tanto un individuo como la nueva humanidad. Lo que hizo lo hizo por la nueva humanidad que llevaba en su cuerpo. Así que Él es el postrer Adán (1 Corintios 15:45). También en Adán estaba tanto el individuo como toda la humanidad. Adán también llevó en él toda la humanidad, es por eso que en él cayó toda la humanidad: en Adán (en hebreo humanidad) cayeron «todos los hombres» (Romanos 5:19). Cristo es el segundo hombre (1 Corintios 15:47) en quien ha sido creada la nueva humanidad. Él es el «Nuevo Hombre».

---

[51] La Reina Valera 1960 lo traduce como «el año agradable» (Lucas 4:19), aunque una mejor traducción sería «el año aceptable» [nota del editor].

Debemos primero entender esto para lo que sigue: la naturaleza de la comunión corporal que tuvieron los discípulos con Jesús. El hecho de que el vínculo de los discípulos con Jesús fuera físico en el discipulado no es accidental, sino más bien, necesario desde el punto de vista de la Encarnación. Un profeta y maestro no necesita seguidores, sino tan sólo discípulos y oyentes. En cambio, el Hijo de Dios encarnado, quien vino en carne humana, necesitaba una iglesia que no sólo le siguiera y participara de su enseñanza, sino también que fuera partícipe de su cuerpo.

En el cuerpo de Jesucristo, los seguidores tienen comunión con Él. Viven y sufren en la comunidad corporal de Jesús. La comunión del cuerpo de Jesús les impone la cruz, porque en este cuerpo todos son llevados y aceptados. El cuerpo terrenal de Jesús fue crucificado y murió. En esta muerte la nueva humanidad también es crucificada y muere con Él. Puesto que Cristo no se convirtió en un simple ser humano (un individuo), sino que tomó «la forma» de la humanidad entera, la carne pecaminosa, «la naturaleza» humana, por tanto, esta naturaleza también sufre, y muere con Él todo lo que llevaba consigo. Es así como el llevó en la cruz todos nuestros pecados y todas nuestras enfermedades. Así también nosotros estamos crucificados con Él y morimos con Él. Es cierto que el cuerpo terrenal de Cristo sufre la muerte, pero es ese mismo cuerpo el que se levantó de la muerte y es trasfigurado —¡La tumba está vacía!—, es un nuevo cuerpo. Así es que Él lleva también a la resurrección a la raza humana con la que murió, es decir, la humanidad que Él aceptó en la tierra en su cuerpo transfigurado.

¿Cómo entonces nos hacemos partícipes del cuerpo de Cristo (quien hizo todo esto por nosotros)? Porque algo es seguro: no hay comunión con Jesucristo excepto por la comunión con su cuerpo; ¡es a través de su cuerpo que nosotros somos aceptados y obtenemos salvación! Nos hacemos partícipes de la comunión del cuerpo de Cristo mediante dos sacramentos: el bautismo y la cena del Señor. El evangelista Juan deja bien claro que los elementos de ambos sacramentos —agua y sangre— brotaron del cuerpo crucificado de Jesucristo (Juan 19:34, 35). Este testimonio es confirmado por Pablo cuando vincula estrictamente los miembros del cuerpo de Cristo a los dos sacramentos.[52] La meta y el origen de los sacramentos son el cuerpo de Cristo; y debido a que el cuerpo de Cristo está ahí es que existen los sacramentos. No es únicamente la palabra de la predicación la que nos lleva a la comunión con el cuerpo de Jesucristo, deben ser añadidos también los sacramentos. Así, el bautismo es la incorporación del individuo a la unidad del cuerpo de Cristo, y la cena del Señor es su preservación en la comunión «gr. *koinonia*» dentro del cuerpo. El bautismo nos hace partícipes y miembros del cuerpo de Cristo: hemos sido «bautizados en Cristo» (Gálatas 3:27; Romanos 6:3), hemos sido «bautizados en un solo cuerpo» (1 Corintios 12:13). Así pues, en la muerte bautismal por el Espíritu Santo nos es dado lo que Cristo adquirió en su cuerpo para todos. Recibimos la comunión del cuerpo de Jesús tal como la recibieron los primeros discípulos del Señor; significa que ahora estamos «en Cristo», y que «Cristo está en nosotros».

Toda la humanidad ahora, como consecuencia de la encarnación, tiene los beneficios de este «estar con Cristo», pues Jesús incluyó a toda la humanidad. Es por eso que su vida, su muerte y su resurrección son eventos reales para todos los seres humanos (Romanos 5:18ss; 1 Corintios 15:22; 2 Corintios 5:14). No obstante, para los cristianos este «estar con Cristo» tiene un tratamiento especial. Lo que se convierte en muerte para los demás se convierte en gracia para ellos. En el bautismo, a los cristianos Dios les afirma que «han muerto con Cristo» (Romanos 6:8), que han sido «crucificados» (Romanos 6:6; Colosenses 2:20); «sepultados» (Romanos 6:4; Colosenses 2:12); «plantados juntamente con él en la semejanza de su muerte» (Romanos 6:5); y por esa misma razón ellos también vivirán con Él (Romanos 6:8; Efesios 2:5; Colosenses 2:12; 2 Timoteo 2:11; 2 Corintios 7:3).

La razón de que «estamos con Cristo» es que Cristo es para nosotros el Emanuel, el «Dios con nosotros». Así, sólo en el reconocimiento de esto —de que Cristo sea para nosotros el Emanuel— es que este «estar en Cristo» se convierte en gracia. De esta manera,

[52] Efesios 3:6 también se refiere a todo el don de la salvación, la Palabra y la cena del Señor.

somos «bautizados en Cristo» («gr. *eis*»), en la comunidad de su sufrimiento; nos convertimos en miembros de su cuerpo, y asimismo, la comunidad de aquellos que han sido bautizados se convierte en el único cuerpo de Cristo presente en el mundo. De este modo, nosotros estamos «en Cristo», y también «Cristo está en nosotros». Ya no estamos «en la ley» (Romanos 2:12, 3:19), ni «en la carne» (Romanos 7:5; 8:3, 8, 9; 2 Corintios 10:3) ni tampoco «en Adán», sino que toda nuestra existencia y en todas las expresiones de la vida estamos, desde ahora en adelante, «en Cristo».

Pablo expresa el milagro de la Encarnación de mil y una maneras. No obstante, todo lo que dice en cuanto a esto podría resumirse en una sola oración: Cristo está «con nosotros» no solo mediante su Palabra y su Espíritu, sino mediante su vida corporal. Él tomó delante de Dios corporalmente nuestro lugar, el lugar que a nosotros nos correspondía estar. Él ha ocupado nuestro lugar. Él sufrió y murió por nosotros, y esto sólo pudo ser posible porque Él llevó nuestra carne (2 Corintios 5:21; Gálatas 3:13; 1:4; Tito 2:14; 1 Tesalonicenses 5:10, etc.). El cuerpo de Jesucristo es «por nosotros» en el sentido más literal de la palabra cuando estuvo en la cruz, y hoy en la Palabra, en el bautismo y en la cena del Señor. Toda comunión corporal con Cristo tiene su fundamento en esto.

El cuerpo de Jesucristo es la nueva humanidad que Él ha aceptado [reclamado como propia]. El cuerpo de Cristo es su iglesia. Jesucristo es Él mismo y su iglesia al mismo tiempo (1 Corintios 12:12). Jesucristo ha estado viviendo desde el Pentecostés en la forma de su cuerpo: la iglesia. Ahí está su cuerpo, el que fue crucificado y resucitado, y es ahí, en ese cuerpo, en donde *toda* la humanidad es aceptada. Por tanto, ser bautizado significa integrarse a la iglesia y ser miembro del cuerpo de Cristo (Gálatas 3:28; 1 Corintios 12:13). Así, «estar en Cristo» significa estar en la iglesia. Pero si estamos en la iglesia, entonces también estamos verdadera y corporalmente en Cristo Jesús. Ahora el concepto del cuerpo de Cristo se revela en toda su plenitud. El espacio de Jesucristo en el mundo después de su entrada es tomado por su cuerpo, la iglesia. La iglesia es Cristo mismo presente. Esto regresa a nuestra mente, luego de que fue un pensamiento muy olvidado. Estamos acostumbrados a pensar en la iglesia como una institución, sin embargo, la iglesia debe visualizarse como una persona —presente y corporal—, como una sola persona (*un solo hombre*). La iglesia es una: todos «los bautizados en Cristo» son uno (Gálatas 3:28; Romanos 12:5; 1 Corintios 10:17). La iglesia es «un solo ser humano», ella es «el nuevo hombre» (gr. *kainos anthropos* [p. ej. Efesios 2:15]»; y como tal, la iglesia es creada en este «nuevo hombre» por la crucifixión de Cristo. Aquí la enemistad entre judíos y gentiles fue demolida, aquello que partió a la humanidad en dos: «para crear en sí mismo de los dos un solo y nuevo hombre, haciendo la paz» (Efesios 2:15). El «nuevo hombre» es uno, no son muchos. Fuera de la iglesia —que es el nuevo hombre—, tan sólo está el viejo hombre, la vieja humanidad con el mismo desgarre y enemistad.

Este «nuevo hombre», que es la iglesia, ha sido «creado según Dios en la justicia y santidad de la verdad» (Efesios 4:24). Este siempre se está «renovando hasta el conocimiento pleno» (Colosenses 3:10). Colosenses 3:10 no habla de nadie más sino de Cristo mismo, quien es identificado como la imagen de Dios. Adán fue la primera persona portadora de la imagen del Creador, pero perdió esta semejanza cuando cayó. Ahora, un «segundo hombre», un «último Adán», es creado a la imagen de Dios, ese es Jesucristo (1 Corintios 15:47). Así que el «nuevo hombre» es a la vez Cristo y la iglesia. Cristo es la nueva humanidad en las nuevas creaturas. Cristo es la iglesia.

La relación del individuo y el «nuevo hombre» está descrita en términos de «vestíos del nuevo hombre».[53] El «hombre nuevo» es

---

[53] El término «gr. *endyō (vestir)*» de alguna manera implica una metáfora espacial en relación a ser alojado o vestido. 2 Corintios 5:1ff podría tal vez interpretarse a la luz de esta idea. Aquí podemos asociar «gr. *endyō*» con «gr. *oiketerion* (casa)» celestial [2 Corintios 5:2]. El hombre sin esta «gr. *oiketerion*» está «gr. *gymnos* (desnudo)» [2 Corintios 5:3] y temeroso de Dios. Un hombre así no está cubierto, aunque anhela estarlo. Y este revestimiento (vestir) toma lugar cuando se viste con la «gr. *oiketerion* (casa)» celestial. Alguien preguntaría: ¿Acaso no está Pablo refiriéndose más bien a la vestidura celestial que él anhela? En ambos casos [tanto «gr. *endyō*» como «gr. *oiketerion*»] es la iglesia de la que estamos revestidos, y el tabernáculo de Dios: el lugar de la presencia divina y su protección; en ambos casos, se refiere al cuerpo de Cristo. Él es de quien estamos vestidos y en Él habitamos.

como un vestido que cubre la necesidad de abrigo del individuo. De esta manera, el individuo se viste tanto de la imagen de Dios —que es Cristo—, como de la iglesia. En el bautismo nos revestimos de Cristo (Gálatas 3:27), lo cual significa que somos unidos a su cuerpo: el único ser humano que no es ni judío ni griego, no es siervo ni libre, sino simplemente es la comunidad. Así, nadie puede convertirse en un «hombre nuevo» excepto en la congregación, a través del cuerpo de Cristo, y quien quiere ser un hombre nuevo mediante sus esfuerzos propios, seguirá siendo el mismo viejo hombre. Convertirse en un nuevo hombre se traduce en convertirse en iglesia, es decir, un miembro del cuerpo de Cristo. El nuevo hombre no es el individuo —el que ha sido justificado y santificado—, sino es la iglesia, el cuerpo de Cristo, es Cristo mismo.

El Cristo crucificado y resucitado existe por el Espíritu Santo como iglesia, como el «nuevo hombre»; y así como es verdad que el Cristo encarnado permanece eternamente, así también la «nueva humanidad». Así como en Él, la plenitud de la deidad se hizo carne y habitó en Él, así los cristianos que son llenos de Cristo (Colosenses 2:9; Efesios 3:19). De hecho, ellos mismos son esa plenitud divina en el sentido de que son su cuerpo, aunque sea tan sólo Él, quien lo llena todo en todo.

La unidad de Cristo con su iglesia —su cuerpo— hace necesario que al mismo tiempo Cristo sea reconocido como el Señor de su cuerpo. Es por esa razón que a Cristo se le llama *la cabeza del cuerpo* cuando Pablo da una explicación más detallada del concepto del cuerpo (Efesios 1:22; Colosenses 1:18; 2:19). En estos versículos se deja bien en claro que Cristo es el Señor. Es indispensable establecer esto en el registro de nuestra redención, pues la ascensión de Cristo al cielo y su segunda venida descartan cualquier idea referente a la fusión mística de Cristo y de su iglesia. El mismo Cristo que está presente en su iglesia es el que viene otra vez del cielo. Es el mismo Señor, aquí como allá, es la misma iglesia, aquí como allá, es el mismo cuerpo de Aquel que está presente aquí, y de Aquel que viene en las nubes. No obstante, es una gran diferencia si estamos aquí o estamos allá. Así que, tanto la unidad de Cristo con su iglesia y la distinción de Cristo como cabeza e independiente de ella son aspectos necesarios dentro de la misma verdad.

La iglesia es una, es el cuerpo de Cristo, pero al mismo tiempo existe multiplicidad y comunión de los miembros (Romanos 12:5; 1 Corintios 12:12ss). El cuerpo tiene muchos miembros, y cada uno —el ojo, la mano, el pie, etc.— es y sigue siendo lo que es: ¡este es el punto de la analogía paulina! La mano no se convierte en ojo, ni el ojo deja de ser ojo para ser oído. Cada uno conserva su identidad. No obstante, ellos tienen identidad de lo que son únicamente al ser miembros de un solo cuerpo, como una sola comunidad que sirve en unidad. La unidad de la iglesia es lo que da identidad y significado a cada individuo, y la comunidad, como un todo, es lo que es por causa de esa unidad, tal y como Cristo y su cuerpo hacen de la iglesia lo que es. Aquí el oficio del Espíritu Santo se manifiesta claramente. Es Él quien lleva a Cristo al individuo (Efesios 3:17; 1 Corintios 12:3). Él construye su iglesia a través de la reunión de los individuos, aun y cuando la construcción total ya está terminada en Cristo (Efesios 2:22; 4:12; Colosenses 2:2). Él crea la comunión (2 Corintios 13:13) de los miembros del cuerpo (Romanos 15:30; 5:5; Colosenses 1:8; Efesios 4:3). El Señor es el Espíritu (2 Corintios 3:17). La iglesia de Cristo es el Cristo presente en el Espíritu Santo. Así que la vida del cuerpo de Cristo se ha convertido en nuestra vida. En Cristo ya no vivimos para nosotros mismos, sino que Él vive su vida en nosotros. La vida de los fieles en la iglesia es de hecho la vida de Jesucristo en ellos (Gálatas 2:20; Romanos 8:10; 2 Corintios 13:5; 1 Juan 4:15).

Nosotros participamos en el sufrimiento y la gloria de Jesucristo en la comunión de su cuerpo crucificado y transfigurado. La cruz de Cristo yace sobre su cuerpo, que es la iglesia. Lo que la iglesia sufre debajo de esa cruz es el sufrimiento de Cristo mismo. Primero este sufrimiento es manifiesto mediante el bautismo, y de ahí en adelante es la «muerte diaria» de los cristianos (1 Corintios 15:31), en el poder del bautismo. Sin embargo, hay un sufrimiento que trae consigo una promesa indescriptible. Es verdad que el sufrimiento de Cristo nos reconcilió con Dios, pues Él sufrió «por nosotros», nos libró del poder del pecado triunfando «por nosotros» y otorgó ese triunfo y ese poder a todo aquel que se une a su comunidad; no obstante, existe un sufrimiento que no avergüenza, un sufrimiento que representa una gracia inconmensurable, uno que trae la mayor gloria a los suyos, y del que no existe una dignidad más incomprensible ni mayor privilegio: sufrir «por Cristo». Lo que está tan profundamente en contra de la ley se cumple aquí. Según la ley no podemos sufrir castigo sino por nuestros propios pecados. Tampoco ninguno [—andando en la carne—] estará dispuesto a sufrir ni siquiera por su propio bien, mucho menos por el bien de alguien más, ¡y *menos aún* para beneficiar a Cristo! Sin embargo, el cuerpo del Señor nos ha sido dado, fue el cuerpo que sufrió la pena por nuestros pecados, y nos hizo libres para existir únicamente «para Cristo», tanto en la muerte como en el sufrimiento. Ahora se nos permite también trabajar y sufrir por Cristo, es decir, por su causa, ¡por causa de Aquel que hizo todo por nosotros! Esto es realmente un milagro y una gracia a la vez, algo de lo que también podemos gozar estando en la comunidad del cuerpo de Cristo (Filipenses 1:29; 2:17; Romanos 8:35ff; 1 Corintios 4:10; 2 Corintios 4:10; 5:20; 13:9).

Aunque Jesucristo lo reconcilió todo, y lo ha cumplido todo con su padecimiento vicario, sus sufrimientos en esta tierra aún no han terminado. Él ha dejado —en virtud de su gracia— un «gr. *hysterema*, (lo que falta)» de sufrimientos por su iglesia en el período que resta antes de su segunda venida (Colosenses 1:24). Este sufrimiento beneficiará al cuerpo de Cristo, la iglesia. No tenemos manera de saber si este sufrimiento de alguna manera misteriosa contribuye a evitar el pecado (vea 1 Pedro 4:1). Sin embargo, algo está claro: que el que sufre lo hace en el poder del cuerpo de Cristo, y lo hace en representación —se utiliza la palabra «por»[54]— la iglesia, en una acción vicaria—. A ellos se les ha dado el poder de soportar lo que otros han evitado. «Llevando en el cuerpo siempre por todas partes la muerte de Jesús, para que también la vida de

[54] Colosenses 1:24 Ahora me gozo en lo que padezco por vosotros, y cumplo en mi carne lo que falta de las aflicciones de Cristo por su cuerpo, que es la iglesia.

Jesús se manifieste en nuestros cuerpos. Porque nosotros que vivimos, siempre estamos entregados a muerte por causa de Jesús, para que también la vida de Jesús se manifieste en nuestra carne mortal. De manera que la muerte actúa en nosotros, y en vosotros la vida.» (2 Corintios 4:10-12 —compare 1:5-7; 13:9; Filipenses 2:17). Hay una medida de sufrimiento prescrita para el cuerpo de Cristo; y Dios da gracia a una persona para soportar un sufrimiento especial a favor de otra. El sufrimiento debe ser cumplido, soportado y superado. Bienaventurados los que son honrados por Dios para sufrir por el cuerpo de Cristo. Tal sufrimiento es alegría (Colosenses 1:24; Filipenses 2:17). En tal sufrimiento el creyente puede jactarse de que lleva la muerte de Jesucristo, que lleva las heridas de Cristo en su cuerpo (2 Corintios 4:10; Gálatas 6:17). De esta manera, en este servicio el creyente pudiera decir: «Ahora también será magnificado Cristo en mi cuerpo, o por vida o por muerte» (Filipenses 1:20). Tal acción vicaria y sufrimiento de los miembros en el cuerpo de Cristo es en sí misma la vida de Cristo, que desea ser formada en sus miembros (Gálatas 4:19).

Respecto a todo esto no hay nada novedoso, pues es lo mismo que los primeros discípulos experimentaron. La conclusión a todo lo que venimos diciendo es que encontramos el testimonio del cuerpo de Cristo en todas las Escrituras. Aquí resulta conveniente mencionar que en el cuerpo de Cristo tiene cumplimiento la gran profecía del Antiguo Testamento respecto al templo de Dios. Para ello tenemos que entender el templo, no meramente en el uso helenístico de la palabra,[55] sino desde la perspectiva de la enseñanza profética.

David quiso construir un templo para Dios, así que consultó al profeta, quien le comunicó lo que Dios pensaba respecto a sus planes: «Ve y di a mi siervo David: Así ha dicho Jehová: ¿Tú me has

[55] En los tiempos de Cristo existía una veneración del templo de Jerusalén. Se cree que la sinagoga de los libertos estaba formada por judíos helénicos (Hechos 6:8-13), los cuales soliviantaron al pueblo contra Esteban. Históricamente se considera a los griegos como los primeros en tener una gran influencia arquitectónica en el mundo debido a sus templos [nota del editor].

de edificar casa en que yo more?... Asimismo Jehová te hace saber que él te hará casa» (2 Samuel 7:5, 11). El templo de Dios sólo puede ser construido por Dios mismo. Al mismo tiempo, David recibe una promesa extraña: que uno de su simiente construiría la casa, y que su simiente sería eterna (vv. 12, 13). «Yo le seré a él padre, y él me será a mi hijo» (v.14). Salomón, el «hijo de Paz», es decir, la paz de Dios con la casa de David, reclamó esa promesa cumplida en él mismo. El construyó el templo y su acción fue agradable al Señor. Sin embargo, en este templo no se cumplió la profecía, puesto que fue construido por manos humanas y así que tenía que ser destruido. No fue de esta manera que la profecía se cumplió; e inclusive, el pueblo de Israel todavía está esperando que el hijo de David —cuyo reino será por siempre— construya el nuevo templo.

El templo de Jerusalén fue destruido varias veces, lo cual es una señal de que éste no era el templo al que Dios se refería. ¿Dónde está el verdadero templo? Cristo mismo dijo que este templo era su propio cuerpo: «Dijeron luego los judíos: En cuarenta y seis años fue edificado este templo, ¿y tú en tres días lo levantarás? Mas él hablaba del templo de su cuerpo. Por tanto, cuando resucitó de entre los muertos, sus discípulos se acordaron que había dicho esto; y creyeron la Escritura y la palabra que Jesús había dicho» (Juan 2:20-22). El templo que Israel espera es el cuerpo de Cristo. El templo del Antiguo Testamento es sólo la sombra de su cuerpo (Colosenses 2:17; Hebreos 10:1; 8:5). Jesús se refiere a su cuerpo humano. Él sabe que también el templo de su cuerpo terrenal será destruido, pero que Él resucitará, que se levantará con un nuevo templo, el templo eterno, un cuerpo resucitado y trasfigurado. Esta es la casa que Dios construye para su Hijo, y que el Hijo también construye para el Padre. En esta casa Dios habita verdaderamente, y al mismo tiempo, la nueva humanidad, la comunidad de Cristo. El mismo Cristo encarnado es el templo que cumple la profecía. Corresponde también a lo que dice el libro de Apocalipsis —en referencia a la Nueva Jerusalén— que no hay templo en ella, «porque el Señor Dios Todopoderoso es el templo de ella, y el Cordero» (21:22). El templo es el lugar de la presencia llena de gracia y morada de Dios entre los hombres. Es también el lugar en donde Dios recibe a su iglesia. Ambas cosas se han hecho realidad tan sólo en el Jesucristo encarnado. Aquí está la verdadera y corporal presencia de Dios. Y aquí también está la verdadera y corporal *nueva humanidad*, ya que Cristo la ha llevado en su propio cuerpo. Así pues, el cuerpo de Cristo es el lugar de aceptación, reconciliación y paz entre Dios y el hombre. Dios encuentra al hombre en el cuerpo de Cristo, y el hombre es aceptado por Dios en el cuerpo de Cristo. El cuerpo de Cristo es el templo espiritual «gr. *Oikos pneumatikos*», construido de piedras vivas (1 Pedro 2:5ss). Sólo Cristo es el fundamento y la Piedra Angular de ese templo (Efesios 2:29; 1 Corintios 3:11), y Él mismo es el templo («gr. *Oikodome*» Efesios 2:21) en quien mora el Espíritu Santo renovando y santificando a los corazones de los fieles (1 Corintios 3:16; 6:19). El templo de Dios es la iglesia santa en Jesucristo. El cuerpo de Cristo es el templo vivo de Dios y de la nueva humanidad.

CAPÍTULO 30

LA COMUNIDAD VISIBLE

El cuerpo de Jesucristo ocupa un espacio en la tierra. Con la encarnación, Cristo crea un espacio entre el pueblo. Él entró en su poder, pero le dieron un establo para nacer, «porque no había lugar para ellos en el mesón» [Lucas 2:7]. Y cuando murió, le rechazaron de tal manera que su cuerpo se mantuvo entre el cielo y la tierra colgado sobre un madero. No obstante, la encarnación conlleva el reclamo de un espacio en la tierra y cualquier cosa que ocupe espacio es visible. Así, el cuerpo de Jesucristo sólo puede ser un cuerpo visible, o de otra manera no es un cuerpo. El hombre Jesús es visible, y en nuestra fe lo identificamos como el Hijo de Dios. Nuestros ojos físicos ven el cuerpo de Jesús, y nuestra fe a Dios hecho carne. Nuestros ojos ven a Jesús en la carne; pero en nuestra fe Él es quien llevó nuestra carne. «Tú señalarás a este hombre y dirás: Aquí está Dios» (Lutero).

Una verdad, una enseñanza, una religión no necesita tener espacio. No tiene vida. Se escucha, se aprende, se entiende, pero eso es todo. Sin embargo, el Hijo de Dios encarnado no sólo necesita oídos y corazones, sino también personas físicas que le sigan. Por lo tanto, llamó a sus discípulos a marchar en un discipulado físico, y su comunión con ellos era visible para todos. Este discipulado fue fundado y mantenido por Jesucristo mismo, el Encarnado, el Verbo encarnado era quien los había llamado y creado una comunidad visible, una comunidad física. Los llamados ya no podían permanecer ocultos, eran luz que debía brillar, la ciudad asentada sobre un monte que debía verse. La cruz y el sufrimiento de Jesucristo estaban en el horizonte, visible.

A fin de pertenecer a este compañerismo, los discípulos tuvieron que renunciar a todo, sufrir y ser perseguidos; y aun así, especialmente bajo la persecución, permanecieron en la comunidad y recobraron visiblemente lo que habían perdido: hermanos, hermanas, campos y casas. La congregación de los seguidores era evidente ante el mundo. Aquí había cuerpos que actuaban, trabajaban y sufrían en la comunidad de Jesús. El cuerpo del Señor exaltado es también un cuerpo visible en la forma de la congregación. ¿Cómo se hace visible este cuerpo? Primero en la predicación de la palabra: «Y perseveraban en la doctrina de los apóstoles» (Hechos 2:42). Aquí, en esta frase, cada palabra es significativa. La doctrina («gr. *didache*») se refiere al sermón (en contraste con un mero discurso religioso de cualquier especie), significa el acto de notificar los hechos. Cuando se informa algo ya no tiene sentido informar lo mismo una vez más, pues de otra manera esta información se vuelve superflua; sin embargo, aquí se dice que ésta era continua, es decir, que la continua repetición no se volvió superflua, e inclusive, era exactamente lo que era necesario. Así, «la doctrina» está en conexión con «permanencia», es decir, continua atención. Entonces necesariamente existe algo peculiar: se trata no de una simple doctrina ni de una simple información, sino de «la doctrina de los apóstoles». ¿Qué significa «la doctrina de un apóstol»? Los apóstoles son los testigos escogidos por Dios de la revelación en Jesucristo. Vivían en la comunión física de Jesús, veían al Encarnado, Crucificado y Resucitado y podían palpar su cuerpo físico (1 Juan 1:1). Ellos son los testigos que Dios —el Espíritu Santo—, usa como instrumentos para proclamar la Palabra. El sermón apostólico da testimonio de la encarnación de la revelación de Dios en Jesucristo. Sobre el fundamento de la revelación de los apóstoles y profetas se construye la iglesia cuya piedra angular es Jesucristo mismo (Efesios 2:20). Cualquier otra predicación debe ser una predicación apostólica que se construya sobre este fundamento. Así pues, la unidad entre nosotros y la primera iglesia se establece mediante la palabra de los apóstoles. Ahora bien, ¿hasta qué punto esta enseñanza apostólica necesita ser escuchada continuamente? La palabra apostólica es verdaderamente la palabra de Dios hablada en palabra de hombres (1 Tesalonicenses 2:13). Por tanto, es una Palabra que da aceptación a los seres humanos y tiene el poder para serlo. La Palabra de Dios tiene el objetivo de que la iglesia la acepte, y esto es esencial para ella. Entra en la comunidad por sí misma, es atraída a la iglesia de forma natural. Por tanto, no existe tal cosa que la Palabra vaya por un lado y la iglesia por otro: existe una sola verdad, una sola Palabra, por lo que el predicador no tiene que tomar esa Palabra, manejarla, moverla hacia la iglesia, y aplicarla ¡No!, la Palabra tiene su propio movimiento y el predicador no debe —ni puede— hacer nada más que servir a este movimiento de la Palabra, a fin de que se evite cualquier cosa que se interponga en el camino. La Palabra sale para aceptar a la gente. Los apóstoles lo sabían, y ese era exactamente su sermón. Ellos habían visto la Palabra de Dios por ellos mismos; vieron cómo había venido, cómo se había hecho carne, y cómo esta Palabra hecha carne había aceptado a toda la raza humana. Ahora la clave de su testimonio es simplemente esta: que la Palabra de Dios se hizo carne, que llegó para aceptar a los pecadores, para perdonarlos y santificarlos. Esta es la misma Palabra que se hace presente en la iglesia: la Palabra hecha carne, que ha aceptado a toda la humanidad y que no puede ya existir sin la humanidad que ha aceptado.

Cuando esta Palabra viene, el Espíritu Santo viene también, mostrando a los creyentes, tanto individual como corporalmente, lo que, desde hace mucho tiempo, este Cristo encarnado les ha dado. Trabaja en el creyente —mediante la predicación— a fin de que este crea que Jesucristo mismo vino para morar entre nosotros con el poder de su cuerpo, con la misión de decirnos que Él nos ha aceptado a todos y que lo hará individualmente hoy con cada uno (con el que cree).

La Palabra de la predicación apostólica es la palabra que ha llevado los pecados de todo el mundo, es decir, Cristo mismo presente en el Espíritu Santo. La suma de la «enseñanza de los apóstoles» se traduce en esta frase: «Cristo en su iglesia». Esta doctrina jamás se vuelve superflua, sino que alimenta constantemente a una comunidad de creyentes que permanece fiel a esta enseñanza; una comunidad que ha sido aceptada por la Palabra y que confirma su fe en esta Palabra cada día. Esta enseñanza crea una comunidad visible. Además de la visibilidad del cuerpo de Cristo en la predicación de la Palabra, se crea también visibilidad en el bautismo y en la cena del Señor. Ambos tienen su origen en la verdadera humanidad de nuestro Señor Jesucristo. En ambos sacramentos el Señor nos recibe en su cuerpo y nos hace partícipes de la comunidad de Él. La proclamación tiene lugar en ambas acciones. Tanto en el bautismo como en la cena del Señor se proclama la muerte de Cristo por nosotros (Romanos 6:3ss; 1 Corintios 11:26). En ambos, el don es el cuerpo de Cristo. En el bautismo nos convertimos en miembros del cuerpo, mientras que en la cena del Señor, se confirma la comunión «gr. *koinonia*» —en el cuerpo del Señor que recibimos— con los miembros de ese cuerpo. Así que, al recibir los dones de su cuerpo nos convertimos en un sólo cuerpo con Él.

Ni el bautismo ni la cena del Señor pueden ser totalmente comprendidos cuando hablamos únicamente en términos de perdón de pecados. El don del cuerpo en el sacramento nos presenta al Señor en forma corporal que habita en su comunidad eclesial. No obstante, el perdón del pecado está incluido en el don del cuerpo de Cristo como iglesia. De aquí se deduce que —en contraste con la práctica contemporánea— la ministración del bautismo y de la cena del Señor originalmente no está ligada al ministerio de la proclamación apostólica —sino que era administrada por la iglesia misma (1 Corintios 1:1 y 14ff; 11:17ff). El bautismo y la cena del Señor pertenecen únicamente a la iglesia. La palabra está dirigida tanto a los creyentes como a los no creyentes. Mientras que los sacramentos pertenecen sólo a la comunidad, y así, formada esta comunidad, ella proclama el evangelio.

Ha quedado claro que la iglesia de Jesucristo reclama un espacio en el mundo para la proclamación. El cuerpo de Cristo es visible en la congregación reunida alrededor de la Palabra y del sacramento. Esta iglesia es un todo que está perfectamente unido y articulado. El cuerpo de Cristo, como iglesia, presenta una organización y un orden. Si el cuerpo no tiene organización está en estado de decadencia. La figura del cuerpo viviente de Cristo —según la enseñanza de Pablo en Romanos 12:5 y 1 Corintios 12:12ff— es un organismo organizado. Aquí es imposible hacer una distinción entre sustancia y forma, entre esencia y apariencia; pues hacerlo significaría una negación al cuerpo de Cristo, esto es, al Cristo que se hizo carne (1 Juan 4:3). Así, el cuerpo de Cristo —con todo su espacio para el orden— reclama espacio para la proclamación. El orden de la iglesia es el origen y el ser divino. Por supuesto, ella está para servir, no para reinar: los ministerios de la iglesia consisten en *servicios* (gr. *diakoniai*, vea 1 Corintios 12:4). Son establecidos por Dios (1 Corintios 12:28), por Cristo (Efesios 4:11), por el Espíritu Santo (Hechos 20:28), en otras palabras, no fueron ellos los que se establecieron a sí mismos. Incluso cuando la iglesia produce ministerios, esta producción es enteramente guiada por el Espíritu Santo (Hechos 13:2 *et passim*). Tanto los ministerios como la comunidad proceden del mismo Dios trino. Los ministerios sirven a la iglesia, tienen sus derechos espirituales únicamente concernientes a ese ministerio. Esta es la razón por lo que cada uno tiene que adaptar su ministerio dependiendo de las necesidades correspondientes al tiempo y al lugar. Por ejemplo, la congregación en Jerusalén demandaba distintos ministerios que aquellos requeridos en las iglesias plantadas por Pablo. Aunque el ministerio lo da Dios mismo, su forma es adaptable a las necesidades y sujeta sólo al juicio espiritual de la iglesia misma, quien ordena a sus miembros al ministerio. Los carismas que el Espíritu Santo da a los individuos son también una disciplina estrictamente circunscrita al servicio de la iglesia, porque Dios no es un Dios de desorden, sino de paz (1 Corintios 14:32s). En ella el Espíritu Santo patentiza «gr. *phanerosis*» que todo lo que se hace es en beneficio de la iglesia. Los apóstoles, profetas, maestros, supervisores (obispos), diáconos, ancianos, presidentes y líderes (1 Corintios 12:28ff; Efesios 2:29 y 4:11) todos son siervos de la iglesia, el cuerpo de Cristo. Si son ordenados para servir en la iglesia, sus ministerios son de origen y esencia divinos; no obstante, sólo la iglesia puede liberarlos del servicio. Luego entonces, aunque la congregación es libre en cuanto a dar forma a sus ordenamientos de acuerdo a sus propias necesidades, cualquier intento por alterar desde el exterior este orden es una violación a la forma visible del cuerpo de Cristo mismo.

Merece atención particular entre los ministerios de la congregación la ministración no adulterada de la Palabra y de los sacramentos. Hay que tener en cuenta lo siguiente: la proclamación siempre será variada y difiere según la misión y los dones de los predicadores. Sin embargo, ya sea que la proclamación sea suministrada por Pablo, Pedro o Apolos o Cristo, el indivisible Cristo debe ser reconocido en todos ellos (1 Corintios 1:11ff). Todos deben trabajar mano a mano (1 Corintios 3:6), ya que, el surgimiento de diferentes escuelas de pensamiento da lugar a discusiones en donde cada uno busca lo suyo (1 Timoteo 6:5, 20; 2 Timoteo 2:16; 3:8; Tito 1:10). Con demasiada facilidad «la piedad» se convierte con esto en una mera ganancia terrenal, ya sea de honor, de poder o de dinero. Asimismo, existe una tendencia natural a planear y discutir problemas, que una vez que se encienden, distraen fácilmente de la verdad pura y simple (2 Timoteo 3:7). Esto tendrá por consecuencia contribuir a la voluntad propia y a la desobediencia al mandamiento de Dios. Por otro lado, la sana y saludable doctrina sigue siendo el objetivo de la proclamación (2 Timoteo 4:3; 1 Timoteo 1:10; 4:16; 6:1; Tito 1:9; 2:1; 3:8), además de garantizar el orden y la unidad.

No siempre es fácil distinguir entre una legítima opinión teológica y la herejía. Por lo tanto, mientras que, en algunas congregaciones, una doctrina puede ya haber sido descubierta como herejía, en otras todavía se tolera y se considera como una simple opinión teológica (Apocalipsis 2:6; 2:15ff). Sin embargo, una vez que la herejía es identificada, debe rechazarse sin contemplaciones. Ante esto, el maestro falso debe ser expulsado de la comunidad cristiana y de la comunión personal (Gálatas 1:8; 1 Corintios 16:22; Tito 3:10; 2 Juan 10ff). Así, la proclamación de la Palabra Pura debe traer unidad y estar visiblemente separada del mundo. De esta manera queda claro que Dios ha establecido para la iglesia una necesidad de orden y de un espacio para la proclamación.

La pregunta ahora es si el espacio para la proclamación y el orden son suficientes para describir la forma visible de la comunidad del cuerpo de Cristo o si se reclama un espacio adicional en el mundo. La respuesta del Nuevo Testamento afirma inequívocamente que la iglesia reclama espacio en la tierra no sólo para su adoración y orden, sino también para la vida cotidiana de sus miembros; es por eso que ahora hablaremos del espacio habitable de la comunidad visible.

La comunión de Jesús con sus discípulos fue una comunión de vida plena en todas las relaciones de la vida. Toda la vida del individuo se desarrollaba en la congregación de los discípulos. Esta comunión es un testimonio vivo de la humanidad corporal del Hijo de Dios. La presencia corporal del Hijo de Dios obliga a un compromiso corporal para con Él en la vida diaria. El hombre, con toda su vida física, pertenece a Aquel que por su causa aceptó llevar un cuerpo humano. En el discipulado el discípulo pertenece inseparablemente al cuerpo de Jesús. Así lo atestigua el relato de la iglesia primitiva en los Hechos de los Apóstoles (vea Hechos 2:42ff; 4:32ff): «Y perseveraban en la doctrina de los apóstoles, en la comunión unos con otros, en el partimiento del pan y en las oraciones»; «Todos los que habían creído estaban juntos, y tenían en común todas las cosas». Que la palabra comunión «gr. *koinonia*» aparezca entre la proclamación y la cena del Señor es algo que nos instruye; no es accidental definir la naturaleza de esta comunidad de esta manera, puesto que la comunión tiene su origen en la Palabra y su meta y su consumación en la cena del Señor. Toda la vida de comunión de los discípulos se desarrolla entre la Palabra y el sacramento: empieza y termina en adoración, pues la iglesia está esperando la cena que tendrá lugar con el Señor en el reino de Dios. Así, una comunidad que tiene tal origen y tal propósito es una comunidad saludable, que sabe clasificar bien todas las cosas y los bienes de esta vida. Se ha establecido en libertad, en el gozo y en el poder del Espíritu Santo; representa una comunidad en donde «no había entre ellos ningún necesitado», donde se «repartía a todos según la necesidad de cada uno», y donde «ninguno decía ser suyo propio nada de lo que poseía, sino que tenían todas las cosas en común». En la vida cotidiana de estos eventos podemos notar la verdadera libertad evangélica: una en la que no existe coerción; por tanto, eran «de un corazón y un alma». Esta joven comunidad estaba a la vista de todos, y por extraño que parezca, ellos tenían «favor con todo el pueblo» (Hechos 2:47). ¿Sería esto debido a la ceguera del pueblo de Israel, quien no podía ver que la cruz de Cristo era lo que hacía posible tan perfecta comunión? ¿Sería esto una anticipación del día en que todas las naciones deben honrar al pueblo de Dios? ¿O fue acaso a causa de la bondad de Dios, la cual, especialmente en tiempos de crecimiento y de gran lucha, rodea su iglesia con un cerco de benevolencia humana y simpatía, gente que se interesa por lo que pase con los cristianos? ¿O fue que la iglesia encontró favor con aquellos que gritaron «¡hosanna!» y no con los que gritaron «¡sea crucificado!? «Y el Señor añadía cada día a la iglesia los que habían de ser salvos».

Esta comunidad cuya comunión es visible, irrumpe en el mundo y les arrebata a sus hijos. El crecimiento diario de la iglesia demuestra el poder del Señor, quien habita vivo en ella. Esto se aplica a los primeros discípulos: donde está su Señor, ellos también deben estar, y donde ellos estén, su Señor estará también hasta el fin del mundo. Todo lo que el discípulo hace, lo hace en la comunidad de la iglesia de Jesús como miembro de su cuerpo; incluso las acciones que pertenecen al mundo secular, suceden dentro de la comunidad. Así, esto es lo que se aplica al cuerpo de Cristo: donde hay un miembro también está todo el cuerpo, y donde está el cuerpo, también está el miembro. No existe un área de la vida en la que el miembro deba o pueda evitar el cuerpo. Dondequiera que uno esté, haga lo que haga, eso sucede «en el cuerpo», en la iglesia, «en Cristo». El cristiano es fuerte o débil en Cristo (Filipenses 4:13; 2 Corintios 13:4), trabaja y se esfuerza, o se regocija «en el Señor» (Romanos 16:9-12; 1 Corintios 15:58; Filipenses 4:4); habla y amonesta en Cristo (2 Corintios 2:17; Filipenses 2:2); practica la hospitalidad en Cristo (Romanos 16:2); se casa en el Señor (1 Corintios 7:39); está preso en el Señor (Filipenses 1:13, 23); es un esclavo del Señor (1 Corintios 7:22). La totalidad de las relaciones humanas entre los cristianos está comprendida dentro de Cristo, y por la iglesia.

Es el bautismo en el cuerpo de Cristo lo que da a cada cristiano la vida plena en Cristo, en la iglesia. Es algo equivocado y una distorsión del Nuevo Testamento limitar el bautismo a un simple requisito para compartir un sermón o para participar en la cena del Señor, es decir, a la participación de los privilegios otorgados por la salvación; e incluso también, el derecho a tener un ministerio en la iglesia. Así, mucho más que eso, el bautismo es lo que abre el panorama de toda la vida comunitaria de los miembros del cuerpo de Cristo, sin reservas. El que concede a un hermano bautizado participación en la adoración, pero le niega acceso al compañerismo, lo abusa o lo desprecia, se hace culpable en contra del cuerpo de Cristo mismo. Quién reconoce que los hermanos bautizados poseen en el bautismo los dones de la salvación, pero a la vez les niega lo necesario para su vida terrena, o les deja en aflicción o en angustia, se burla del don de la salvación y es un mentiroso. Aquel que, aun cuando el Espíritu Santo le ha hablado, pero en lugar de escucharle a Él escucha la voz de su carne, de su propia naturaleza caída, profana el sacramento. El bautismo en el cuerpo de Cristo no sólo cambia el estado personal en relación a la salvación, sino también en relación a todas sus relaciones de vida.

El esclavo Onésimo escapó de su amo cristiano Filemón dejándole dañado y afligido. Sin embargo, ahora, luego de su bautismo, su amo debe recibirle para siempre (Filemón 1:15), y «no ya como esclavo, sino como más que esclavo, como hermano amado… tanto en la carne como en el Señor» (Filemón 1:16). Al llamar a Onésimo un hermano «en la carne», Pablo advierte a Filemón acerca del peligroso malentendido presente en algunos cristianos «privilegiados», quienes piensan que pueden *tolerar* el adorar junto con otros cristianos de menos estatus que ellos; sin embargo, que tienen derecho a evitar cualquier otro contacto más allá de eso. Por lo tanto,

Filemón debe recibir a Onésimo como a un hermano; más aún, como a Pablo mismo (v. 19). Y como Onésimo es ahora su hermano, no debe de obligarle a pagar el daño que le causó. No obstante, Filemón debe hacer esto voluntariamente, aunque si fuera necesario, él le ordenaría expresamente que lo hiciera así (vv. 8-14), y confía que Filemón hará aun más de lo que Pablo le requiere (v. 21). Onésimo es ahora un «hermano en la carne» debido a que ha sido bautizado. Aun y cuando Onésimo continúe siendo un siervo de Filemón la relación entre ambos ha cambiado radicalmente para ambos. ¿En qué consiste ese cambio? En que tanto libres como siervos todos son miembros del cuerpo de Cristo, y en su comunión ellos viven como una célula dentro del cuerpo de Cristo, la iglesia: «porque todos los que habéis sido bautizados en Cristo, de Cristo estáis revestidos... donde no hay griego ni judío, circuncisión ni incircuncisión, bárbaro ni escita, siervo ni libre, sino que Cristo es el todo, y en todos» (Gálatas 3:27; Colosenses 3:11). En la iglesia uno ya no ve al otro como siervo o libre, o como hombre o mujer, sino como un miembro del cuerpo de Cristo. Ciertamente esto no significa que ahora el siervo ya no sea un siervo, ni que el hombre deje de ser hombre. Más bien esto quiere decir que, al estar en el cuerpo de Cristo, nadie tiene consideraciones especiales ya sea si es judío o griego, libre o siervo. Esto es precisamente lo que debe ser excluido. Lo único que cuenta entonces es que tal persona es miembro del cuerpo de Cristo, ya que todos somos uno en Cristo. Los judíos y los griegos; los siervos y los libres; el marido y la mujer, todos ahora están en comunión como parte de la iglesia y del cuerpo de Cristo. Dondequiera que ellos vivan, hablen y actúen, están juntos, están en Cristo. Pero también, esto mismo es lo que transforma a cada uno de los miembros en cuanto a sus relaciones. La mujer obedece a su marido «en el Señor», el siervo sirve a Dios cuando sirve a su amo, y el amo sabe que él también tiene un amo en el cielo (Colosenses 3:18-4:1), pero ahora son hermanos, «en la carne y en el Señor».

Es así como la iglesia llega a la vida del mundo y conquista espacio para Cristo; porque lo que está «en Cristo» ya no está bajo el gobierno del mundo, ni del pecado ni de la ley. En esta comunidad ninguna ley terrenal tiene algo que determinar. El reino del amor fraternal cristiano está bajo la autoridad de Cristo, no bajo la del mundo. El ministerio de amor al hermano, el ministerio de misericordia, jamás debe estar confinado a las reuniones de la iglesia, porque donde está el hermano, ahí está el propio cuerpo de Cristo, y donde está el cuerpo de Cristo, siempre está también su iglesia, allí también debo estar yo. El que pertenece al cuerpo de Cristo es libre del mundo, ha sido expulsado de él, por tanto, debe dar prueba a éste de su llamado, no sólo a través del culto de adoración y siguiendo el orden eclesial sino mediante la nueva comunión de vida fraterna. Cuando el mundo desprecia al hermano cristiano, ahí estará su hermano para amarle y servirle; cuando el mundo le haga violencia, el otro le ayudará y aliviará; cuando el mundo lo deshonre y lo insulte, él sacrificará su propia gloria para cubrir la vergüenza de su hermano. Mientras el mundo busca ganancias, él renuncia a ellas; el mundo explota, el cristiano se despoja de sí mismo; el mundo oprime, el cristiano se inclina y endereza a su hermano. Si el mundo rechaza la justicia, él practicará la misericordia; si el mundo se ampara en mentiras, el hermano abrirá su boca por los mudos y testificará la verdad. Todo por el bien de su hermano, sea judío o griego; sea siervo o libre; fuerte o débil; noble o plebeyo; el cristiano renunciará a cualquier otra comunidad en el mundo, porque ahora él sirve a la comunión del cuerpo de Jesucristo. De esta manera, no puede permanecer oculto en esta comunidad. Él es un llamado y sigue a Cristo.

No obstante, «cada uno en el estado en que fue llamado, en él se quede. ¿Fuiste llamado siendo esclavo? No te dé cuidado; pero también, si puedes hacerte libre, procúralo más [p. ej, ¡procura tu condición de esclavo!].[56] Porque el que en el Señor fue llamado siendo

[56] La conjunción «gr. *ei kai*» traducido por la RV y por muchas otras traducciones como *si* también puede traducirse como *aunque*. Los estudiosos del griego consideran que esta sería una traducción más gramáticamente correcta. De esta manera, el sentido es que, si uno es esclavo y tiene la oportunidad de liberarse, procure quedarse como está. Este es también el hilo del discurso de Pablo, que cada uno permanezca en el estado en que se encuentra. Al mismo tiempo, lo que luego dice: «no os hagáis esclavos de los hombres», es la semilla de la abolición de la esclavitud [nota del editor].

esclavo, liberto es del Señor; asimismo el que fue llamado siendo libre, esclavo es de Cristo. Por precio fuisteis comprados; no os hagáis esclavos de los hombres. Cada uno, hermanos, en el estado en que fue llamado, así permanezca para con Dios» (1 Corintios 7:20-24). ¡Qué diferencia con el llamado de los primeros discípulos! En el primer llamamiento los discípulos tenían que dejar todo para ir con Jesús, y aquí se nos dice que permanezcamos en nuestra misma profesión. ¿Cómo se resuelve esta aparente contradicción? En primer lugar, tenemos que entender que el objetivo principal de ambos llamados es traer a los hombres a la comunidad de Jesús y en esto se concentra la exhortación de los apóstoles. Los primeros discípulos tuvieron que ir con Jesús para andar con Él físicamente. Ahora, —distintamente, a través de la Palabra y del sacramento— el cuerpo de Cristo ya no está atado a un solo lugar en la tierra. El Cristo resucitado y exaltado se ha acercado al mundo: el cuerpo de Cristo ha entrado para habitar en el mundo mediante la iglesia. El que es bautizado, lo es en el cuerpo de Cristo. Cristo vino a él, aceptó su vida y lo arrebató del mundo. Ahora, si éste ha sido bautizado siendo esclavo, permanece esclavo, pero ahora es parte de la comunidad del cuerpo de Jesucristo. Y como esclavo, ya ha sido arrebatado del mundo, y vive en la libertad que da Cristo. Así que, el esclavo puede seguir siendo esclavo, pues como miembro de la comunidad de Cristo se le ha otorgado una libertad que jamás podría otorgarle ni rebelión ni revolución alguna. Con esto Pablo no tiene la intención de atar al esclavo a una mera vida religiosa que le obligue a ser más leal a su amo y servirle con más ahínco o a ser mejor ciudadano del mundo, esa no es la razón por la que Pablo amonesta al esclavo a que permanezca así. En verdad esto nunca podría ser la justificación de un lado oscuro del cristianismo en donde la esclavitud no sólo es permitida sino recomendada. Tampoco Pablo tácitamente alaba el orden actual del mundo, como si este fuera tan bueno que hasta se parezca al orden divino. Más bien, Pablo habla de la alteración que la acción de Jesucristo ha producido en el mundo entero: que todos, aun los que son esclavos, son libres por medio de Él. Por otro lado, una revolución tan sólo sería echar a perder el nuevo orden que Jesús ha establecido con la fundación de su iglesia. Por tanto, todo intento por reorganizar el mundo evita y destruye al mismo tiempo el reino de Dios. Y esto se debe a que el cumplimiento de la vida cristiana no está dentro de la esfera secular —en donde una rebelión sería lo más razonable— sino que Pablo habla de que el cristiano está ajeno al mundo, pues su esperanza está únicamente en Cristo y en su reino, ¡es por eso que el esclavo sigue siendo esclavo! Lo dice así, porque este mundo no necesita reformas, sino más bien, está listo para ser totalmente demolido. ¡Por eso el esclavo sigue siendo esclavo! Él tiene una mejor esperanza. ¿No es el juicio que vendrá sobre el mundo, y que Cristo «tomó la forma de esclavo» (Filipenses 2:7) al venir al mundo suficiente consuelo para él? Si un hombre fue llamado a seguir a Cristo siendo esclavo, ¿acaso ellos —en su propia existencia como esclavos en el mundo—, no están de forma natural lo suficientemente distanciados del mundo como para amarlo y desearlo, como para preocuparse por las cosas que hay en él? Por tanto, el esclavo, en lugar de sufrir por ser un subordinado, debe de sufrir por ser miembro de la iglesia y del cuerpo de Cristo, ya que este mundo está listo para ser destruido.

«No os hagáis esclavos de los hombres». Esto puede cumplirse de dos maneras: mediante una rebelión o el derrocamiento del orden político establecido, por un lado; o bien, mediante la trasposición del sistema religioso por el otro. «Cada uno, hermanos, en el estado en que fue llamado, así permanezca para con Dios». «Para con Dios», y por lo tanto «no os hagáis esclavos de los hombres» ya sea por rebelión o por falsa sumisión. Permanecer con Dios en el mundo significa permanecer en la iglesia visible, en el cuerpo de Cristo, en la adoración de Dios y en la vida de los discípulos; al hacerlo así, con nuestro testimonio vivo, vencemos al mundo.

Así que, «sométase toda persona a las autoridades superiores» (Romanos 13:1ff). Los cristianos no deben sublevarse sobre los que tienen poder y autoridad; más bien, son llamados a someterse. Las autoridades están por encima «gr. *hyper*» de él, y él permanece debajo «gr. *hypo*». El mundo gobierna, el cristiano sirve, en él tiene comunión con su Señor, de quien se ha convertido en esclavo. «Mas Jesús, llamándolos, les dijo: Sabéis que los que son tenidos por gobernantes de las naciones se enseñorean de ellas, y sus grandes ejercen sobre ellas potestad. Pero no será así entre vosotros, sino que el que quiera hacerse grande entre vosotros será vuestro servidor, y el que de vosotros quiera ser el primero, será siervo de todos. Porque el Hijo del Hombre no vino para ser servido, sino para servir, y para dar su vida en rescate por muchos» (Marcos 10:42-45). «Porque no hay autoridad sino de parte de Dios» [Romanos 13:1]. ¡Pablo dice esto a los cristianos, no a las autoridades! Los cristianos deben saber que cuando son dirigidos por las autoridades están siendo dirigidos por Dios mismo, y deben estar conscientes de que Dios trabaja para ellos a través de estas autoridades (esto es además un consuelo). Por cierto, también deben recordar que Dios está encima de todas ellas. No obstante, esta frase debe ser más que una consideración general de la naturaleza de la autoridad («gr. *exousia*», es en singular), más bien debe aplicarse a la posición del cristiano ante las autoridades: debe someterse voluntariamente a las autoridades que existen («gr. *on eisi*»). Cualquiera que resista a la autoridad resiste a la ley de Dios («gr. *diatage theos*»), quien quiso que el mundo reinara [ejerciendo potestad] y que Cristo triunfara mediante el poder del servicio, y con Él sus seguidores. El cristiano que no entiende esto está expuesto al castigo (v. 2), ya que se habría vuelto a poner en la misma posición de los que no conocen a Dios. ¿Por qué es tan fácil para los cristianos contradecir a las autoridades? ¿Por qué se ofenden por sus errores y por la injusticia que de ellos emana? No obstante, si los cristianos no consideran esto, están en grave peligro de estar fuera de la voluntad de Dios, la cual cada uno de ellos está obligado a cumplir.

Ahora bien, si ellos se ocupan tan sólo de hacer el bien, pueden vivir «sin temor» de las autoridades, «porque los magistrados no están para infundir temor al que hace el bien, sino al malo» (v.3). De hecho, ¿cómo habría de temer un cristiano si se pone del lado de la autoridad y hace el bien? «¿Quieres, pues, no temer la autoridad? Haz lo bueno». Lo que importa no es lo que hagan los demás, sino más bien, lo que tú hagas, eso será lo que deba importarte. ¡Haz el bien, sin miedo, sin restricciones, sin condiciones! Porque ¿cómo se podría culpar a las autoridades de sus errores si tú no haces el bien? ¿Qué calidad podemos tener para emitir un juicio respecto a otros, cuando nosotros mismos somos condenados por no obedecer? ¡Si quieres vivir sin temor, haz el bien! «y tendrás alabanza de ella; porque es servidor de Dios para tu bien» (Romanos 13:4). No como si hiciéramos el bien para recibir elogios, no como si fuera este nuestro objetivo; sin embargo, esto vendrá como consecuencia de nuestro bien hacer y de nuestra obediencia a las autoridades.

El enfoque del apóstol Pablo está en la comunidad cristiana, él quiere que ella haga el bien y vaya por el camino de la salvación y la buena conducta, por ello advierte a los cristianos acerca de lo que causa su propio mal, y deja a las autoridades sin reproche alguno. «Pero si haces lo malo, teme; porque no en vano lleva la espada, pues es servidor de Dios, vengador para castigar al que hace lo malo» (v. 4). Por ningún motivo debe presentarse el mal dentro de comunidad cristiana. Aquí, una vez más se dirige a los cristianos y no a las autoridades; así, es importante para Pablo que los cristianos perseveren en la práctica del arrepentimiento y la obediencia en dondequiera que estén sin importar la magnitud del conflicto al que se enfrenten. Y otra vez, puesto que el enfoque de Pablo son los cristianos, él no excusa ni condena ningún gobernante secular, aunque por el otro lado, ningún gobierno tiene derecho a entender que tiene justificación divina para su propia existencia. Por cierto, si esta palabra la estuviera escuchando una autoridad, entonces la misma sería un llamado al arrepentimiento para ella, tal y como ahora, en este contexto, es un llamado para la iglesia a la obediencia. Esta palabra no quiere decir precisamente que un gobernante «gr. *archon*» tiene autorización divina para el ejercicio de la autoridad a su placer, sino más bien, tiene una encomienda: es un siervo de Dios para hacer el bien con la comunidad cristiana. Y partiendo de este orden deberá arrepentirse. Pablo se expresa de esta manera, y se dirige a los cristianos, no porque quiera decir que el mundo tiene un orden ideal, sino porque ya sea que las autoridades sean buenas o malas, lo que le importa a la iglesia es hacer la voluntad de Dios, y que esta prevalezca y sea obedecida. La intención no es instruir a los cristianos respecto a los deberes que las autoridades deben de cumplir, sino tan sólo habla de los deberes de los cristianos respecto al gobierno.

Por ello, el cristiano será alabado por la autoridad. Y si luego, en lugar de alabanzas recibe castigo y persecución, ¿es culpable por ello? Él hacía el bien, no porque estuviera buscando ser alabando, ni por temor al castigo, sino tan sólo por hacer la voluntad de Dios, y sin embargo, sufre por ello; en tal caso, el cristiano es libre delante de Dios y camina sin temor, no ha traído vergüenza a la iglesia y obedece a la autoridad, no como pensando tener una posición ventajosa, sino «por causa de la conciencia» (v. 5). De esta manera, si las autoridades se equivocan y actúan mal con el cristiano, esto no puede tocar su conciencia: es libre y vive sin temor, se trata de un sufrimiento injusto; sin embargo, aún en tales circunstancias, el cristiano es capaz de sujetarse a la autoridad. ¿Por qué? Porque sabe que al final es Dios quien gobierna, y que las autoridades son siervos de Dios.

Los gobernantes son siervos de Dios, así lo dice el apóstol. Y lo dice quién —por mano de las autoridades— a menudo ha sufrido cárceles siendo inocente; quien en tres ocasiones recibió duros azotes en su cuerpo, quien sabía que el emperador Claudio había ordenado la expulsión de Roma de todos los judíos (Hechos 18:1ff). «Son siervos de Dios», lo dice quien sabe que Cristo despojó a todos los gobernantes de su poder y autoridad cuando triunfó sobre ellos en la cruz, y que esta victoria se manifestará plenamente dentro de poco tiempo.

Todo lo que se ha dicho hasta aquí respecto a este tema está supeditado a la exhortación que Pablo da: «No seas vencido de lo malo, sino vence con el bien el mal» (Romanos 12:21). No se trata de si la autoridad es buena o mala sino de vencer el mal con el bien, eso es lo que realmente importa.

Para los judíos resultaba una pregunta muy interesante si debían o no dar los tributos al emperador, ya que ellos tenían la esperanza de que el reino romano fuera destruido y así por fin pudieran establecer su propio gobierno. No obstante, tanto para Jesús como para sus seguidores el asunto es bastante claro: «Dad, pues, a César lo que es de Cesar, y a Dios lo que es de Dios» (Mateo 22:21). Y así como Jesús, Pablo dice: «Pues por esto pagáis también los tributos» (Romanos 13:6). Así es como Pablo termina su doctrina respecto a este tema. El cumplimiento de este deber no sólo hace que los cristianos no entren en conflicto con el mandamiento de Jesús, sino que también devuelve al emperador lo que le pertenece de todos modos. Sí, pues, son siervos de Dios, «gr. *leitourgos*», por tanto, deben considerar a aquellos que exigen el pago de impuestos como siervos de Dios (v.6). Por supuesto, no debe haber confusión en este punto: no es que los cristianos sirven a Dios cuando pagan sus impuestos, sino más bien —dice Pablo—, a quienes les pagan los impuestos, ellos son siervos de Dios. Incluso en este asunto particular, Pablo llama a los cristianos a que se sometan a las autoridades y que no deban a nadie nada (vv. 7-8). Si se oponen o resisten en este punto significaría que los hijos de Dios no distinguen entre el reino de Dios y el reino de este mundo. Por lo tanto, el esclavo sigue siendo esclavo y el cristiano está sujeto a los gobernantes que tienen autoridad sobre él; en otras palabras, el cristiano no debe abandonar este mundo (1 Corintios 5:10). No obstante, siendo esclavo vive como liberto en Cristo; bajo la autoridad él vive como quien hace el bien; en el mundo vive como miembro del cuerpo de Cristo, como miembro de la nueva humanidad.

Todo esto lo hace sin reservas, y en medio de todos da testimonio de que ha renunciado a este mundo y que ahora es parte de la iglesia: una nueva creación. Los cristianos no deben sufrir por ninguna razón fuera de esta: que son miembros del cuerpo de Cristo.

Los cristianos tienen orden de permanecer en el mundo. No en correspondencia a la bondad del mundo, ni siquiera por causa de su responsabilidad para con él. Ellos permanecen en el mundo únicamente por causa del cuerpo de Cristo, —Aquel que se hizo carne por nosotros—, y por el bien de la iglesia. Permanece en el mundo para participar en un ataque frontal contra él, ya que en el llamado de su vida se muestra como un total y completo extraño (aunque esto únicamente es posible si es miembro visible de la iglesia). No hay otra manera de contradecir al mundo sino estando dentro de él. Es por eso que Cristo se hizo hombre y murió en medio de sus enemigos. ¡Es por eso y sólo eso que los esclavos siguen siendo esclavos, y el cristiano queda sujeto a las autoridades del mundo!

Esto coincide con lo que Lutero pensaba respecto a la vocación secular en aquellos años decisivos cuando abandonó el monasterio. Y no es que él repudiara los elevados estándares establecidos por la vida monástica, sino que desaprobó que la obediencia al mandamiento de Jesús se entendiera como un mero logro individual. Lutero no atacó el aislamiento del mundo que la vida monástica significa, sino que, dentro de esta alienación, el monasterio acababa por convertirse en una nueva forma de mundanalidad, lo cual —en la mente de Lutero— era la perversión más vergonzosa del evangelio.

Un cristiano —piensa Lutero— debe estar apartado de la mundanalidad dentro del mundo, dentro de la comunidad secular. Es por eso que los cristianos deben de vivir la vida cristiana cuando están practicando una vocación secular: deben permanecer muertos al mundo estando en el mundo. Así, los cristianos deberán entender que tan sólo es por la bondad de Dios que pueden permanecer ante los serios ataques del mundo al tiempo que estiman la tentación de las cosas de este mundo como el enemigo a vencer. Lutero no regresó al mundo —fuera del claustro— debido a «una evaluación más positiva del mundo», ni mucho menos a que renunciara a la expectativa —tal siempre estuvo presente en la iglesia primitiva— del inminente regreso de Cristo. Más bien, por el contrario: el regreso de Lutero al mundo secular representa su protesta en contra de la secularización del cristianismo *dentro de la vida monástica*. Así, Lutero llama al cristianismo a regresar al mundo, pero a responder a este de manera correcta, como un cristiano debe responder. Él mismo lo experimentó así en su propia vida; y su llamado es entonces un llamado a entrar en la verdadera comunidad cristiana, la cual, encarna visiblemente al Señor. Lutero experimentó algo similar a lo que ocurrió con Pablo mismo.

Hasta ahora está claro que la vida cristiana dentro de la vocación secular tiene límites muy bien definidos. Inclusive, no es infrecuente que luego de ser llamados a una profesión secular, seamos llamados a dejarla. Esto concuerda con el pensamiento Paulino, y por supuesto, con el de Lutero también. Los límites se trazan cuando delimitamos el espacio que debe tener el cuerpo de Cristo en el mundo: adoración, ministerios y vida civil, y cuando este límite no es otorgado existe naturalmente un choque con el espacio del mundo, quien, asimismo, reclama su espacio. Por un lado, la iglesia necesita confesar visible y públicamente a Cristo, mientras que el mundo, por su parte, reacciona ante esto ya sea mediante una oposición sutil o mediante actos abiertos de violencia. Es así como el cristiano entra en el sufrimiento público. El que murió con Cristo en el bautismo, cuyo sufrimiento con Cristo no fue antes notable para el mundo, ahora es expulsado públicamente —incluso (sucede mucho) de su propia profesión secular—; por tanto, su amistad con el mundo se desploma por completo: entra en la comunidad visible, aquella que debe experimentar el sufrimiento de su Señor. Ahora más que nunca necesita la plena comunión y ayuda fraterna de la congregación.

Pero no siempre es el mundo el que expulsa a los cristianos de una profesión secular, ya que, desde los primeros siglos, han existido profesiones seculares que se han considerado incompatibles con todo aquel que pertenece a la comunidad cristiana. El actor, quien tiene que representar a dioses y héroes paganos; el maestro, quien tiene que enseñar mitologías paganas en escuelas paganas; el gladiador [luchador], quien tiene que matar vidas humanas tan sólo por el entretenimiento de otros; el soldado, quien tiene que empuñar la espada; los oficiales de policía y los jueces —todos ellos tenían que abandonar su ocupación pagana si querían recibir el bautismo.[57] Ellos tenían que decidir: o pertenecer al cuerpo de Cristo o al mundo. Más tarde la iglesia —¿o más bien el mundo?— una vez más dio el permiso a sus miembros para ejercer la mayoría de estas profesiones. Cada vez más es el mundo quien rechaza a los cristianos dentro de ciertas esferas laborales, en lugar de que sea la comunidad cristiana la que ejerza esta autoridad [como lo fue al principio].

A medida que el mundo envejece cada vez es más feroz la lucha entre Cristo y el Anticristo: cada vez más el mundo trata de deshacerse de los verdaderos cristianos. El mundo hoy todavía permite

[57] Bonhoeffer hace referencia a *La tradición apostólica de Hipólito* [nota del editor].

que los cristianos tengan una habitación y puedan alimentarse y vestirse con el trabajo de sus manos; sin embargo, un mundo que se ha puesto totalmente del lado del Anticristo no dejará a los cristianos desarrollar ninguna esfera profesional ni vida laboral para ganarse el pan de cada día. Ella (la sociedad anticristiana), les exigirá que nieguen a su Señor a cambio de un trozo de pan. Así que, lo único que quedará para los cristianos será o huir del mundo o la prisión. Entonces, cuando no exista espacio en la tierra para el cristianismo auténtico el fin estará cerca.

Así que, aunque el cuerpo de Cristo llegue a las esferas más profundas de la vida secular, siempre existirá una separación total visible, y esta separación debe hacerse cada vez más evidente. No obstante, sea que el cristiano esté envuelto en la vida secular o se mantenga separado de ella, el caso es siempre el mismo: «No os conforméis a este siglo, sino transformaos («gr. *metamorphoo*») por medio de la renovación de vuestro entendimiento, para que comprobéis cuál sea la buena voluntad de Dios, agradable y perfecta» (Romanos 12:2). Hay un modo de vivir en conformidad a este mundo, pero también hay un modo de crear el *mundo espiritual*— a manera del monasterio. Existe un modo no autorizado de permanecer en el mundo, así como un modo ilícito de huir de él. En ambos casos un hijo de Dios podría comportarse idénticamente —conformarse— al mundo. Pero la iglesia de Cristo tiene una «forma» diferente de vivir a la del mundo. Y en esta forma la iglesia debe de crecer y transformase. Es la figura de Cristo mismo, quien vino al mundo y soportó y aceptó a las personas con su infinita misericordia, pero no se conformó al mundo, sino que fue rechazado y expulsado por él, pues no era del mundo. Así, en su trato correcto con el mundo, la iglesia visible se asemejará cada vez más a la figura del Señor sufriente. Los hermanos necesitan estar conscientes de esto: «que el tiempo es corto; resta, pues, que los que tienen esposa sean como si no la tuviesen; y los que lloran, como si no llorasen; y los que se alegran, como si no se alegrasen; y los que compran, como si no poseyesen; y los que disfrutan de este mundo, como si no lo disfrutasen; porque la apariencia de este mundo se pasa. Quisiera, pues, que estuvieseis sin congoja» (1 Corintios 7:29

-32a). Esta es la vida de la iglesia en el mundo. Los cristianos también viven como los demás: se casan, lloran y se alegran, compran y hacen uso de las cosas de este mundo en sus vidas diarias. Pero lo que tienen sólo es a través de Cristo y en Cristo y para Cristo, y por tanto, nada de lo que tienen les ata. Lo tienen, pero viven como si no lo tuvieran. No están apegados a esas cosas, son completamente libres; y por tanto, pueden hacer uso del mundo sin abandonarlo (1 Corintios 5:13). Y debido a que son libres es que pueden dejar el mundo en el momento en que éste les impida seguir a su Señor. Se casan, —aunque la opinión del Apóstol es que será más bendecido el que permanezca soltero, si puede hacer esto en fe (1 Corintios 7:7, 33-40)—. Compran y comercian, pero es sólo para las necesidades de la vida diaria. No tienen tesoros acumulados a los cuales su corazón pueda atarse. Trabajan, pues no se les permite estar ociosos; no obstante, el trabajo no es un fin en sí mismo. Trabajar tan sólo como un medio de disfrutar la vida no es una idea del Nuevo Testamento, sino más bien, un medio para ganarse la vida y para tener que dar a sus hermanos en necesidad (1 Tesalonicenses 4:11f; 2 Tesalonicenses 3:11; Efesios 4:28). Él debe ser independiente de «los que están afuera», es decir, de los gentiles (1 Tesalonicenses 4:12), tal y como el mismo apóstol Pablo, quien se gloriaba por haber estado dispuesto a ganar su propio sustento mediante su trabajo, y usando sus manos, incluso sin pedir a aquellos que fueron producto de su ministerio (2 Tesalonicenses 3:8; 1 Corintios 9:15). Esta independencia sirve como evidencia de que su predicación nunca estuvo motivada por las ganancias materiales. Más bien, todo está al servicio de la iglesia. Y junto al mandamiento del trabajo está otro: «Por nada estéis afanosos, sino sean conocidas vuestras peticiones delante de Dios en toda oración y ruego, con acción de gracias» (Filipenses 4:6). Los cristianos saben: «Pero gran ganancia es la piedad acompañada de contentamiento; porque nada hemos traído a este mundo, y sin duda nada podremos sacar. Así que, teniendo sustento y abrigo, estemos contentos con esto. Porque los que quieren enriquecerse caen en tentación y lazo, y en muchas codicias necias y dañosas, que hunden a los hombres en destrucción y perdición» (1 Timoteo 6:6-9). Así, los cristianos hacen uso de las cosas de este mundo como «cosas que todas se destruyen con el uso» (Colosenses 2:22). Las consumen con acción de gracias y en oración al Dios creador, quien hizo todo bueno (1 Timoteo 4:4). Pero siendo libres, pueden estar tanto saciados como hambrientos; sobrados y faltos: «Todo lo puedo en Cristo que me fortalece» (Filipenses 4:12f). Los cristianos están en el mundo, necesitan del mundo porque son carne y por causa de la carne vino Cristo al mundo. Ellos hacen cosas que el mundo hace también: p. ej., una cristiana también se casa, pero su matrimonio será diferente al del mundo, ella estará «en el Señor» (1 Corintios 7:39), será santificada en el servicio al cuerpo de Cristo, y en el cultivo de la oración y del dominio propio (1 Corintios 7:5). Sí, su matrimonio será parte del cuerpo de Cristo, y éste será tipo del amor sacrificial de Cristo con la iglesia (Efesios 5:32). Así, los cristianos compran y venden, comercian y hacen negocios, pero no los harán a la manera del mundo. No sólo no se beneficiarán en exceso, tomando ventaja de los demás (1Tesanolisenses 4:6), sino incluso, harán lo incomprensible al mundo: preferir que sus derechos sean pisoteados y aun ser perjudicados, sacrificando «las cosas muy pequeñas». En el caso de que un conflicto no pueda resolverse dentro de la iglesia, ellos se reusarán a ir a los tribunales mundanos (1 Corintios 6:1-8). Por tanto, la comunidad cristiana vive su propia vida en medio del mundo y da testimonio —en todas sus acciones y a cada momento— de que la apariencia en este mundo se pasa (1 Corintios 7:31), de que el tiempo es corto (1 Corintios 7:23) y de que el Señor está cerca (Filipenses 4:5). Esto los llena de un gozo supremo (Filipenses 4:4), pues para la iglesia, el regreso del Señor lo es todo y el mundo entonces es demasiado pequeño. Aunque todavía tienen un cuerpo físico, han puesto sus ojos en el cielo, de donde volverá Aquel que ellos esperan.

Este mundo se ha vuelto en un país extranjero para la iglesia, y ella es como una colonia de foráneos que viven muy lejos de casa. Una comunidad extranjera que disfruta de la hospitalidad del país anfitrión en el que vive, obedece a sus autoridades, y con gratitud hace uso de aquello que necesita para el sustento y la vida. En todo, la iglesia se muestra respetable, justa, gentil, pacífica y presta para el servicio. Ellos muestran el amor de Dios a todos los hombres, sin embargo, prefieren a los miembros de la «familia de la fe» (Gálatas 6:10, 2 Pedro 1:7). En el sufrimiento, la iglesia es paciente y feliz, y se enorgullece de la tribulación. La iglesia vive su propia vida bajo la autoridad extranjera y se somete a la ley de donde vive ahora; ora por la autoridad y ese es su mayor servicio hacia ella (1 Timoteo 2:1). Pero los miembros de esta comunidad sólo están de paso en el país, en el mundo, en cualquier momento ellos recibirán la señal de salir. En ese momento, ellos rompen con toda conexión obligada con el mundo, abandonan —aun a sus propios parientes— para seguir la voz del que les llama. Entonces se trasladará a su tierra de origen: el cielo. Ellos aquí son pobres, sufrientes, hambrientos, sedientos; pero también mansos, misericordiosos, pacíficos, son perseguidos y envilecidos por el mundo; sin embargo, sin ellos el mundo no podría continuar existiendo: ellos son los que protegen al mundo de la ira y juicio de Dios. Sufren para que este mundo pueda vivir todavía por la paciencia de Dios. Son huéspedes y extranjeros en la tierra (Hebreos 11:13; 13:14; 1 Pedro 2:1). Buscan lo de arriba, no lo de la tierra (Colosenses 3:2). Porque su verdadera vida aún no ha sido revelada, todavía está escondida con Cristo en Dios (Colosenses 3:3). Aquí tan sólo puede verse lo opuesto a lo que será: la muerte, una muerte secreta y diaria del viejo hombre y una muerte pública al sistema del mundo. También se esconden de sí mismos: la mano izquierda no sabe lo que hace la derecha. Así como sucede con toda la iglesia visible ellos permanecen completamente desconocidos para sí mismos, pues tan sólo miran a su Señor, quien está en el cielo y con Él, la vida en que han depositado su esperanza. Pero cuando la vida de Cristo —la cual es la vida de la iglesia—, sea manifestada, también ellos serán manifestados con Él en gloria (Colosenses 3:4).

Caminan en la tierra y viven en el cielo,
Su debilidad protege al mundo.
Mantienen la paz en medio de la confusión,
Son pobres, pero tienen todo lo que quieren.
Sufren, pero mantienen siempre su alegría.
Externamente, parecen tener los sentidos muertos,

Pero están llenos de fe por dentro.
Cuando Cristo sea revelado, entonces
Su vida será también glorificada;
Así se convertirán en príncipes en la tierra.
Reinarán y triunfarán con Él,
Y adornarán el cielo como luces refulgentes,
Entonces su alegría será desbordada.[58]

Esta es la iglesia de los llamados, la *Ekklesia*, el cuerpo de Cristo en la tierra, los seguidores y discípulos de Jesús.

[58] Este es un himno compuesto por Christian Friedrich Richter (al. *Evangelisches Gesangbuch für branderburg und Pommern*).

CAPÍTULO 31

LOS SANTOS

La «gr. *Ekklesia Christi*», la comunidad de los discípulos —aunque vive en medio del mundo—, ha sido arrebatada de su dominio. Es un cuerpo que tiene una vida, un gobierno y un espacio propios. Es la iglesia santa (Efesios 5:27), la iglesia de los santos (1 Corintios 14:34); sus miembros son los santos llamados por Dios (Romanos 1:7); santificados en Cristo Jesús (1 Corintios 1:2), elegidos y puestos aparte desde la fundación del mundo (Efesios 1:4). El objetivo de su llamamiento en Cristo Jesús, y de su elección desde antes de la fundación del mundo, fue que fueran santos y sin mancha (Efesios 1:4). Cristo entregó su propio cuerpo a la muerte a fin de presentarla santa y sin mancha delante de Él (Colosenses 1:22). El fruto de la liberación del pecado mediante la muerte de Cristo es que, habiendo antes presentado sus miembros para la iniquidad, ahora éstos se presenten para servir a la justicia, esto es: el fruto de la muerte de Cristo es la santificación (Romanos 6:19-22).

Sólo Dios es santo. Lo es, tanto en cuanto a su perfecta separación del mundo pecador como del establecimiento de su santuario en medio del mundo. Él está aislado de un mundo pecador. Así, después de la caída de los egipcios, Moisés y los hijos de Israel cantan al Señor, quien redimió a su pueblo de la esclavitud del mundo, de esta manera: «¿Quién como tú, oh Jehová, entre los dioses? ¿Quién como tú, magnifico en santidad, Terrible en maravillosas hazañas, hacedor de prodigios? Condujiste en tu misericordia a este pueblo que redimiste; Lo llevaste con tu poder a tu santa morada... Tú los introducirás y los plantarás en el monte de tu heredad, En el lugar de tu morada, que tú has preparado, oh Jehová, En el santuario que tus manos, oh Jehová, han afirmado» (Éxodo 15:11ff).

Dios ha venido a establecer un lugar en el mundo para morar: su santuario, este es el lugar de la santidad de Dios, de ahí emanan sus juicios y su salvación (Salmos 99, y otros). El santuario está íntimamente ligado al pueblo santo, quien precisamente logra su reconciliación ahí y no en ningún otro lugar (Levíticos 16:16ss). Dios entra en pacto con su pueblo, lo pone aparte, proclama que es de su propiedad y sella el pacto: «Santo soy yo Jehová que os santifico» (Levítico 21:8). Este es el fundamento del pacto, a fin de que todas las demás leyes —las que son dadas al pueblo— sean obedecidas en justicia, teniendo como precondición y meta la santidad de Dios y de su iglesia.

Así como Dios mismo es santo y está separado de cualquier cosa inmunda y del pecado, así también su iglesia dentro del santuario. Él la eligió para sí mismo, y le hizo custodia de su pacto. Él los purificó y los reconcilió en el santuario: el santuario es el templo, y el templo es el cuerpo de Cristo. De esta manera, en el cuerpo de Cristo, se cumple la voluntad de Dios para su pueblo. Separado del mundo y del pecado, y constituido propiedad de Dios, el cuerpo de Cristo es el santuario de Dios en el mundo. Dios habita en él con el Espíritu Santo.

¿Cómo puede ser esto posible? ¿Cómo es que Dios crea una iglesia santa y completamente separada del pecado a partir de gente pecadora? ¿Cómo podría Dios reconciliar la justicia —la cual es propia de Él— al asociarse con pecadores? ¿Cómo puede el pecador convertirse en justo sin menoscabar la justicia de Dios?

Dios se justica a sí mismo y da prueba de su justicia. En la cruz de Jesucristo tiene lugar el milagro de la justificación propia de Dios ante sí mismo y ante los hombres (Romanos 3:21ss). El pecador debe ser separado del pecado y luego seguir viviendo en esta condición delante de Dios. Por ello, la separación del pecador del pecado tan sólo puede ser posible mediante la muerte. Tanto es el pecado que agobia su vida que debe morir si quiere permanecer libre del pecado. Es decir, la única forma en que Dios puede mantener su justicia es matando al pecador. Sin embargo, queda una pregunta: ¿cómo podría ser posible semejante cosa? Esta pregunta es respondida cuando Dios mismo se hace hombre; Él mismo toma nuestra carne en su Hijo Jesucristo, quien lleva en su cuerpo nuestra carne hasta la muerte en la cruz. Dios da muerte a su Hijo, quien lleva nuestra carne, y con su Hijo, da muerte también a todo lo que es carne en la tierra. De esta manera es revelado que nadie es bueno excepto Dios y nadie sino solo Él es justo; y nos da terrible prueba de su propia justicia («gr. *endeixis en nyn kairos autos*» Romanos 3:26) a través de la muerte de su Hijo. Dios, en su ira, tuvo que dar muerte a toda la humanidad en la cruz a fin de que tan sólo Él fuera justo. Así, la justicia de Dios es revelada plenamente en la muerte de Jesucristo. La muerte de Jesucristo es el lugar en donde Dios da prueba de su justicia, y es el lugar, desde entonces, en donde habita la justicia de Dios. Cualquiera que tenga parte en esta muerte, también tendrá parte en la justicia de Dios. Y, puesto que Cristo tomó nuestra carne y llevó nuestro pecado en su cuerpo en la cruz (1 Pedro 2:24), lo que le sucedió a Él nos sucedió también a todos nosotros. Él tomó parte en nuestra vida y en nuestra muerte, así también nosotros fuimos partícipes de su vida y de su muerte. Si la justicia de Dios es establecida mediante la muerte de Cristo, entonces nosotros estamos con Él en donde mora esa justicia: en la cruz; ya que Él llevó nuestra carne. Así nosotros, habiendo muerto con Él, podemos participar de la justicia de Dios mediante la muerte de Jesús. La propia justicia de Dios —que da lugar a la muerte de los pecadores— es su justicia por nosotros en la muerte de Jesús.

Así, mientras Dios establecía su justicia en la muerte de Jesús, también ésta se establecía para nosotros, que estamos en su cuerpo. Pues dice: «a fin de que él sea el justo, y el que justifica al que es de la fe de Jesús» (Romanos 3:26). La justificación del pecador se basa en esto: que sólo Dios es justo y que el pecador es totalmente injusto. Por lo tanto, toda pretensión del hombre de presentarse a sí mismo justo junto a Dios, y toda voluntad de ser independiente de Él, le separa completamente de la justificación. Sólo Dios es justo. La cruz es el juicio que podemos reconocer como propio en nuestro carácter de pecadores: ese es nuestro lugar. No obstante, quien se encuentra en la cruz con fe en la muerte de Jesús recibe —precisamente ahí, donde es condenado a muerte como pecador—, la justicia de Dios, la cual triunfa en la cruz. Aprende que nunca podrá —e inclusive ni querrá realmente— ser justo, sino que deja que sólo Dios sea justo y Él sea su justificación. Esta es la única manera de que él sea justo ante los ojos de Dios: reconociendo que sólo Dios es justo y que él es totalmente pecador. La pregunta de cómo nosotros siendo pecadores podemos ser justos ante Dios es básicamente la pregunta de cómo es posible que sólo al tener un encuentro con Dios es posible que seamos vueltos en hombres justos. Nuestra justificación se basa únicamente en la justificación de Dios mismo, pues dice: «Para que seas [Dios sea] justificado en tus palabras, Y venzas [Dios venza] cuando fueres juzgado» (Romanos 3:4).

Se trata de la victoria de Dios sobre nuestra injusticia, y que Dios sea justo delante de sí mismo es todo lo que importa, ya que Él y sólo Él es justo. Esta victoria de Dios se logra en la cruz. Por lo tanto, esta cruz no es tan sólo un juicio, sino una propiciación[59] («gr. *hilasterion*» v.25) para todos los que creen que sólo mediante la muerte de Jesús es que Dios es justo, y de esta manera reconocen su pecado. La misma justicia de Dios crea reconciliación («gr. *protithemi*» v. 25). «Dios estaba en Cristo reconciliando consigo al mundo, no tomándoles en cuenta a los hombres sus pecados» (2

[59] La definición de propiciación es: Acción agradable a Dios con que se le mueve a piedad y misericordia [DRAE].

Corintios 5:19). Dios no tomó en cuenta el pecado, lo llevó y sufrió la muerte del pecador. «Y nos encargó a nosotros la palabra de la reconciliación». Esta palabra es una palabra de fe: creer que sólo Dios es justo y que Jesucristo se ha convertido en nuestra justicia. No obstante, entre la muerte de Cristo y el mensaje de la cruz yace su resurrección, la cual da al mensaje de la cruz su poder sobre nosotros. Es el mensaje de Aquel que, aunque fue crucificado, no se quedó en la tumba. «Así que, somos embajadores en nombre de Cristo, como si Dios rogase por medio de nosotros; os rogamos en nombre de Cristo: Reconciliaos con Dios» [2 Corintios 5:20]. El mensaje de la reconciliación es la propia palabra de Cristo. Él es el Resucitado que da testimonio de sí mismo en la palabra del Apóstol como Aquel que fue crucificado, quien nos dice: [parafraseado] descubre tú verdadero ser en la muerte de Jesús, en la justicia de Dios que nos fue dada allí. Aquellos que se encuentran a sí mismos en la muerte de Jesús verán la justicia de Dios. «Al que no conoció pecado, por nosotros lo hizo pecado, para que nosotros fuésemos hechos justicia de Dios en él» [2 Corintios 5:21].

Se da muerte al Hombre Inocente —y puesto que lleva nuestra carne pecaminosa—, es odiado y maldecido por Dios mismo y el mundo; Él es hecho pecado por causa de nuestra carne. Sin embargo, encontramos la justicia de Dios en su muerte. Estamos en Él, en el poder de su encarnación. Así que Él murió por nosotros, para que, siendo pecadores, en Él nos convirtamos en la justicia de Dios al ser absueltos de todo pecado debido únicamente a esa justicia. Si Cristo se convirtió en nuestro pecado ante Dios —pecado que merece total condena— entonces también en Él somos hechos justicia, pero no en la nuestra sino en la de Él (gr. «*idios dikaiosyne*», [justicia propia] Romanos 10:3; Filipenses 3:9), y esto en el sentido más estricto de la palabra. Así que esta es la justicia de Dios: que nosotros nos convirtamos en su justicia como pecadores, y esta es la nuestra: su justicia (Isaías 51:7), es decir, el reconocimiento de que sólo Él es justo y nosotros pecadores que hemos sido aceptados por Él. La justicia de Dios es Cristo mismo (1 Corintios 1:30). Y Cristo es «Dios con nosotros»; «Emanuel» (Isaías 7:14), Dios, justicia nuestra (Jeremías 33:16).

El anuncio de la muerte de Cristo para nosotros es la predicación de la justificación. El instrumento por el cual somos incorporados al cuerpo de Cristo, es decir, a su muerte y a su resurrección, es el bautismo. Así como Cristo murió de una vez por todas, así el bautismo y la justificación son una vez por todas. Son irrepetibles en el sentido más estricto. Lo único que se puede repetir es el recuerdo de lo que nos ha pasado de una vez por todas, y de hecho, necesita también ser recordado diariamente. Sin embargo, una remembranza nunca podrá ser más que el evento en sí. Por tanto, no existe una posible repetición para quien pierda el evento en sí. Aquí es donde la carta a los Hebreos hace mención de esta verdad (vea Hebreos 6:5f, y 10:26f). Ya que si la sal se vuelve insípida ¿cómo podrá volver a recobrar su sabor? Y para los bautizados dice: «¿No sabéis…?» (Romanos 6:3; 1 Corintios 3:16 y 6:19), y «consideraos muertos al pecado, pero vivos para Dios en Cristo Jesús» (Romanos 6:11). Todo esto sucedió no sólo en la cruz de Jesús, sino también en nosotros. Estamos separados del pecado, hemos muerto, somos justificados. Dios ha concluido su obra con esto. Él ha establecido su santuario en la tierra mediante su justicia. Este santuario se llama Cristo, el cuerpo de Cristo. La separación del pecado se logra a través de la muerte del pecador en Jesucristo. De esta manera, Dios tiene una iglesia que ha sido justificada del pecado. Esta es la iglesia de los discípulos de Jesús, la iglesia de los santos. Ellos fueron absorbidos en su santuario, y más aún, ellos mismos son su santuario, su templo. Fueron sacados del mundo y viven en un nuevo espacio propio en medio del mundo. De ahora en adelante, a los cristianos en el Nuevo Testamento sólo se les llama «los santos». El otro nombre —el cual podría alguien imaginar que fuese propio emplear— no se utiliza, pues éste no puede describir de la misma manera todo el alcance del don recibido, pues sólo se refiere al evento único del bautismo y la justificación; y aunque este evento es diariamente recordado y renovado, los santos siguen siendo pecadores justificados. Sin embargo, mediante el don único del bautismo y de la justificación —y de su reconocimiento diario—, la muerte de Cristo también nos garantiza el regalo de la santificación, y esto hasta nuestro último día aquí. Ambos dones tienen una misma fuente, a saber, el Jesucristo crucificado (1 Corintios 1:2 y 6:11). Ambos dones tienen un mismo contenido: nuestra comunión con Cristo. Ambos son regalos que están íntimamente conectados, sin embargo, —por la misma causa— no son idénticos. Mientras que la justificación es el medio por el cual nos ha sido otorgada la salvación en el pasado, la santificación es la promesa de la operación de Dios —tanto presente y como futura— en nosotros. Mientras que el creyente se coloca en un estado de comunión con Jesucristo en la justificación (efectuada en la muerte de Cristo, en un solo evento), la santificación lo conserva en el espacio en que fue colocado, en Cristo, en la iglesia. Mientras que, en la justificación, el asunto principal tratado es la posición del hombre ante la ley; el asunto decisivo en la santificación es nuestra separación del mundo al tiempo que esperamos el regreso de Cristo. Por un lado, la justificación incorpora al individuo a la iglesia, mientras que la santificación preserva a la iglesia unida (con todos sus miembros). La justificación arrebata al creyente de su pasado pecaminoso, y la santificación lo mantiene con Cristo, de pie en su fe, creciendo en amor. Se puede pensar respecto a la justificación y la santificación —análogamente— como creación y preservación. La justificación es la recreación del nuevo hombre, y la santificación preserva su libertad condicional hasta el día de Jesucristo.

En la santificación se cumple la voluntad de Dios: «Tú serás santo: porque yo soy santo», y «Yo soy santo, el Señor, quien te santifica». Este cumplimiento es una realidad mediante la labor del Espíritu Santo en nosotros. En Él se completa la obra de Dios iniciada en el hombre. Él es el «sello» con el cual los fieles están sellados, significando con ello que son propiedad de Dios hasta el día de la salvación. Así como anteriormente los creyentes estuvieron encerrados bajo la ley (e. i. como en una prisión, vea Gálatas 3:23), ahora ellos están completos «en Cristo», sellados con el sello de Dios, el Espíritu Santo. Nadie tiene permiso de romper este sello. Dios mismo lo ha cerrado y tiene la llave en su mano. Esto significa que Dios ahora ha tomado posesión completa de aquellos a quienes ha ganado en Cristo. El círculo está cerrado. En el Espíritu Santo, el hombre se ha convertido en propiedad de Dios. Cerrada para el mundo por un sello inviolable, la iglesia de los santos espera su liberación final. Como un tren sellado viajando en una tierra extranjera, la iglesia recorre el mundo. Así como el arca de Noé tuvo que ser «calafateada con brea por dentro y por fuera» a fin de ser preservada en el diluvio, así también en su viaje por el mundo la iglesia está sellada para que, pasando los torrentes de agua, finalmente obtenga redención, liberación y salvación (Efesios 4:30; 1:13f; 1 Tesalonicenses 5:23; 1 Pedro 1:5) en la segunda venida de Cristo. Pero, quien hace posible que esta promesa se cumpla es el Espíritu Santo; «a fin de que seamos para alabanza de su gloria, nosotros los que primeramente esperábamos en Cristo. En él también vosotros, habiendo oído la palabra de verdad, el evangelio de vuestra salvación, y habiendo creído en él, fuisteis sellados con el Espíritu Santo de la promesa, que es las arras de nuestra herencia hasta la redención de la posesión adquirida, para alabanza de su gloria» (Efesios 1:12-14).

La santificación de la iglesia consiste en su separación de todo lo impuro, de todo lo pecaminoso. Siendo así, está sellada por Dios y se ha convertido en su propiedad especial, en su morada en la tierra: el lugar de juicio y reconciliación para todo el mundo. La santificación del cristiano significa que ya ha sido juzgado y ahora es preservado hasta el regreso de Cristo y cada día avanza en ese sentido. También tiene un significado triple para la iglesia: 1. Que su santificación debe ser demostrada en una clara separación del mundo; 2. Que su santificación se demuestra en una conducta digna del santuario de Dios; y, 3. Que su santificación debe estar escondida en espera del día de Jesucristo.

Para explicar el *primer punto* debemos decir que la santificación verdadera únicamente es posible *dentro* de la comunidad cristiana visible; y además, puesto que la visibilidad de la iglesia es una característica crucial de la santificación, la iglesia reclama un lugar propio en el mundo, y consecuentemente, su línea de demarcación para con él: esto prueba su preservación, es decir, su estado de santificación.

El sello del Espíritu Santo significa para la iglesia su contraposición al mundo. Es el sello que le da poder para proclamar con autoridad las demandas de Dios para con la humanidad; y así, al mismo tiempo, este sello establece los límites entre ella y los incrédulos. Debido a que la iglesia es la ciudad de Dios en la tierra, la que Él mismo ha construido sobre un monte «gr. *polis*, Mateo 5:14» —porque como tal es propiedad sellada de Dios—, su carácter «político» es esencial para su santificación. Es decir, su «ética política» es concebida únicamente teniendo como fin la santificación: que el mundo es mundo y la comunidad cristiana es la comunidad cristiana; sin embargo, la palabra de Dios —que procede de la iglesia para todo ser humano— reclama que toda la tierra y sus habitantes le pertenecen al Señor. Esta es «la política» de la comunidad cristiana. Una santificación personal que pasa por alto la demarcación visible y pública de la iglesia para con el mundo es una que confunde los deseos piadosos carnales —mera religión— con la santificación de la iglesia, la cual significa el sello de Dios y el fruto de la muerte de Cristo. Éste es un orgullo engañoso y una falsa adherencia espiritual del viejo hombre, el cual pretende ser santo fuera de la iglesia visible, de la hermandad. Es un desprecio del Cuerpo de Cristo como una comunidad visible de pecadores justificados, que se disfraza de humildad interior. Es un desprecio por el cuerpo de Cristo, porque a Él le agradó llevar públicamente mi carne y llevarla en la cruz; es un desprecio por la comunidad cristiana, porque quiero ser santo por mí mismo, sin los hermanos; desprecio por los pecadores, porque me retiro de la apariencia pecaminosa de mi iglesia debido a una santidad auto otorgada. La santificación fuera de la iglesia visible no es otra cosa que una auto santificación.

La santificación que se logra mediante el sello del Espíritu Santo coloca a la iglesia en lucha. Es básicamente la lucha por impedir que este sello se rompa, ya sea desde adentro o desde afuera; es una lucha por evitar que el mundo se convierta en iglesia y que la iglesia se convierta en mundo. La santificación de la iglesia es la lucha por el espacio dado al cuerpo de Cristo dentro del mundo. La separación del mundo de la iglesia, y de la iglesia del mundo es la lucha santa por el santuario de Dios en la tierra; pues sólo puede existir un santuario cuando existe una iglesia visible. Aquí es donde empieza la explicación del *segundo punto* de lo que venimos diciendo: La iglesia vive en la reclusión del mundo, y vive en el santuario de

Dios. Por tanto, es necesario que los santos anden en todas las cosas dignas de su llamado y del Evangelio (Efesios 4:1; Filipenses 1.27; Colosenses 1:10; 1 Tesalonicenses 2:12). Sin embargo, la única manera de hacer esto es mediante el recordatorio diario del evangelio que viven: «... ya habéis sido lavados, ya habéis sido santificados, ya habéis sido justificados en el nombre del Señor Jesús, y por el Espíritu de nuestro Dios» (1 Corintios 6:11). Vivir diariamente en este recuerdo equivale a su santificación. El mensaje es que su dignidad consiste en que están muertos para el mundo y para la carne, que han sido crucificados y murieron con Cristo en la cruz y por medio del bautismo. El pecado ya no puede reinar en ellos porque su poder ya fue quebrantado, y por esto, ya no es posible que ellos pequen. «El que es nacido de Dios no practica el pecado» (1 Juan 3:9).

La ruptura con el pasado es total. El «viejo hombre» ha llegado a su fin. «Porque en otro tiempo erais tinieblas, mas ahora sois luz en el Señor» (Efesios 5:8). Antes, realizábamos las «obras vergonzosas e infructuosas de la carne» [Efesios 5:11; Gálatas 5:19], más ahora el fruto del Espíritu es nuestra santificación.

Por lo tanto, a los cristianos ya no se les debe llamar «pecadores», pues ya no son hombres que viven bajo el dominio del pecado (el «gr. *hamartolos*» de 1 Timoteo 1:15, es una excepción, y Pablo habla así para hacer enfático su testimonio); más bien, una vez fueron pecadores, enemigos de Dios (Romanos 5:8, 19, Gálatas 2:15, 17), pero ahora —por causa de Cristo— son *los santos.* Y como santos se les recuerda y amonesta a que sean lo que son. No se exige a los pecadores a que sean santos, pues esto es imposible, pues sería desvirtuar totalmente la obra de Cristo y en sí una blasfemia contra Él. No, sino que se exige a los santos ser lo que son porque ellos han sido santificados en Cristo Jesús mediante el Espíritu Santo.

La vida de los santos emerge de un horripilante trasfondo. Las obras de la carne hechas en oscuridad son reveladas completamente por la luz brillante de la vida en el Espíritu. Tales obras son: «adulterio, fornicación, inmundicia, lascivia, idolatría, hechicerías, enemistades, pleitos, celos, iras, contiendas, disensiones, herejías, envidias, homicidios, borracheras, orgías, y cosas semejantes a estas» (Gálatas 5:19-21). Todo esto no tiene espacio alguno en la iglesia de Cristo, ya que ha sido quemado y juzgado sobre la cruz, y ha terminado para siempre. A los cristianos, desde el inicio de su nueva vida se les ha advertido que «los que practican tales cosas no heredarán el reino de Dios» (Gálatas 5:21; Efesios 5:5; 1 Corintios 6:9; Romanos 1:32). Estos pecados nos separan de la salvación eterna. Por eso, si alguno de estos vicios se manifiesta en la iglesia, debe implicar la exclusión de la comunidad de la iglesia (1 Corintios 5:1ss).

Es sorprendente que cuando se mencionan estos catálogos de vicios exista una extensa coincidencia en los pecados enlistados. A la cabeza de la lista —casi sin excepción— está el pecado de fornicación «gr. *porneia*», lo cual es incompatible con la nueva vida del cristiano. Lo que sigue entonces —muy frecuentemente mencionado en ese orden— es la codicia «gr. *pleonexia*» (1 Corintios 5:10; 6:10; Efesios 4:19; 5:3, 5; Colosenses 3:5; 1 Tesalonicenses 4:3-7). La codicia y la lascivia [deseo y actividad sexual exacerbados] puede resumirse en «impureza» e «idolatría» (1 Corintios 5:10; 6:9; Efesios 5:3; Gálatas 5:19; Colosenses 3:5, 8). Luego siguen los pecados contra el amor fraternal y finalmente el pecado de intemperancia.[60]

Ciertamente no es accidental que sea el pecado de fornicación el primero en estas listas. La razón no está en el contexto particular de aquel tiempo, sino en la naturaleza de este pecado. En la fornicación surge de nuevo el viejo Adán, el pecado de Adán cuando él quiso ser como Dios, es decir, quiso ser creador de vida, gobernar en lugar de servir. En ella, el hombre va más allá de los límites establecidos por Dios y se apodera de las criaturas, de lo que fue hecho por Dios. Fue el pecado de Israel, en el que constantemente negó la fidelidad del Señor; Israel fornicó con los ídolos (vea 1 Corintios 10:7), y se unió a ellos. La fornicación es el primer pecado contra el Dios creador; sin embargo, para el cristiano es de manera especial un pecado contra el cuerpo de Cristo mismo; porque el cuerpo del cristiano es miembro de Cristo. Su cuerpo le pertenece

[60] El origen de estos vicios es la palabra de Jesús en Marcos 7:21f.

exclusivamente al Señor. La unión física con una ramera, sin embargo, destruye su unidad espiritual con Cristo y le roba a Cristo su cuerpo y al prestarlo al pecado, le separa de Él. La fornicación es también un pecado contra su propio cuerpo. El cristiano debe entender que su cuerpo es templo del Espíritu Santo, el cual mora en él (1 Corintios 6:13ff). Es tan cercana la comunión entre el cuerpo del cristiano y Cristo, que su cuerpo no puede pertenecer al mundo al tiempo que pertenece a Cristo. El que fornica debe enfrentar la ira de Dios (Romanos 1:29; 1 Corintios 1:5f; 7:2; 10:7; 2 Corintios 12:21; Hebreos 12:16; 13:4). El cristiano es casto, da su cuerpo enteramente al servicio del cuerpo de Cristo. Él sabe que con el sufrimiento y la muerte del cuerpo de Cristo en la cruz, tiene una conexión directa con su cuerpo, el cual es también golpeado y dado a la muerte. Nuestra comunión con el cuerpo martirizado y trasfigurado de Cristo nos libera de impureza y la indisciplina en nuestra vida corporal: los deseos físicos animales mueren todos los días al permanecer en esta comunión. Cuando el cristiano practica la castidad y mantiene dominio propio, su cuerpo es utilizado exclusivamente para la edificación del cuerpo de Cristo, esto es, la iglesia. Lo hace asimismo en el matrimonio, haciéndolo parte también del cuerpo de Cristo.

La fornicación está asociada con la codicia. Es común para ambos males el deseo insaciable y esto es lo que convierte al codicioso en un ser esclavizado al mundo. «No codiciarás», dice el mandamiento de Dios. El fornicario y el codicioso no son otra cosa sino producto de sus deseos. El fornicario desea poseer el otro ser humano, mientras que los codiciosos buscan la posesión de los bienes del mundo. El codicioso quiere dominio y poder, sin embargo, termina en convertirse en el siervo del mundo, de quien su corazón pende. La fornicación y la codicia ponen al hombre en contacto con el mundo, quien lo mancha y le hace impuro. La fornicación y la codicia son idolatría porque aquí el corazón del hombre ya no pertenece a Dios y a Cristo, sino a los bienes codiciados de su propio mundo.

Así, el que crea su propio dios y su propio mundo, y quien convierte su adicción en un dios, odiará también al hermano, aquel que se interpone en su camino y obstaculiza su voluntad. Las contiendas, el odio, la envidia, el homicidio, todo esto proviene de una misma fuente: de los deseos egoístas. «¿De dónde vienen las guerras y los pleitos entre vosotros? ¿No es de vuestras pasiones, las cuales combaten en vuestros miembros?» (Santiago 4:1f). El fornicario y el codicioso no pueden conocer el amor fraternal. Él vive de la oscuridad de su propio corazón. Al pecar contra el cuerpo de Cristo, peca al mismo tiempo contra el hermano. La fornicación y el amor fraternal son mutuamente excluyentes por causa del cuerpo de Cristo. El cuerpo que fue retirado de la comunión del cuerpo de Cristo tampoco puede servir al prójimo. Una vez más, la falta de respeto al propio cuerpo y al del hermano es seguido por desórdenes vergonzosas e impías, a gulas y borracheras. Los que desprecian su propio cuerpo se enamoran de su carne, y «no sirven a nuestro Señor Jesucristo, sino a sus propios vientres» (Romanos 16:18). La fealdad de este pecado consiste en que aquí la carne se nutre a sí misma y deshonra al hombre aun en su forma externa. El glotón no tiene parte en el cuerpo de Cristo.

Para la iglesia todos estos vicios tan sólo son parte del pasado. De los tales la iglesia se ha separado y continúa evitándolos. (1 Corintios 5:9ff); porque, «¿qué comunión tiene la luz con las tinieblas?» (2 Corintios 6:14ff). En el mundo existen las «obras de la carne», pero en la iglesia del Señor existe «el fruto del Espíritu» (Gálatas 5:9ff; Efesios 5:9).

¿Qué significa aquí la palabra *fruto*? Hay muchas *obras* de la carne, pero un solo *fruto* del Espíritu. Las obras son realizadas por la inferencia humana que las impulsa; sin embargo, el fruto crece y se produce sin que el árbol lo sepa. Las obras están muertas, el fruto vive y es portador de semillas que producen nuevos frutos. Las obras subsisten por sí mismas; en cambio el fruto nunca puede producirse sin el árbol. El fruto es siempre algo milagrosamente creado, no es el producto de nuestra voluntad, sino algo que crece de por sí. El fruto del Espíritu es un don que sólo Dios puede dar. El que lo lleva no se da cuenta de que lo tiene, tal y como el árbol no repara en que lleva su fruto. Sólo conoce el poder de Aquel que le sustenta. Aquí no hay lugar para jactancia, ni gloria personal, sino sólo para una unión cada vez más íntima con la fuente: Cristo. Los mismos santos están inconscientes del fruto de santificación que llevan. La mano izquierda no sabe lo que hace la derecha. Si los santos desearan saber respecto a esto, si quisieran convertirse en observadores asiduos de sí mismos, entonces se arrancarían de la raíz y el tiempo en que deben dar su fruto pasaría. «Mas el fruto del Espíritu es amor, gozo, paz, paciencia, benignidad, bondad, fe, mansedumbre, templanza» (Gálatas 5:22-23a). No hay pasaje que nos dé mayor claridad sobre la santificación del individuo que este, y no sólo del individuo sino de la iglesia como un todo. La fuente tanto del individuo como de la iglesia es una sola: la comunión con Cristo, la comunión con el mismo cuerpo. Y así como la separación de la iglesia del mundo es una lucha perpetua, así la santificación personal consiste en una lucha del Espíritu contra la carne, ésta es una lucha perpetua en el individuo. Los santos siempre están conscientes de sus luchas, necesidades, debilidades y amenazas de pecado en sus propias vidas; y entre más maduros están en su santificación más se reconocen a sí mismos como vencedores en la lucha: como aquellos que han muerto a la carne: «Pero los que son de Cristo han crucificado la carne con sus pasiones y deseos» (Gálatas 5:24). Todavía viven en el cuerpo (en la carne), y por esa misma razón toda su vida se centra en la fe del Hijo de Dios, quien comenzó la vida en ellos (Gálatas 2:20). El cristiano muere diariamente (1 Corintios 15:31), y si su carne sufre y muere, el hombre interior se renueva de día en día (2 Corintios 4:6). Los santos mueren a la carne mediante la operación del Espíritu Santo, el cual les fue dado cuando Cristo inició su vida en ellos, no existe otro camino para morir a la carne. Los santos mueren en Cristo, en su vida. Ahora no hay necesidad de que sufran bajo las consecuencias de sus propias decisiones, pues si lo quisieran así, volverían a someterse de nuevo a la carne. Más bien, Cristo es su muerte diaria y su vida diaria.

Esta es la razón por la que ellos pueden regocijarse completamente en esta realidad: han nacido de Dios y ya no pueden pecar [1 Juan 3:9; 5:18], el pecado ya no gobierna sobre ellos [Romanos 6:14], pues han muerto al pecado y ahora viven en el Espíritu

[Romanos 8:10; 1 Pedro 3:18].[61] «Ahora, pues, ninguna condenación hay para los que están en Cristo Jesús, los que no andan conforme a la carne, sino conforme al Espíritu» (Romanos 8:1). Dios se complace de sus santos, porque es Él mismo quien libra su batalla y produce su muerte, y es Él mismo quien produce el fruto de su santificación, de la cual, los santos deben estar totalmente seguros. Está ahí, incluso aunque permanezca profundamente oculta para ellos. Sin embargo, esto no significa que es permitido que siga reinando en la congregación —bajo la excusa del perdón— la fornicación, la avaricia, el asesinato, o el odio fraternal. Tampoco es cierto que el fruto de la santificación pueda permanecer invisible. No obstante, cuando el fruto de la congregación sea tan visible que los de afuera estén obligados a decir: «Mirad cómo se aman», los cristianos —quienes están completamente ajenos al mundo— deberán permanecer mirando tan sólo a Aquel a quien pertenecen, e

[61] El creyente dice: «Ya no vivo yo», y esto se aplica totalmente. Vivo ante la faz de Dios, vivo ante su tribunal de gracia; vivo en su gracia, en su luz, en su amor; estoy completamente redimido de todos mis pecados; no hay nada que quede pendiente en el registro de deudas: todo está pagado. La ley ya no me exige nada, ya no me conduce, ni me maldice. Yo soy justo delante de mi Dios como Él es justo; soy santo y perfecto como mi Padre que está en el cielo es santo y perfecto. Toda la buena voluntad de Dios me abraza; esta es la roca sobre la que estoy fundamentado, el refugio en el que me acojo. Todas las bienaventuranzas de Dios, todo su reposo me eleva y me lleva; en ello respiro y en ello estoy eternamente bien. Ya no tengo pecado y ya no lo hago; sé —con una conciencia limpia— que estoy en los caminos de Dios y que hago su voluntad, que mi vida anda de acuerdo a su voluntad: si ando o estoy de pie, sentado o acostado, si duermo o ando levantado. Lo que sea que pienso o hablo es todo de acuerdo a su voluntad. Dondequiera que estoy, ya sea en el campo o en la casa, estoy de acuerdo con la voluntad de un Dios lleno de gracia. Agrado a mi Señor ya sea si estoy en el trabajo o descanso. Mi deuda está eternamente cancelada, y no puedo incurrir en nuevas deudas que no sería capaz de cancelar. Estoy protegido en la gracia de Dios y ya no soy capaz de pecar. Ninguna muerte será capaz de matarme, pues vivo para siempre, como todos los ángeles de Dios. Mi Dios no estará más enojado conmigo, ya no me reprenderá más. Estoy por siempre libre de la ira de Dios. El diablo ya jamás puede echarme mano, el mundo nunca me atrapará en sus trampas. ¿Quién podrá separarnos del amor de Dios? Si Dios es por nosotros, ¿Quién contra nosotros? (Kohlbrügge).

irán a Dios, en total inocencia de su propia bondad, para pedir perdón por sus pecados. Los mismos cristianos que proclaman el privilegio de ya no estar bajo el dominio del pecado confesarán: «Si decimos que no tenemos pecado, nos engañamos a nosotros mismos, y la verdad no está en nosotros. Si confesamos nuestros pecados, él es fiel y justo para perdonar nuestros pecados y limpiarnos de toda maldad. Si decimos que no hemos pecado, le hacemos a él mentiroso, y su palabra no está en nosotros. Hijitos míos, estas cosas os escribo para que no pequéis; y si alguno hubiere pecado, abogado tenemos para con el Padre, a Jesucristo el justo» (1 Juan 1:8-2:1). De esta manera el mismo Señor nos enseñó a orar: «... y perdónanos nuestras deudas». Así también Él nos ha ordenado perdonarnos unos a otros constantemente (Efesios 4:32; Mateo 18:21ss). Al perdonarse unos a otros, los cristianos dan espacio al perdón de Jesús en la comunidad. En el perdón ya no reconocen al que los lastimó, sino ven a Cristo, el que les ha perdonado todo en la cruz; y bajo esa cruz, permanecen en la santificación. Bajo esa cruz sus pensamientos, sus palabras, y su cuerpo son santificados por la muerte diaria. Bajo esa cruz crece el fruto de la santificación.

La iglesia de los santos no es la iglesia «ideal» del club de los que son sin pecado y sin defectos, no es la congregación de los puros quienes no dan espacio al arrepentimiento. Más bien, es precisamente la iglesia la que proclama el evangelio, el cual consiste en el perdón de los pecadores. Ella proclama el perdón de Dios, el cual no tiene nada que ver con el perdón que pueda darse uno a sí mismo; es la iglesia de aquellos que verdaderamente experimentan la gracia de gran precio de Dios, y que son dignos del Evangelio, es decir, no desperdician ni desechan esa gracia.

Esto quiere decir que la iglesia predica tanto el perdón como el arrepentimiento: la predicación del evangelio, con la predicación de la ley. Ahí es donde los pecados no sólo son perdonados incondicionalmente, sino donde también son retenidos. Y esto último porque también es la voluntad del Señor mismo no dar lo santo a los perros, pues el evangelio no puede entregarse sino existe un verdadero arrepentimiento. Una comunidad cristiana que no llama al pecado *pecado* jamás podrá encontrar fe a la hora de ofrecer el perdón de pecados. Este tipo de iglesia peca contra la santidad de Dios y arruina el precioso perdón ofrecido por Él.

No es suficiente simplemente lamentarse en términos generales de la pecaminosidad humana, la cual infecta aún sus mejores obras, sino que es necesario señalar los pecados por sus nombres, castigarlos y condenarlos, pues esta es una manera apropiada de usar *las llaves* dadas a la iglesia (Mateo 16:19; 18:18; Juan 20:23). Aun los reformadores hablaron de esto enfáticamente. El uso de esta autoridad es esencial, por el bien de la santidad, por el bien del propio pecador, y por el bien propio. Si la iglesia quiere mantener una vida digna del evangelio, parte de su tarea es mantener su disciplina eclesial. Así como la santificación significa la separación de la iglesia del mundo, también debe significar la separación del mundo de la iglesia. Si llegara a faltar alguno de estos dos elementos todo el cristianismo resultará falso e irreal. La comunidad que está separada del mundo debe practicar la disciplina eclesial en su interior.

Ahora bien, la disciplina eclesial no tiene el fin de crear una comunidad perfecta, sino de construir la comunidad de aquellos que realmente viven bajo la misericordia de Dios. La disciplina de la iglesia está al servicio de la querida gracia de Dios. Los pecadores dentro de la comunidad cristiana deben ser juzgados y castigados para que no pierdan su salvación y para que el evangelio no sea desacreditado. Esta disciplina tan sólo es para aquellos que se han arrepentido y han confesado su fe en Jesucristo en el bautismo. Así, la cena del Señor tan sólo debe administrarse a aquellos capaces de «discernir» (1 Corintios 11:29) entre el verdadero cuerpo y la verdadera sangre de Cristo para perdón de pecados y cualquier otra comida ya sea simbólica o de cualquier otro tipo. Esto a su vez significa que puede probarse a sí mismo a fin de comprobar su propio entendimiento de su fe; o bien, someterse al juicio de un hermano, para comprobar si realmente desea el cuerpo y la sangre de Cristo y su perdón. La confesión y este examen de fe sirven para que el cristiano reciba certeza de que su pecado ha sido perdonado, por ello siempre debe procurar ambas cosas.

La confesión es el remedio que Dios ha dado para el auto engaño y la auto indulgencia. Cuando confesamos nuestros pecados ante un hermano (otro cristiano), hacemos morir nuestra carne y su orgullo; la carne es obligada a pasar por la vergüenza y la muerte que Cristo padeció, y mediante la palabra del perdón surge un nuevo hombre, uno que ha recibido la misericordia de Dios. Por tanto, la confesión pertenece a la vida de los santos. Es un aspecto de la gracia de Dios, cuyo mal uso no quedará impune. En la confesión se recibe la gracia divina de gran precio. Aquí el cristiano se vuelve como Cristo en su muerte. «Por lo tanto, cuando los exhorto a practicar la confesión, no hago otra cosa que exhortarlos a ser cristianos» (Lutero, *El catecismo mayor*).

Toda la vida de la comunidad cristiana está impregnada de disciplina. Existe una serie de etapas bien organizadas que deben de superarse, pero en todas ellas debe también ejercerse la misericordia. La práctica de esta disciplina debe, desde luego, tener su origen en la proclamación de la Palabra respecto a los dos aspectos de las llaves [atar y desatar, Mateo 16:18-19; 17-18]. Esta proclamación no pertenece únicamente a los servicios de adoración congregacionales, pues las autoridades de la iglesia en ningún momento estarán libres de su misión. «Que prediques la palabra; que instes a tiempo y fuera de tiempo; redarguye, reprende, exhorta con toda paciencia y doctrina» (2 Timoteo 4:2). Aquí se muestra claramente el punto de inicio de la disciplina de la iglesia. Sin embargo, debe quedar claro que sólo se castigarán los pecados que son hechos manifiestos, pues dice: «Los pecados de algunos hombres se hacen patentes antes que ellos vengan a juicio, mas a otros se les descubren después» [1 Timoteo 5:24]. Por lo tanto, la disciplina dentro de la comunidad es un antídoto para el castigo del juicio final.

Pero si la disciplina de la iglesia falla en su primera etapa, es decir, en cuanto al ejercicio disciplinario pastoral —en su ministerio diario—, entonces todo lo demás también es cuestionable. La segunda etapa es la amonestación fraternal de los miembros de la congregación entre sí: «Enseñándoos y exhortándoos unos a otros» (Colosenses 3:16; 1 Tesalonicenses 5:11, 14). La amonestación también incluye el consuelo que se da a los pusilánimes, sobrellevar a los débiles y ejerciendo paciencia para con todos (1 Tesalonicenses 5:14). Sólo así se puede sortear los desafíos diarios y la apostasía de la congregación. Cuando este servicio fraterno deje de existir en la iglesia, difícilmente se podrá llegar a la tercera etapa; ya que, si un hermano cae en un pecado manifiesto, ya sea en palabra o en hecho, la congregación debe de tener suficiente autoridad para iniciar un proceso disciplinario formal en su contra. Esto por cierto es también un proceso largo, en donde, en primer lugar, la iglesia deberá tener el coraje suficiente para separarse del pecador. Pues nos dice: «No os juntéis con él» (2 Tesalonicenses 3:14); «Apártate de ellos» (Romanos 16:17); «con el tal ni aun comáis» (1 Corintios 5:11); «a éstos evita» (2 Timoteo 3:5; 1 Timoteo 6:4). «Pero os ordenamos, hermanos, en el nombre de nuestro Señor Jesucristo, que os apartéis de todo hermano que ande desordenadamente, y no según la enseñanza que recibisteis de nosotros» (2 Tesalonicenses 3:6). El propósito de esto es que la iglesia haga que el pecador se sienta *avergonzado* (2 Tesalonicenses 3:14) y así recuperarlo. Ciertamente, estas medidas también incluyen la exclusión temporal del pecador de las actividades de la comunidad. Sin embargo, esta evitación del pecador no significa una completa suspensión de toda comunión con ellos; más bien, la comunidad cristiana que se separa a sí misma del pecador es llamada a seguir amonestándolo: «Mas no lo tengáis por enemigo, sino amonestadle como a hermano» (2 Tesalonicenses 3:15). Y esto es porque esta persona sigue siendo un hermano, el cual es castigado y amonestado por la comunidad. Es precisamente el amor de la fraternidad lo que le impele a practicar la disciplina. Con toda gentileza, los rebeldes y obstinados deben ser castigados, «por si quizá Dios les conceda que se arrepientan para conocer la verdad, y escapen del lazo del diablo, en que están cautivos a voluntad de él» (2 Timoteo 2: 24-26). El método para aplicar esta disciplina será distinto dependiendo del pecador, pero siempre tendrá el mismo objetivo: conducir al hermano al arrepentimiento y a la reconciliación. Si el pecado puede permanecer oculto entre tú y el pecador, entonces no debes revelarlo, sino que debes castigarlo en privado y llamar al pecador al arrepentimiento, pues entonces, «has ganado a tu hermano». Pero si no te escucha, sino que persiste en su pecado, no debes hacer público su pecado todavía sino buscar a uno o dos testigos (Mateo 18:15f). Los testigos son necesarios para verificar el hecho pecaminoso. Si el hecho no puede ser comprobado y la persona acusada lo niega, entonces el caso debe dejarse al Señor. Los testigos son hermanos, ¡no inquisidores! y ellos tendrán en mente ayudar al hermano para que éste se arrepienta. La discreción en el ejercicio de la disciplina deberá ser un incentivo para que el pecador se arrepienta. Si con todo y esto el pecador se rehúsa a escuchar, o si el pecado de todos modos se ha hecho patente a toda la congregación, entonces está en manos de ésta exhortar al pecador al arrepentimiento (Mateo 18:17; cf. 2 Tesalonicenses 3:14). Aquellos que son acusados teniendo una posición en la iglesia deberán ser puestos a juicio únicamente por la acusación de dos o tres testigos [1 Timoteo 5:19]. «A los que persisten en pecar, repréndelos delante de todos, para que los demás también teman» (1 Timoteo 5:20). Ahora, la iglesia está llamada a hacer equipo con sus líderes para administrar *las llaves*. Esta declaración pública requiere la intervención tanto de la comunidad cristiana como de los líderes. «Te encarezco delante de Dios y del Señor Jesucristo, y de sus ángeles escogidos, que guardes estas cosas sin prejuicios, no haciendo nada con parcialidad» (1 Timoteo 5:21), ya que ahora el juicio de Dios mismo es pronunciado sobre el pecador. Si muestra un arrepentimiento genuino, y públicamente reconoce su pecado, él recibirá el perdón de todos sus pecados en el nombre de Dios (cf. 2 Corintios 2:6-7), no obstante, si persiste en su pecado, la iglesia debe retener su pecado en el nombre de Dios. *Retener el pecado* significa aquí la excomunión. «Si no los oyere a ellos, dilo a la iglesia; y si no oyere a la iglesia, tenle por gentil y publicano» (Mateo 18:17). «De cierto os digo que todo lo que atéis en la tierra, será atado en el cielo; y todo lo que desatéis en la tierra, será desatado en el cielo… Porque donde están dos o tres congregados en mi nombre, allí estoy yo en medio de ellos» (Mateo 18:18, 20). Sin embargo, en la excomunión de la comunidad, tan sólo se confirma lo que ya es un hecho, es decir, que el pecador impenitente ya se ha condenado a sí mismo (Tito 3:11). La iglesia no lo condena, él mismo ha pronunciado su propio veredicto. Pablo llama a esta exclusión completa «la entrega a Satanás» (1 Corintios 5:5; 1 Timoteo 1:20). El culpable es devuelto al mundo, en donde Satanás gobierna y la muerte opera (esta sentencia no debe tomarse como equivalente a la pena capital de Hechos 5, como puede fácilmente comprobarse al comparar este pasaje con 1 Timoteo 1:20 y 2 Timoteo 2:17; 4:15). El ofensor que ha sido expulsado de la comunidad del cuerpo de Cristo, él mismo se ha separado de Él, y ya no tiene ningún derecho en la comunidad. Sin embargo, incluso esta última acción todavía está al servicio de la salvación de tal persona, «a fin de que el espíritu sea salvo en el día del Señor Jesús» (1 Corintios 5:5), para que, mediante la disciplina, «aprenda a no blasfemar» (1 Timoteo 1:20). El retorno a la comunidad o que la persona finalmente sea salva sigue siendo el objetivo de la disciplina ejercida por la congregación. Sigue siendo una mera acción educativa [darle una lección]. Es totalmente cierto que la palabra de la congregación tiene trascendencia eterna, puesto que el pecador, a quien gentilmente se le invita a aceptar la disciplina, se le estará dando la última oferta a entrar en la salvación de Dios y al compañerismo de la comunidad.[62] [63] Así la santificación de la iglesia se demuestra en su andar digno del Evangelio, tiene

[62] La disciplina de la iglesia es siempre un ministerio de misericordia. Sin embargo, más allá de la disciplina como tal, y aun la entrega a Satanás del pecador impenitente, el Nuevo Testamento reconoce algo a lo que llama «el anatema», como el más terrible de los castigos. Esto deja de tener como meta la salvación; y en su lugar, se trata de un pronunciamiento del juicio divino. En el Antiguo Testamento equivale a «heb. *Cherem*» cosa que significa la exclusión permanente de la congregación de Israel, y la inminente ejecución del individuo. Esto tiene un significado doble: en primer lugar, la comunidad no puede bajo ninguna circunstancia absolverlo, sino que su caso se deja totalmente en las manos de Dios; y, en segundo lugar, se trata de una maldición (aunque es santa, porque es pronunciada por Dios mismo). Así, el individuo le pertenece a Dios como un individuo maldito, por lo que la iglesia no puede ya perseguir intenciones de salvación para él. Que este asunto del anatema es un asunto de la pérdida irremediable de la salvación es probada por Romanos 9:3, y que el anatema está relacionado escatológicamente es bastante claro en 1 Corintios 16:22. Gálatas 1:8f nos hace notar que una persona se convierte en anatema si pervierte voluntariamente el evangelio. No es un mero accidente que en el único pasaje que se refiere al anatema de manera específica se mencione a los maestros heréticos (Martín Lutero, *Doctrina est coelum, vita terra*).

como consecuencia el fruto del Espíritu y vive en la disciplina de la Palabra. En todo esto, la santificación de la iglesia siempre será la santidad de Cristo mismo (1 Corintios 1:30), y continuará así hasta el día en que Él venga por segunda vez.

Esto da lugar a la tercera definición de la verdadera santificación: toda la santificación tiene como fin que estemos firmes hasta el día de Jesucristo. «Seguid la paz con todos y la santidad, sin la cual nadie verá al Señor» (Hebreos 12:14). La santificación siempre está relacionada con el fin. No tiene el propósito de la complacencia del mundo, y ni aun la complacencia de los santos mismos, sino de Dios, que ellos pasen el juicio de Dios. Ante los ojos del mundo y ante sus propios ojos, su santidad podría parecer como pecado, su fe como incre-

---

[63] La disciplina doctrinal difiere de la disciplina de la iglesia en la medida que esta última es el resultado de la sana doctrina, es decir, del uso apropiado de *las llaves*, mientras que la primera tiene que ver con el uso de la enseñanza misma. La falsa doctrina envenena el pozo de donde emana la vida misma de la comunidad, es decir, su manantial. Es por eso que el pecado de la falsa doctrina es más serio que los pecados de conducta. Aquellos que privan a la comunidad cristiana del evangelio merecen condenación irrestricta, sin embargo, los que tienen pecados de conducta pueden asirse del evangelio que tienen con ellos. La disciplina doctrinal aplica principalmente a los responsables de la enseñanza en la iglesia. Por ello, todo depende de estar seguros de que esta responsabilidad es conferida a quienes son «gr. *didaktikos*», es decir, calificados para ser maestros (1 Timoteo 3:2; 2 Timoteo 2:24; Tito 1:9) o «idóneos para enseñar también a otros» (2 Timoteo 2:2), por ello quien apresuradamente ordena a alguno para tal posición será culpable de los delitos cometidos por aquel a quien ordenó (1 Timoteo 5:22). La disciplina doctrinal, por tanto, comienza antes de que alguien ostente la responsabilidad de la enseñanza dentro de la iglesia local. Nada más y nada menos que la vida o la muerte de la congregación depende de estar completamente conscientes de este asunto. No obstante, la disciplina doctrinal no termina con la ordenación de los maestros en la iglesia, más bien, es tan sólo el inicio de ella. Aun un hombre tan confiable como Timoteo, fue amonestado continuamente a perseverar en la sana doctrina y presentarla enteramente. Para tal efecto se le exhorta a leer las Escrituras para evitar que se fuera desviando (2 Timoteo 3:10; 3:14; 4:2; 2:15; 1 Timoteo 4:13, 16; Tito 1:9; 3:8). Además de esto, él fue amonestado a vivir una vida ejemplar: «Ten cuidado de ti mismo y de la doctrina» (1 Timoteo 4:13f; Hechos 20:28). No es

dulidad, su amor como dureza de corazón y su disciplina como debilidad. No obstante, su verdadera santificación está siempre escondida, y el mismo Cristo le prepara para que pueda estar delante de Él. Esto da lugar a la tercera definición de la verdadera santificación: toda la santificación tiene como fin que estemos firmes hasta el día de Jesucristo. «Seguid la paz con todos y la santidad, sin la cual nadie verá al Señor» (Hebreos 12:14). La santificación siempre está relacionada con el fin. No tiene el propósito de la complacencia del mundo, y ni aun la complacencia de los santos mismos, sino de Dios, que ellos pasen el juicio de Dios. Ante los ojos del mundo y ante sus propios ojos, su santidad podría parecer como pecado, su fe como incredulidad, su amor como dureza de corazón y su disciplina

---

63 (continuación) una humillación para Timoteo la amonestación que se le da a permanecer puro, humilde, imparcial y esforzado. La disciplina del pastor debe exceder a la de cualquiera dentro de la congregación. Los pastores tienen la tarea de enseñar la sana doctrina y oponerse a cualquier distorsión. En el momento que alguna distorsión obvia aparezca, los pastores deben ordenar a los promotores de tal enseñanza a «no enseñar diferente doctrina» (1 Timoteo 1:3), puesto que los pastores están investidos con la responsabilidad de la enseñanza y tienen autoridad para ordenar algo así. También, ellos deben advertir y recordar a la congregación a evitar disputas de palabras (2 Timoteo 2:14). Si alguno es identificado como maestro de falsa doctrina, tal persona debe recibir «una y otra amonestación». Y si estas dos amonestaciones son ignoradas, entonces la respuesta pastoral deberá ser severa (Tito 3:10; 1 Timoteo 3:6f). «Cualquiera que se extravía, y no persevera en la doctrina de Cristo, no tiene a Dios;» [2 Juan 1:9]. Tales falsos maestros deben ser excluidos de la vida familiar e incluso debe negárseles la cortesía habitual que se da entre los creyentes (2 Juan 1:10). Los falsos maestros son la encarnación del Anticristo [y en las Escrituras] sólo ellos son identificados como el Anticristo, y no aquellos que cometen pecados de conducta. Sólo para ellos está reservado el *anatema* que Gálatas 1:9 dirige. La disciplina doctrinal y la disciplina de la iglesia están relacionadas. Por un lado, no hay disciplina de la iglesia sin disciplina doctrinal, y por otro, no hay disciplina doctrinal que no pueda inevitablemente dirigirnos a la disciplina de la iglesia. Pablo acusa a los corintios de buscar crear un cisma de arrogancia por su negligencia en ejercer la disciplina de la iglesia (1 Corintios 5:2). La separación entre lo referente a la doctrina y lo referente a la conducta dentro de la comunidad cristiana es inseparable.

como debilidad. No obstante, su verdadera santificación está siempre escondida, y el mismo Cristo le prepara para que pueda estar delante de Él. «Maridos, amad a vuestras mujeres, así como Cristo amó a la iglesia, y se entregó a sí mismo por ella, para santificarla, habiéndola purificado en el lavamiento del agua por la palabra, a fin de presentársela a sí mismo, una iglesia gloriosa, que no tuviese mancha ni arruga ni cosa semejante, sino que fuese santa y sin mancha» (Efesios 5:25-27; Colosenses 1:22; Efesios 1:4). Sólo la iglesia que ha sido santificada puede permanecer en pie delante de Jesucristo. Fue Él quien reconcilió a los enemigos de Dios y dio su vida por los impíos, a fin de poseer una iglesia santa a su regreso. La iglesia se convierte en santa al ser sellada por el Espíritu Santo, por lo que los santos se conservan así, dentro del santuario, hasta el día de Jesucristo. En aquel día ellos no serán encontrados contaminados, o con vergüenza, sino con un espíritu, un alma y un cuerpo sin culpa delante de Él (1 Tesalonicenses 5:23). «¿No sabéis que los injustos no heredarán el reino de Dios? No erréis; ni los fornicarios, ni los idólatras, ni los adúlteros, ni los afeminados, ni los que se echan con varones, ni los ladrones, ni los avaros, ni los borrachos, ni los maldicientes, ni los estafadores, heredarán el reino de Dios. Y esto erais algunos; mas ya habéis sido lavados, ya habéis sido santificados, ya habéis sido justificados en el nombre del Señor Jesús, y por el Espíritu de nuestro Dios» (1 Corintios 6:9-11). No obstante, ¡si alguno se atreve a desafiar la gracia de Dios morirá en su pecado! Pues sólo la iglesia que vive en santidad será salva de la ira en el día de Jesucristo; porque el Señor juzgará según las obras y no hará acepción de personas. Toda obra será revelada, y Él dará a cada uno «según lo que haya hecho en el cuerpo, sea bueno o sea malo» (2 Corintios 5:10; Romanos 2:6ss; Mateo 16:26). Lo que aquí en la tierra no ha sido juzgado no permanecerá oculto en el día del juicio final: todo tiene que salir a la luz. Entonces, ¿quién permanecerá? Aquellos que sean encontrados como hacedores de buenas obras. No los oidores, sino los hacedores de la ley son quienes serán justificados (Romanos 2:13). Cristo mismo dijo que sólo aquellos que hacen la voluntad de su Padre en el cielo pueden entrar en el reino de los cielos [Mateo 7:21].

Debido a que somos juzgados de acuerdo a nuestras obras, por lo tanto, se nos ordena hacer «buenas obras». Sin embargo, el hacer buenas obras por temor —y como medio para justificar las malas obras—, es ajeno a la Biblia. En ninguna parte de las Escrituras las buenas obras se contraponen a la fe de tal manera que éstas sean capaces de destruir la fe, sino más bien, son las malas obras las que la dificultan y la aniquilan. La gracia y la acción van de la mano. No hay fe sin buenas obras, y no hay buenas obras sin fe.[64]

Por el bien de su salvación, el cristiano necesita hacer buenas obras; ya que el que sea encontrado haciendo el mal no podrá ver el reino de Dios. Por lo tanto, las buenas obras es la meta del cristiano. Ya que en esta vida sólo una cosa es importante: cómo podremos prepararnos para salir bien librados en el juicio final; y porque todos serán juzgados de acuerdo a sus obras, es que el cristiano se prepara haciendo buenas obras. Así también el nuevo hombre creado en Cristo, tiene como objetivo las buenas obras: «Porque por gracia sois salvos por medio de la fe; y esto no es de vosotros, pues es don de Dios; no por obras, para que nadie se gloríe. Porque somos hechura suya, creados en Cristo Jesús para buenas obras, las cuales Dios preparó de antemano para que anduviésemos en ellas» (Efesios 2:8-10; cf. 2 Timoteo 2:21; 3:17; Tito 1:16; 3:1, 8, 14). En este punto, todo está bastante claro. El objetivo es producir las buenas obras que Dios exige. La ley de Dios permanece establecida y debe cumplirse (Romanos 3:31). Esta debe cumplirse mediante las buenas obras. Sin embargo, sólo hay *una* buena obra, esa es la obra de Dios en Cristo Jesús. A través de la obra de Dios en Cristo, hemos sido salvos, no a través de nuestras propias obras. Así que no merecemos gloria alguna por nuestras propias obras; ya que

[64] La diferencia entre Pablo y Santiago es que en Santiago se manifiesta la humildad del que tiene fe, y que con Pablo se manifiesta la humildad del que tiene obras. Santiago no trata de negar que seamos justificados solamente por la fe, más bien, él trata de alejar a los creyentes del peligro de confiar en la fe [la que tuvieron cuando aceptaron al Señor] y les señala las obras de obediencia [para permanecer en esa fe] y como camino a la humildad verdadera. Ambos apóstoles pugnan porque los cristianos verdaderamente vivan por gracia y no por sus propios méritos humanos.

somos hechura suya. Sin embargo, nosotros hemos sido creados en Cristo para esto: para que realicemos buenas obras en Él.

Pero todas nuestras buenas obras son sólo las buenas obras de Dios, para las cuales Él nos ha preparado antes. Así que, las buenas obras son ordenadas por causa de nuestra salvación, y las buenas obras son siempre sólo las obras que Dios mismo hace a través de nosotros. Son su regalo, y a nosotros se nos ha ordenado caminar en esas buenas obras en todo momento, teniendo plena certidumbre de que nunca podríamos ser hallados justos ante el juicio de Dios presentando nuestras obras, sino que es sólo Cristo y su obra lo que nos salva, y a esto nos aferramos con fe. Entonces, Dios promete buenas obras a los que están en Cristo Jesús, para poder testificar con ellas en el día de juicio, es decir, les promete preservarles en santificación hasta el día de Jesús. Lo único que tenemos que hacer es creer a la promesa de Dios y caminar en estas buenas obras que Dios ha preparado para nosotros.

Así, nuestras buenas obras son completamente retiradas de nuestros ojos. Nuestra santificación permanece oculta para nosotros hasta el día en que todo se manifieste. Si alguien quiere recibir algo aquí, y quiere que lo que hace sea manifiesto, y no espera pacientemente, él recibirá su recompensa aquí. Especialmente debido al avance en nuestra buena conducta, existe la tendencia a sentirnos satisfechos y a jactarnos; no obstante, antes bien, debemos examinarnos, arrepentirnos y reconocer que nuestras obras humanas son como trapo de inmundicia hasta el final [Isaías 64:6]. Por otro lado, somos llamados a gozarnos constantemente en nuestro Señor. Sólo Dios conoce nuestras buenas obras, y nosotros sólo conocemos *su buena obra*; escuchamos su mandato y obedecemos yendo bajo su gracia, andamos en sus mandamientos y nos gozamos.

Los santos deben permanecer en su nueva justicia, en la santificación: su luz debe brillar, aunque esta luz sea completamente oculta para ellos. La mano izquierda no sabe lo que hace la derecha. Pero creemos, y estamos seguros que «el que comenzó en nosotros la buena obra, la perfeccionará hasta el día de Jesucristo» (Filipenses 1:6). En ese día, Cristo mismo nos revelará las buenas obras que nunca conocimos. Sin estar conscientes de ello, lo alimentamos, le dimos de beber, lo vestimos, lo visitamos; y cuando nos esterábamos de algo de eso, nos retirábamos de ese pensamiento. Entonces nos daremos cuenta de la gran maravilla: que no fueron nuestras obras, sino la obra de Dios la que Él realizó a través de nosotros sin nuestro esfuerzo o intención (Mateo 25:31ss). Así que, una vez más, no nos queda más que mirar a Aquel que lo ha hecho todo por nosotros y seguirlo. El que tiene fe es justificado; el que es justificado es santificado, el santificado es salvo en el día del juicio; pero esto no es debido a nuestra fe, a nuestra justicia, o a nuestra santificación (en cuanto esta dependa de nosotros, pues si así fuera no resultáramos sino pecadores) sino más bien, porque Cristo Jesús nos ha sido hecho por Dios «justificación, santificación y redención; para que, como está escrito: El que se gloría, gloríese en el Señor» (1 Corintios 1:30-31).

CAPÍTULO 32

LA IMAGEN DE CRISTO

«Porque a los que antes conoció, también los predestinó para que fuesen hechos conformes a la imagen de su Hijo, para que él sea el primogénito entre muchos hermanos» (Romanos 8:29).

Aquí está la promesa dada por Dios de que aquellos que han sido llamados a seguir a Jesucristo serán como Él. Ellos, como sus hermanos, llevan la imagen del Primogénito de Dios. Este es el último destino del discípulo: convertirse en alguien que es «como Cristo». La imagen de Jesucristo —que el discípulo siempre tiene delante de sus ojos y ante quien todas las demás imágenes se desvanecen— penetra en él, lo llena y lo transforma, de manera que el discípulo llega a ser como su Maestro. La imagen de Jesucristo da forma a la imagen del discípulo en la comunión diaria. El verdadero discípulo no es aquel que mira la imagen del Hijo de Dios en una contemplación muerta e inactiva; pues es precisamente de esta imagen de donde emana el poder trasformador de Dios. Así, quien se entrega completamente a Jesucristo quiere y lleva la imagen del

Señor, se convierte en la imagen del Hijo de Dios, está junto a Él: Cristo es el hermano invisible y el discípulo opera con la imagen de Cristo, la cual es la imagen de Dios.

Dios en el principio creó a Adán a su imagen. Dios quiso que Adán fuera su obra maestra, quiso reflejarse en Adán, que fuera su propia imagen, que fuera «bueno en gran manera» [Génesis 1:31]. En Adán, Dios se reconoció a sí mismo. Por lo tanto, desde el principio Adán es el misterio irresoluble: el hombre, quien es una creatura, debe ser, sin embargo, igual al Creador. El hombre creado debe llevar la imagen del Dios no creado. Adán es «como Dios». Ahora deberá vivir en ese misterio con gratitud y obediencia hacia su Hacedor.

La mentira de la serpiente consistió en hacerle creer a Adán que no era como Dios sino necesitaba hacer algo para ser como Él. Entonces Adán rechazó la gracia y escogió su propia obra. Adán quería resolver el misterio de su ser: que era una criatura y al mismo tiempo semejante a Dios mismo. Quería llegar a ser —por sí mismo— lo que Dios ya le había hecho. Así fue que cayó. Adán llegó a «ser como Dios» —«lat. *sicut deus*»—a su manera. Se había hecho un dios de sí mismo y ahora no tenía Dios. El hombre gobierna ahora en un mundo subyugado por el dios que hizo de sí mismo, y se ha privado del verdadero Dios.

Pero el enigma de su existencia sigue sin resolverse. El hombre ha perdido la naturaleza divina que Dios le había otorgado. Ahora vive sin el propósito esencial para aquello por lo que fue creado originalmente: ser la imagen de Dios; y así vive sin ser realmente un ser humano, sin ser capaz de vivir de verdad. Esa es la contradicción de nuestra existencia y la fuente de toda nuestra miseria. Desde entonces, los arrogantes hijos de Adán buscan restaurar la imagen perdida de Dios mediante su propio poder. No obstante, mientras más serios sean en sus esfuerzos por recuperar lo perdido, y más convincente y complaciente sea su éxito aparente, más profunda será su oposición a Dios.

Sin darse cuenta, el hombre con aquellas deformidades de la imagen de Dios, y en su afán por crear de él su propio dios, ha terminado por tener más la imagen de Satanás. La imagen de Dios

—concebida como la gracia del Creador— permanece perdida en esta tierra.

Sin embargo, Dios no desvía del todo su mirada de su criatura perdida. Quiere crear —por segunda vez— su imagen en el hombre. Dios quiere estar complacido de nuevo con su criatura. Busca crear en el hombre su imagen divina para amarla. Pero no encuentra la forma de hacerlo sino tomando, por pura misericordia, la imagen de sus criaturas perdidas. Dios entonces debe volverse a la imagen del hombre porque el hombre ya no puede volver a la imagen de Él.

La imagen de Dios debe ser restaurada en el hombre, y esto tiene que ver con todo su ser. No se trata solamente de que el hombre vuelva a tener los pensamientos correctos acerca de Dios, ni que vuelva a poner sus acciones individuales bajo la Palabra de Dios, sino que, ya que él es —en todos sus componentes, como una creatura viviente— la imagen de Dios: espíritu, alma y cuerpo, todo el ser humano en su composición, debe llevar la imagen de Dios en la tierra, pues Dios se complace solamente en su propia imagen perfecta.

La imagen emana de la vida del Arquetipo (modelo) viviente. Sólo hay dos alternativas: o el hombre se sigue modelando a sí mismo en el dios que ha creado de él mismo (nacido de su propia invención) o bien, el verdadero Dios viviente moldea al ser humano a su imagen. Necesita haber una completa transformación, una «metamorfosis» (Romanos 12:2; 2 Corintios 3:18). Un cambio de forma (transformación) que tiene lugar cuando el hombre caído vuelve a ser la imagen de Dios. Pero la pregunta es: ¿Cómo puede ser posible que el ser humano sea transformado a la imagen de Dios?

Puesto que el hombre caído no puede por sí mismo encontrar y tomar la forma de Dios de nuevo, es por eso que hay una sola manera de ayudarlo: Dios mismo toma la forma de hombre y viene a él. El Hijo de Dios, quien vivió en forma divina con su Padre, se despojó de su forma y viene a los hombres en forma de siervo (Filipenses 2:5ss). Así, el cambio de forma que no podía tener lugar en los seres humanos, ocurría en Dios mismo. La imagen de Dios que había permanecido con Dios por toda la eternidad ahora acepta la imagen del hombre caído y pecador. Dios envía a su Hijo en semejanza de carne de pecado (Romanos 8:2s).

Dios envía a su hijo —esta es la única manera de ayudarlo; pues ninguna nueva filosofía o mejor religión podría alcanzar esta meta. Llega un Hombre para el hombre. Un Hombre cuya persona, cuerpo y vida se hacen visibles. Un Hombre que no es una mera palabra, ni un mero pensamiento, ni una mera voluntad; es un Hombre, una Figura, una Imagen, y un Hermano de todos. Así que Él no se ocupa del desarrollo de una nueva forma de pensar, ni aun de un mejor modo de acción, sino que Él nos da su nueva imagen, su nueva forma. En Jesucristo, la imagen de Dios baja hacia nosotros en la forma de nuestra vida perdida, en la semejanza de la carne de pecado. En su enseñanza y en sus obras, en su vida y en su muerte, su imagen se hace evidente. En Él, Dios ha recreado su imagen en la tierra. La encarnación, la palabra y los hechos de Jesús y su muerte en la cruz pertenecen inalienablemente a esta imagen. Es una imagen diferente a la imagen de Adán en la primera gloria del paraíso. Es la imagen de Aquel que se colocó a sí mismo en medio de un mundo de pecado y muerte, que acepta la situación difícil de la carne humana, que se somete humildemente a la ira y al juicio de Dios sobre los pecadores, y ¡que sigue siendo obediente a la voluntad de Dios en el martirio y en la muerte! Fue el hombre que nace en pobreza, que fue amigo y comió con los publicanos y pecadores, quien en la cruz fue abandonado y rechazado por Dios y los hombres, Él es Dios en forma humana, ¡este es el ser humano quien es ahora la imagen de Dios!

Ahora sabemos bien que los signos de ese sufrimiento, las heridas de la cruz, son ahora los signos de la gracia en el cuerpo resucitado y trasfigurado, que la imagen del Crucificado vive en la gloria del Sumo Sacerdote eterno que ora por nosotros ante Dios en el cielo. En la mañana del día de resurrección, la forma de siervo de Jesús fue cambiada en un nuevo cuerpo, un cuerpo de forma celestial radiante, pero todo aquel que quiera participar de esta transformación gloriosa primero tiene que convertirse en la imagen del siervo obediente y sufriente de Dios en la cruz. Cualquiera que quiera llevar la imagen transfigurada de Jesús debe llevar primero la imagen del Crucificado. No hay otra manera de recobrar la imagen perdida de Dios, y sólo con esta imagen Dios se complace. Sólo aquellos quienes reflejan esta imagen viven bajo su bienestar.

Ser conformado a la imagen de Cristo no es un ideal que deba perseguirse. No es tratar de imitar a Cristo lo mejor que podamos, puesto que es imposible que podamos por nosotros mismos transformarnos a su imagen; más bien, es la imagen de Cristo la que busca ser formada en nosotros (Gálatas 4:19). Es su propia imagen la que quiere manifestarse en nosotros. Cristo no deja de trabajar en nosotros hasta que nos haya transformado a su imagen. Cada uno de nosotros debe ser la imagen del Cristo encarnado, crucificado y glorificado.

Cristo llevó esta forma humana; se volvió humano como nosotros. Así, en su bajeza, reconocemos nuestra propia forma nuevamente. Él se volvió en hombre para que el hombre se vuelva como Él. En la encarnación de Cristo, toda la humanidad recibe de nuevo la dignidad de la imagen de Dios. De aquí en adelante quien ataca al menor de los seres humanos ataca a Cristo, quien tomó la forma humana y en quien la imagen de Dios ha sido restaurada. En la comunidad con el Encarnado, volvemos a tener la verdadera humanidad. De este modo somos liberados del aislamiento del pecado y al mismo tiempo nos devolvemos a toda la humanidad. Si participamos de Cristo, del Encarnado, somos parte de toda una nueva humanidad que nace a partir de Él. Y ya que, debido a que en la humanidad de Jesús nos aceptamos y nos apoyamos, por eso nuestra nueva naturaleza consiste en soportar la angustia y la culpa de los demás. El Encarnado hace a sus discípulos hermanos de todas las personas. La «filantropía» (Tito 3:4) de Dios, que se manifestó en la encarnación de Cristo, establece el amor fraternal de los cristianos por todo lo que el hombre significa en la tierra. Es la figura del Encarnado la que convierte a la iglesia en el cuerpo de Cristo, sobre quien recae el pecado y la miseria de toda la humanidad, y solamente así pueden ser llevados. La imagen de Dios es la imagen de Jesucristo en la cruz. En esta imagen la vida del discípulo debe ser transformada. Es una vida a la semejanza de la muerte de Cristo

(Filipenses 3:10; Romanos 6:4f). Es una vida crucificada (Gálatas 2:19). Cristo imprime la imagen de su muerte en el bautismo, y el que es bautizado está muerto al pecado y a la carne, el cristiano está muerto para el mundo y el mundo está muerto para él (Gálatas 6:14). Todo aquel que vive en su bautismo, vive en su muerte. Cristo refleja su vida en los suyos mediante la muerte diaria en la batalla del Espíritu contra la carne, a través del sufrimiento diario, y del dolor intenso causado por el diablo, quien golpea al cristiano. Este es el sufrimiento del mismo Jesucristo, y el mismo que todos sus discípulos en la tierra tienen que sufrir. Cristo honra la vida solo de aquellos pocos que están en más íntima conexión con su sufrimiento, es decir, con el martirio. Ahí es donde la vida del discípulo muestra la más profunda igualdad con la figura de la muerte de Jesucristo.

En la vergüenza pública, en el sufrimiento y en la muerte por la causa de Cristo es donde la iglesia toma la forma visible de su Señor. Sin embargo, desde el bautismo y hasta el martirio se trata del mismo sufrimiento y de la misma muerte.

Si somos conformados a la imagen de su encarnación y crucifixión, seremos también hechos partícipes de su gloria y resurrección. «Y así como hemos traído la imagen del terrenal, traeremos también la imagen del celestial» (1 Corintios 15:49); «Seremos semejantes a él, porque le veremos tal como él es» (1 Juan 3:2).

Los que se mantengan contemplando la imagen del Crucificado serán conformados a la imagen del Crucificado, así también la imagen del resucitado transformará a los que la contemplen. El que mira a Cristo es atraído a su imagen, es conformado a su figura, él se convierte en el espejo de la imagen divina; y así, en esta tierra, la gloria de Jesucristo se reflejará en nosotros. El reflejo de su gloria brillará en nosotros aún en esta vida; aun si compartimos su agonía y soportamos su cruz, nuestra vida se convertirá cada vez más en una imagen divina, la imagen de Cristo en nosotros se volverá cada vez más clara: es un progreso, vamos de conocimiento en conocimiento, de claridad en claridad, avanzado en una igualdad cada vez más perfecta de la imagen del Hijo de Dios. «Por tanto, nosotros todos, mirando a cara descubierta como en un espejo la gloria del

Señor, somos transformados de gloria en gloria en la misma imagen, como por el Espíritu del Señor» (2 Corintios 3:18).

La morada de Jesucristo está en nuestros corazones, su vida en esta tierra aún no ha terminado. Él vive en la vida de sus seguidores. Y esto no se refiere simplemente a la *vida cristiana*, sino en verdad la vida del Señor está en nosotros, es decir, «... y ya no vivo yo, mas vive Cristo en mí» (Gálatas 2:20). El Cristo encarnado, crucificado y transfigurado ha entrado en mi vida y vive mi vida. «Cristo es mi vida» (Filipenses 1:21).

Pero con Cristo, mora conmigo también el Padre y el Espíritu Santo. La Santísima Trinidad mora en el cristiano, llenándolo y haciéndole a su imagen. El Cristo encarnado, crucificado y transfigurado toma forma en el individuo, ya que cada uno es miembro de su cuerpo, de su iglesia. La iglesia lleva su forma humana, la forma de Cristo en su muerte y su resurrección. Ante todo, la iglesia es su imagen (Efesios 4:24; Colosenses 3:10), y ésta ayuda a cada miembro a ser moldeado a la imagen de Cristo. Es dentro del cuerpo de Cristo que nos volvemos «como Cristo».

Esto ahora explica como en el Nuevo Testamento se nos dice una y otra vez que debemos ser «como Cristo» (gr. *Kathos Christos*). Puesto que hemos sido hechos a la imagen de Cristo, por tanto, debemos ser como Él. Debido a que ya llevamos la imagen de Cristo, sólo Cristo puede ser «el modelo» que seguimos. Ya que Él mismo lleva su verdadera vida en nosotros, nosotros podemos «andar como Él anduvo» (1 Juan 2:6); «hacer lo que Él ha hecho» (Juan 13:15), «amar como Él ha amado» (Efesios 5:5, Juan 13:34; 15:12); «perdonar como Él ha perdonado» (Colosenses 3:13); «tener el mismo sentir que Él tuvo» (Filipenses 2:5); «seguir su ejemplo y sus pisadas» (1 Pedro 2:21); «poner nuestras vidas por los hermanos» (1 Juan 3:16). Por eso podemos ser lo que Él era, porque Él fue lo que nosotros fuimos. Es por eso que podemos ser «como Cristo» porque fuimos hechos iguales a Él. Ahora que somos hechos a la imagen de Cristo, podemos vivir su ejemplo. Es entonces que ocurren hechos reales; aquí, en la simplicidad del discipulado, en donde la vida es igual a la de Cristo. Aquí es donde tiene lugar una obediencia simple en el instante en que la palabra es dada. Ya no veo mi propia vida, eso se acabó, y ni siquiera tengo noción de las virtudes de mi nueva vida en Cristo. Pues en el momento que deseara poner la vista en mí mismo, en ese momento pierdo esa nueva vida. Por supuesto que veo la imagen de Jesucristo como por un espejo, sin embargo, no quito mi mirada de esa imagen, la veo sin pestañear. El discípulo tan sólo ve a Aquel a quien sigue. No obstante, el que sigue sus pasos, el que lleva la imagen del Jesucristo encarnado, crucificado y resucitado, de éste puede decirse que se ha convertido en la imagen de Dios. Se puede decir de él, que es un «imitador de Dios». El discípulo de Jesús es un imitador de Dios: «Sed, pues, imitadores de Dios como hijos amados» (Efesios 5:1).

La editorial Palabra Pura está dedicada a crear materiales de educación cristiana para el estudio personal, la iglesia e institutos bíblicos. Usted puede consultar los recursos que ofrecemos en nuestra página web:

www.Palabra-Pura.com

Confiamos que la lectura de este libro haya sido de gran bendición para su vida. Mucho nos ayudará a seguir adelante si nos otorgara tan sólo unos minutos de su valioso tiempo para escribir un comentario positivo respecto a este libro **en la pagina de Amazon** (no es necesario comprar un libro para escribir su opinión o *review*).

Gracias por ser parte de nuestra comunidad de lectores y
darnos el privilegio de servirle.
¡Dios le bendiga!

www.ingramcontent.com/pod-product-compliance
Ingram Content Group UK Ltd.
Pitfield, Milton Keynes, MK11 3LW, UK
UKHW021433280726
14060UKWH00001BA/63